THE
DIGITAL
HUMANITIES

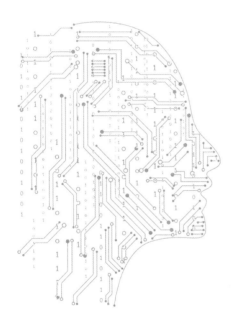

A PRIMER FOR
STUDENTS AND SCHOLARS

〔美〕艾琳·加德纳

〔美〕罗纳德·G.马斯托 著

闫怡恂 马雪静 王欢 译

数字人文导论

商务印书馆
The Commercial Press

内容简介

　　《数字人文导论》是一本人文学者如何运用数字技术进行科学研究、组织材料、分析及发表研究发现的全面介绍与实操指南。本书归纳总结了在学者、图书馆、出版机构、行政管理人员以及公众中重塑人文学科各个方面的数字化转向。首先介绍人文学科的相关概念及发展历史，讲述人文科学研究者如何研究，研究什么，人文学者及其研究如何受到数字技术的影响，以及反过来，学者们又是如何塑造它的。本书还介绍了数字人文工具及其功能，数字人文学者研究的环境、成果，以及研究的接受状况。对于数字人文项目，本书既注重其理论框架，也注重实操功能，既将其置于人文学科的历史传统中，也注重当前学界的研究语境。

　　艾琳·加德纳是伊塔利卡出版社（Italica Press）的合作创始人与出版人之一。她担任美国学术团体协会（American Council of Learned Societies, ACLS）人文科学电子图书的主任，是美国中世纪研究院的执行理事、学术期刊《窥视：中世纪研究》（*Speculum: A Journal of Medieval Studies*）联合编辑，著有《但丁前的地狱与天堂幻象》（*Visions of Heaven and Hell before Dante*）、《地狱与天堂中世纪景象》（*Medieval Visions of Heaven and Hell*）、《圣帕特里克的朝圣之路》（*The Pilgrim's Way to St. Patrick's Purgatory*）等，负责 Hell-on-line 网站，这是一家有关各种文化传统中的"地狱来世"传说的网站。

　　罗纳德·G. 马斯托是伊塔利卡出版社的合作创始人与出版人之一。他担任美国学术团体协会（ACLS）人文科学电子图书的主任，是美国中世纪研究院的联合执行理事、学术期刊《窥视：中世纪研究》编辑，曾任教纽约大学、杜克大学、哥伦比亚大学，曾获罗马美国学院（American Academy in Rome）、美国国家人文学科基金会（National Endowment for the Humanities）以及安德鲁·W.梅隆基金（Andrew W. Mellon Foundation）的研究资助，出版专著九部，发表多篇期刊，代表作有《罗马启示录》（*Apocalypse in Rome*）与《文艺复兴社会与文化》（*Renaissance Society and Culture*，与约翰·门法萨尼合编）。

目　录

插图目录

前言和致谢

　　本书源于 2010 年富布赖特科学奖学金计划①中艾琳·加德纳的提议，旨在为爱尔兰国立大学高威分校的本科生和研究生教授数字人文这一课程。艾琳的这项提议是成功的，但同时也面临着挑战 —— 她正担任美国中世纪研究院的执行理事—— 因此，教学计划最终有了这本书作为成果。我们希望看到能够从这本书受益的人数远远超过最初的几十名学生。

　　这本书在很大程度上也源于我们多年来作为学者和出版人的经验。1993 年，在我们自己的伊塔利卡出版社，出版了一些最早的学者电子书，包括《罗马奇迹（Mac 版）》(*The Marvels of Rome for the Macintosh*)，这是著名的中世纪城市指南的早期数字（超硬卡）版本，是最早生产的电子图书之一。[1]我们还借鉴了在美国学术团体协会（ACLS）的十二年工作经验。在那里，我们接管了一个电子出版项目的领导权，该项目受到梅隆基金的资助。美国学术团体协会（ACLS）历史电子书项目，即后来的美国学术团体协会人文科学电子图书（HEB）②，是 1999 年的一个前瞻性项目，目标是出版大约 85 部历史领域的新版数字专著，增加大量的数字后备清单，融合数字领域的见解，

---

　　① 富布赖特科学奖学金（Fulbright Fellowship）："富布赖特项目"是一项美国与约 150 个国家之间的学术交流计划，始于第二次世界大战后，直至 2006 年才被正式确立为美国 2007 财年预算中"科学交流计划"的一部分。——译者（除特殊说明外，本书所有脚注均为译者注）

　　② 人文科学电子图书（Humanities E-Book，HEB）：美国学术团体协会（ACLS）的人文科学电子图书。它是一个具有较高人文科学学术价值的专业电子图书资料库。中国很多高校购买了它的使用权。

突破人文学科学术交流的界限。2011 年，我们离开人文科学电子图书项目时，它已经出版了近 4000 本电子书，其中包括一个大的后备清单，它涵盖了从首发印刷版转换到数字格式的书籍，以及 100 多个新的书目，它包括原生数字项目，还有以声音、图像库、视频、虚拟现实、档案数据库及其他外部资源等为特色的增强型数字专著。

在美国学术团体协会（ACLS）期间，我们有机会与来自人文学科不同领域的学者接触，增加新的出版经验。这些学者就是后来被称为"数字人文"这一新兴领域的先驱。这一经历和项目合作人为我们提供了一种综合当时新兴企业中各利益相关方观点的数字人文视角。在美国学术团体协会工作的十二年间，也是我们两位作为人文科学博士，能够在高等教育、学术交流、大学出版社、图书馆和学术社团等领域担任非正式学徒的时期。聘用、终身教职授予及晋升（hiring, tenure and promotion, HTP）的问题似乎渗透到学术交流的各个方面，这些问题在整本书中都将被提及。这些经历使我们能够成为美国中世纪研究院的执行理事和学术期刊《窥视：中世纪研究》的编辑。基于这些年的见解，我们开始写一本关于数字人文的"小书"，以指导那些试图理解人文学术界的新兴学科的人们。

正如读者在本书中所看到的，我们使用复数形式来表示"数字人文"（digital humanities），是因为我们对本书主题采取了非描述性、非意识形态的研究进路，允许多种定义和方法，并避免了任何按照理论框架、部门、领域、专长、任务、技能基础或个人地位做出的严密划分。我们也避免使用缩写词"DH"，因为它对专业部门、项目和资金渠道有着明确的行政含义：我们的进路无疑解决了这些问题，但远比各种定义和方法更全面。纵观数字人文的讨论，历史人文也始终存在。但这本书并不是对失落的早期人文主义时代的挽歌，因为作者也分享了数字时代最初二十年的创作激情。因此，这本书是关于人文学科的现状，同时也是关于数字的：两者的命运在这一点上似乎有着千丝万缕的联系。这也是一种尝试，试图超越学术边界，接触大众，以帮助解释我们社会中人文学科的现状。

　　这本书的问世可谓恰逢时机。在过去的二十年里，数字人文已经发展到人人知晓的地步，但只有少数人能给出明确的定义，而通过经验或实践真正了解到它所包含的内容的人就更少了。许多人仍然对这个词语及其首字母缩略词望而生畏。他们被意识形态和排他性的方法所阻碍，也受到了将"研究领域"缩小到相对较小的骨干理论家队伍这一企图的阻碍。但事实上，我们大多数人在基础研究、日常学术交流工具、写作和修订、最终出版的作品及其评估中，大部分时间里，都在从事"数字人文"工作。

　　现在也的确是写这本书的绝佳时机，因为数字人文发展的速度似乎比过去十年放慢了很多。技术正趋于平稳，不再是"破坏性的"，克莱顿·克里斯蒂安森在其《创新者的困境》（*The Innovators Dilemma*）[2] 中的见解已被人文学者很好地吸收。最初的实验成果正在扩大、巩固和可持续发展；学术联盟正在扩大；话题本身也不再是一个不断变化的"地震板块"。到目前为止，许多人文学者参与了广受欢迎的项目，有了实实在在的例子——有成功的，也有失败的，其他人如果不直接参与的话，显然可以照搬和学习。在这里，我们试图从单纯的新项目和新方法的新闻报道中退一步，反思这一日趋成熟的过程是如何运作的，它的长期特征可能是什么。

　　同样，这本书实质上是一本"入门读物"，一本小手册。但是，我们希望它能成为一本清晰实用的指南，解释什么是数字人文。这本书以人文学科的一些定义与历史概述起始，继而介绍了人文学者如何工作，他们在从事什么，人文学者和他们的工作如何受到数字技术的影响，反过来，他们又是如何塑造数字技术的。它对数字人文工具进行了综述，并以项目实例说明了人文学者如何使用它们。这本书还探讨了数字化对我们工作方式、工作环境和工作成果的影响：其形式及其在学者和学术界的学术交流领域中的地位。自始至终，我们都关注数字人文的理论基础：其中有许多是基于过去几十年的历史学、文学、语言学、性别研究和物质性的转向，有些则是在受网络驱动的工作与生活的影响下新生的。

在写这本书时，我们充分认识到，到目前为止，大多数人文学者、他们的社会科学和物理科学领域同人，以及更广泛的公众，都已经接触到以传统形式和数字形式出现的人文学科产品，可以说不胜枚举：从学术专著、期刊文章和在美国现代语言学会（Modern Language Association）年会上发表的演讲，到历史频道，应有尽有；反映中世纪的大制作电视剧《权力的游戏》（*Game of Thrones*）；音乐、电视和电影评论；艺术展览和表演；诗歌、戏剧、虚构和非虚构类书籍；对圣经考古学和美国内战类杂志来说，所有这些都是美国社会中正在发挥作用的人文学者的产物。每当我们看到一场战斗的动画或虚拟现实重建，在电影或电视上看到角斗比赛，在电脑上建造或探索一座古城，在美国全国公共广播电台（NPR）[①]上听到在公海上发现的新宝藏，或在有线电视上观看对天堂和地狱的可怕探索，我们就已经接触到了数字人文学者及其同人在计算机技术方面的工作。因此，撰写关于数字人文的文章既非常容易，因为它已经是我们文化的固有部分，同时也困难重重，因为数字人文已经成为我们呼吸的空气、游泳的水、我们生活的必要组成部分，因此用精心制定、严谨表达的术语来诠释我们周围的一切，以及由此看来如此显而易见的东西，可能是人文学者面临的最困难的任务之一。这类似于向一个从未考虑过这个事实的人解释：我们在日常生活中接触、看到或使用的一切都是某位设计师头脑和双手的产物；我们途经、工作、生活或娱乐的每一座主要建筑都是建筑师团队的产物，他们会考虑从护墙到天花板再到灯座的每一个细节；或者说，我们读到的每一页历史书，不仅仅是从一个已经存在的世界中摘取的东西，而是一个精心设计的模型，是由人文学者的技巧和辛劳所创造的。

正如我们将在以下各章中解释的那样，人文学科在我们的文化中有着悠久、古老和值得尊敬的传统：塑造我们对当今世界的看法，构成我们对其过去以及今昔关系的理解。目前，在数字时代，随着数字形式的普遍存在，我们更有必要采取全新的视角来审视人文学者是如何通过最

---

　　① 　美国全国公共广播电台（National Public Radio, NPR）：虽然名为"公共"电台，但实际上它是一个完全独立的广播实体。

新的技术来实现这一传统目标的，就像他们曾经使用手稿、印刷机、照片或黑胶唱片那样。[3]

我们希望这本书能让读者对所有这些思想和活动有充足的感知，并试图通过有时相互重叠的方法吸引他们参与进来，我们不期望每个人都阅读每一章，也不期望每个人都从头开始，通读每一页。对于拥有如此体量的一本书来说，涉及如此多的主题，需要大量的压缩和凝练，其中有一些精心挑选的例子，且所有网址均在2015年1月底取得访问。关于数字人文的书籍、文章、会议和讲座层出不穷，它们表达了非常广泛的观点和研究成果，我们在这里的主要任务之一就是综合许多讨论和问题，我们希望，不要过分简化或消除太多的细微差别。很遗憾，也许我们不能在有限的版面内涵盖所有重要的范例和方法。每一个话题都应该比我们在这里所能给予的受到更多关注。但我们确实希望，我们的做法已清晰而全面地将它们结合起来。

每个人都会着手写一本书去回答他们自己的问题，我们想在这里探索数字人文世界，以便在十五年后进行整体估量，以确定它是否实现了在1999年似乎坚持的承诺。在本书的结尾，我们看到了文森特·莫斯科在他的《数字的崇高》[4]中彰显的洞察力：尽管美国通常对每一项新技术提出几乎千年不变的要求——无论是铁路、电报，还是电话、电力、收音机、电影、电视、传真或电脑——新技术最终改变我们的生活方式和思维方式，不是通过它们最炫目的新显示屏，而是当它们变得司空见惯并被广泛接受，甚至可能是平淡无奇的时候，是当每个人都在不假思索地使用它们的时候。毕竟，改变美国的不是爱迪生的电子奇观展，而是他的灯泡。计算机和数字世界改变了我们的工作方式，但它们现在已经成为我们工作的一部分，以至于我们很少对它们深思熟虑。有一些典型的、高端的应用程序，只有少数人能使用，或者也有用武之地，但大多数人文学者经常使用更普通的工具，并每天学习新的工具。改变我们工作方式的不是走马观花式的虚拟现实，而是文字处理程序和PDF，不是数据挖掘工具或百万像素图像，而是简单的数据库和JPEG图像，不是独立的数据金字塔、解释和评论，而是改变了我们的研究方法和议程的数字化期刊与专著的集合。虽然附录提供了按功能组织的数字工具的简单分类法，但它还提出了一个引人入胜的第二种说法，即人文学者已经进行跨学科的高级工作。尽管大多数人文学者仍继续使用一套有限的工具，这主要由学科和研究议程决定，但附录将展示人文学者在多大程度上既接受了数字技术，又使其成为自己的工具。对于我们大多数人来说，数字人文可能不再引人注目 —— 这是个人精湛技艺的绝妙表演 —— 然而，在学者们研究、组织、分析和展示其作品的日常方式中，它们已经发生了变革。它们是否按照我们预期的方式带来了这种转变？或许没有，或许已经有了，我们却并不自知。

　　下面几章将阐明，我们从传统人文学者的视角来探讨这个问题，其中人文科学的方法和历史观点优先于人文计算因素。然而，我们也从任何学科或方法论立场之外来看待这一现象，既不为延续二十年前的人文学科工作而辩解，也不寻求在计算机和信息技术（IT）界内部发起任何变动，将人文科学研究和学科重新配置为前沿研究人员和理论家的特殊核心分支学科。我们希望，我们的数字人文实践经验，使我们能够避免任何极端，并明智地引导读者接触一个复杂且有趣的话题。我们将秉承人本主义的方法，从开发解决方案中探索并提出新的问题。

　　我们要感谢几位慷慨分享想法、见解、关切与期望的人。看到爱德华·艾尔斯、凯文·格思里、凯特·威滕伯格、约翰·昂斯沃思和詹姆斯·J.奥唐奈的项目，并与他们交谈，使我们看到了当时正在形成的多种可能性。与美国学术团体协会（ACLS）的几十位理事合作，包括美国历史学会（American Historical Association）的阿尼塔·琼斯和罗伯特·汤森、美国文艺复兴学会（Renaissance Society of America）的约翰·蒙法萨尼、美国历史学家组织（Organization of American Historians）的李·福姆沃尔特、北美中东学会（Middle East Studies Association）的埃米·纽霍尔和美国大学艺术学会（College Art Association）的苏珊·鲍尔，我们收集了关于人文学者面临的议题和问题的观点，以及数字技术提供的解决方案的前景。卡罗尔·曼德尔、迪安娜·马库姆、安·奥克森和詹姆斯·尼尔等人提供了对大学图书馆的展望；林恩·威西、詹妮弗·克鲁、彼得·迪莫克、尼科·芬德、史蒂夫·迈考斯基、詹姆斯·乔丹和鲁弗斯·尼尔等人也提供了对大学出版社的思考；我们在密歇根大学图书馆的合作伙伴，特别是约翰·威尔肯和玛丽亚·博恩，为新理念和新技术打开了大门。在准备他的《数字时代的图书》（*Books in the Digital Age*）[5]时，我们与约翰·B.汤普森进行了几次长时间的采访和交谈，这帮助我们形成了自己的想法，并将其付诸更大、更严谨的环境中。我们还要感谢理查德·休珀蒂对这本手稿的仔细而敏锐的阅读。

剑桥大学出版社的编辑比特丽斯·雷尔满怀热情地接受了我们对这本书的建议，指导该书通过同行评审，并在我们因一些未尽的专业承诺而推迟手稿的完成时，给予我们充足的回旋余地。我们的两组匿名同行评审员在很多重要方面提供帮助并润色了这本书。我们要感谢美国学术团体协会（ACLS）人文科学电子图书的所有作者，从乔舒亚·布朗到伯尔·利奇菲尔德和伯纳德·弗里舍尔，再到本杰明·科尔，他们与我们一起共同致力于将近十二年的激动人心的新项目。我们要感谢安德鲁·W.梅隆基金会（Andrew W. Mellon Foundation）的唐纳德·J.沃特斯和 ACLS 的史蒂文·C.惠特利，感谢他们对我们在 ACLS 人文科学电子图书工作时给予的支持。现在人文科学电子图书（HEB）的总编辑尼娜·吉伦能够将我们许多的编辑和出版理念转变为强大且可持续的数字现实。我们还要特别感谢三十多年的朋友约翰·H.德阿姆斯，他带给了我们这个挑战。

第一章　数字人文概论

定义

什么是数字人文？如果请一位物理学家解释"重力"，她可能会先给出关于宇宙中力与质量的一段简短的文字描述，然后再辅以一个公式作解释。如果请一位经济学家解释"贫穷"，他也许会让你参考美国人口调查局提供的关于人口规模、比率等其他指标。但是，如果请一位人文学者来解释"和平"，她会首先翻看字典，对这个词是如何演变的，从哪种语言、哪种历史背景和发展中演变而来的，给予简要的历史性考察。然后，她很可能根据可用的书面记录建构一个叙事视角。作为人文学者，不像物理学家，或者社会学者，她会做两件事，不是研究自然世界的物体与力，或者是社会群体与经济趋势的高度概括，而是研究语言及其起源、建构、发展与随着时间推移产生的感知。人文研究的核心要素是寻找起源，解释我们如何使用语言，包括视觉艺术、音乐以及建筑所用的语言，从而理解人类建构的世界。所有人文研究都始于并终于语言、语言的意义以及语言使过去复生的能力。

那我们该如何理解"数字人文"呢？数字人文是个普遍用于行政、学界、图书馆以及信息技术产业的术语，到底该如何理解这个几乎没人定义过的术语呢？数字化（digital）与人文学科（humanities）这一对概念，它们到底有怎样的关系？很多人对它们的结合持有迥异的印象，都从各自的角度出发。人们可以从不同视角分析解释这一术语的确切含义，可能会受到历史的或当代的思维与实践的影响。许多人就像对待一个没什么争议的案件一样，观点很坚定。但是也有一部分人，尚未确定围绕这一术语的最为基础的概念问题。

比如，在世界范围或西方文化中，人文科学过去指什么，现在、将来又指什么呢？在学术界、在学术交流和人文学科之中，数字化有什么作用，扮演着什么角色？数字人文就是一系列的实操方法吗？数字人文是每个不同学科方法论中细致化的特定理论框架吗？它是否是独特的学科，有一套特定的标准、优秀的研究者、理论层级和交互规则？数字人文是不是各学科的传统人文学者与学院和研究所的信息技术部门或团队之间的一种临时性的工作安排？

或者再深刻一点，"数字人文"这一术语是否本身就是一种赘述呢？人文学科，就如同当代的科学研究与教学一样，是不是已经在所有重要的范畴和目的上都实现了数字化呢？或者说，对于专业人文学者来说，这是个令人烦恼的问题——数字化的到来是否永久地改变了人文学者收集数据或论据的工作方式，甚至改变了他们现在所能提出的问题？技术真的起到了至关重要的作用吗？孤独的人文学者——自彼特拉克[①]以来的悠久的人文学者模式——在这个合作日益增加、数据驱动一切、报告导向、短暂、"社交性"强、无媒介的数字环境中，该何去何从？

有些人很快就用兰佩杜萨的小说《豹》(The Leopard)中萨里那王子的回答，来否定这一问题和隐忧："万物皆可变，万变不离其宗"。没错，我们很容易用一些与历史有关的比喻来说明数字革命的作用，比如，数字革命是古登堡[②]计划促进的，数字书籍的变化"就像"从卷轴到古抄本，或从古抄本到印刷书籍的转变，万维网的发展会引发迅速的社会经济变革，这种发展"就像"15世纪的活字印刷引起的变革一样，诸如此类说法，不胜枚举。

数字革命诞生的二十年来，我们也许再也无法依赖这些令人舒服的

---

① 彼特拉克（Francesco Petrarca, 1304—1374）：意大利学者、诗人，被誉为"文艺复兴之父"。他以十四行诗著称于世，被尊为"诗圣"。与但丁、薄伽丘齐名，史称"三颗巨星"。

② 古登堡（Johannes Gutenberg, 1400—1468）：德国活字印刷术创始人，15世纪用金属活字印刷，比中国毕昇晚300年。欧洲活字印刷对西方大学的建立与发展具有重要作用。

比喻，在数字进行访问、保存、聚合和分解、呈现、给予特权以及反思学术的方法上，有些东西已经发生了根本性的变化。这些都会把老旧的范畴划分放在一旁，改变彼特拉克式的人文学者的思维方式、研究方法、写作、出版或与所属社群交流的模式。为检视这些变化，就像所有优秀的人文学者那样，我们应该回溯历史：最近发生的相对短暂的数字发展历史，以及历史悠久的人文科学发展史。

多年来，尤其是最近十年间，人文学者已经与计算科学领域的科学家共同开发促进人文学科发展的研究工具。他们通常认为最早的合作始于 1949 年，那时罗伯托·布萨，这位意大利神学家去找 IBM 创始人托马斯·J. 沃森帮忙，为托马斯·阿奎那的著作制作索引。布萨成功了，但是他并不是唯一寻求将计算机功能用于人文学术研究的人，搜索引擎及字符统计也不是他的目的。因为这涉及对阿奎那神学的教义解读。数字技术是人文学家实现道德目标质的改变的一个手段。[1] 在这过程中，布萨与沃森的合作表明，计算机的搜索与挑选功能为开展研究中的某一特定方面提供令人叹服的计算工具，存储与检索功能也是如此。那是人文学者与计算机领域的科学家们首度实验合作，从此双方一直致力于为人文科学研究创建可持续发展的基础设施。

人文学科与数字技术的交叉为人文研究创建了良好环境，人文科学开始提倡使用新方式提出研究问题，包括人文研究的本质，也包括崭新的研究方法。平台、应用、技术以及工具的排列，都要在数字技术的规定下进行，这些一直改变着人文学者的工作方式，包括他们如何开展研究，如何收集、组织、分析并诠释信息，如何发布研究发现等。数字技术是如何影响这一基础性工作的呢？有些人认为数字技术完全改变了人文学者的工作，有的则认为数字技术只是让人文学者更好地、更便利地去工作。有些人认为数字技术也许会改变人文科学的核心实质。还有很多人文学者希望把数字技术当作一个方法论，把一些研究工具或计算能力与传统的人文学科研究结合起来。计算机科学家则认为数字人文是一个关于电子形式如何影响某一学科的研究，以及这些学科能为计算机科学知识提供何种贡献。

我们先看看一些基本定义。最近出版的《数字人文的争论》（*Debates in the Digital Humanities*）[2] 一书提供了从一个更长的在线目录中抽取的 21 个定义。作为围绕数字人文争论的一部分，这是一种挑衅。我们现在尝试从一个标准的来源入手去解决争议不大的定义。首先要注意的是，我们的研究是从网上开始的。其次，谷歌搜索引擎并没有提供人们预期的那种标准字典词条。字典网（The Dictionary.com）、韦氏词典（Merriam-Webster）、网上词典（Free Online Dictionary）的词条很多都失去了以往的显要位置。相反，维基百科里面对"数字人文"[3] 提供了以下明确定义：

> 数字人文是一个计算科学与人文学科交叉的研究与教学领域。数字人文源自人文学科计算、人文计算以及数字人文实践，它还包含很多丰富课题，比如进行网上收集，使用数字挖掘技术寻找大量文化数据集。数字人文（常缩写为 DH）目前包含了数字化材料或原生数字材料，并将来自传统人文学科（比如历史学、哲学、语言学、文学、艺术、考古学、音乐、文化研究）和社会科学的方法论与计算工具和数字出版相结合。计算工具指数据可视化、信息检索、数据挖掘、统计、文本挖掘以及数字导图等。

安妮·伯迪克等人合著的《数字人文》（*Digital Humanities*）一书提到了更为开放的定义：

> 数字人文探索在网络信息时代人类个体的意义，以及如何加入到一个流动性的实践社群当中，其研究问题不能仅限于单一的类型、媒体、学科或机构。数字人文应该是一种全球化、跨历史、跨媒体的获取知识或定义意义的方法。[4]

两个大相径庭的研究路径展示了这一术语的矛盾特质，也许是因为虽然人文学者与计算机科学学者在此对话，两者都有各自的特殊视角，但是这一定义中的数字化元素却同为双方的基础。或许只有重新区分数字人文（digital humanities）与人文计算（humanities computing）作为两个不同的领域，才能最后解决问题，因为二者的视角是不同的。数字人文指向方法论，人文计算是指一个研究领域或者学科。然而，随之而来的问题是，人文计算是属于人文科学、社会科学还是技术 / 科学学科？我们的视角是，不是使用人文计算，而是使用数字人文，或者说利用计算能力，来促进、完善、扩大或者甚至改变人文领域的工作。我们的焦点还是聚集在人文学者以及拥有深厚历史渊源与前景的人文科学。

那么，我们该如何创建一个行之有效的定义，来引领本书的其他章节呢？刚提到的两个定义，实际上提供了一个对人文计算目前状况的现实评估，以及较为有用的观点。但是如果我们相信第一个定义的话，数字化会不会伤及人文学科，因为它可能把学者的注意力从人文学者的传统工作中抽离出来，进而将他们变为数字计算器或华而不实的开发者了。有些人认为数字化在很大程度上改变了人文学者的工作，数字化可以促进人文学者的思考与工作方式，或者至少，有如上文第二条定义所隐晦暗示的一样。确实，数字化扩大了人们在给定时间内获取和处理材料的数量，数字化也可以通过其强大的搜索功能与很多领域对接。学者可以通过组织与挖掘信息来提高工作效率。有了数字化技术，写作与编辑获得便利。就如罗伯托·布萨最早提出的那样，这些改变是不是重构了学者的工作方式，抑或这些改变只是帮助学者们更快捷有效地从事通常会做的工作？数字人文是否改变了人文学者的思考方式？是否有证据表明最根本的事情正在发生改变，或者人文学科仍处在数字化时代的早期呢？

如果我们从更为宏观的角度来审视这个问题，我们能否相信"数字未来学家"的观点？他们极力推崇数字化改变业界基石的能力。随着数字化改变了所有的历史关系与模式，传统的研究方式、写作方式、出版方式等是否都已经被取代？专著或文章发表、文本编辑、图像档案等传统的形式是不是太微不足道了，以至不符合数字化的远景呢？或者说，通过使潜在的用户、审稿人或管理者知难而退，这些狭隘的定义或对未来改变的预言，事实上会不会抑制数字化技术的使用与接受？有些人也许会担心他们的学科发展会被计算机专家接管，后者的影响力会超过传统人文学者的成就。不想去接受任何人都唾手可得的工具，这些未来学家启动了一个眼花缭乱、大放异彩的科技未来模式，相比而言，其他的努力都黯然失色。如果未来学家展示了美国航天局在高端技术下拍摄的几百万像素的花园雕塑作品，那么用数码单反抓拍几幅枫丹白露宫的图片又有什么意义呢？如果数字文本挖掘技术可以提供任何文本的所有可能的不同版本，为何还要使用传统的文献学的方式来编辑文本呢？与其去庆祝人文学者每天所做的一切，不如问一个未知的未来的承诺是否使得潜在的使用者感到犹豫，而不敢迈出第一步，或不敢自称认可他们自己和同行的成就？

对上述两个定义带来的问题，我们从资助机构或者资金申请者的角度重新提出这个问题：数字人文项目值得做的原因只是安德鲁·W.梅隆基金（Andrew W. Mellon Foundation）或者美国国家科学基金会（National Science Foundation）有两百万的基金资助吗？资助高端数字工作的基金项目是否支持了高端学术与人文未来学家、"预言家"与"超级明星"这一阶层的产生，而忽视大多数人文学者？已经进入媒体视线或校园内外公众视野的大额基金是否已经对那些从事小而精的传统学术工作的学者提高要求，从而进一步加速历史导向的人文学科在学术圈或日常生活中的边缘化进程？我们的目的是探索上述问题。虽然这里主要的且占全书比重最大的任务，将是检验数字技术对人文学科的影响以及人文学者对数字技术的影响，但是我们应该首先讨论人文学科本身的性质与历史发展。

首先，很有必要简要区别两个术语，一个是人文科学（humanities），另一个是人文主义（humanism）。本书提及的人文主义，不是指《韦氏词典》（The Merriam-Webster's Dictionary）关于这个词的第三个定义："以人类利益和价值观为中心的一种学说、态度或生活方式；特别是反对超自然主义并强调个体的尊严及通过理性实现自我价值的能力的一种哲学。"也不是第二个定义即"人道主义"；也不完全是第一个定义："1）对人文科学的投入：文学文化"，或者是"2）古典文学的复兴、个人主义和批判精神的复兴，以及对文艺复兴时期世俗关切问题的重点考虑"。

从全书内容看，我们将要聚焦这些术语的历史意义以及语境意义，它们都是文艺复兴时期的两代学者研究和阐明的重点概念。我们将试图找到本书中提到的数字人文理论与实践的历史性类比与先例，（以真正的人文主义方式）做出恰当的历史性比较，直到被当代现象拉伸至极限。如果是这样的话，我们会问，我们的新现实与我们的历史先例有何不同，以及这些突破对我们在数字时代定义数字人文学科和一般人文学科的尝试提出了什么问题。我们的方法论并不是什么新鲜事，即使是在研究数字方面也是如此：詹姆斯·J.奥唐奈在他的《词语的化身》（*Avatars of the Word*）[5] 中，巧妙地运用了这一方法。许多早期的数字理论也不断地引用了手稿和印刷品时代的手法。

我们使用的关于人文科学与人文主义者的现行定义是由保罗·奥斯卡·克里斯特勒 [6] 与三代同事和学生建立起来的。从根本上来说，这些历史学家寻找人文主义与人文科学的起源，最初是在中世纪晚期的法国知识界，然后主要在意大利和中世纪时期的标准"七艺"中的"三艺"（语法、修辞、逻辑），只是后期扩展到外围的中世纪"四艺"（算术、几何学、音乐、天文学）。

这些学者也聚焦人文主义与中世纪后期意大利商业阶层教育之间的对比。这种商业阶层教育是非常实用的，重视本地语、基础商业数学、世俗文学（传奇和暴力冒险小说）和大众宗教（圣徒和其他名人的传记以及精神的自我救赎）方面的文化程度，以及公共演讲、制定法律及法律文件、创设私人合同及账目所需的修辞语法技能。总之，这种教育相当于我们当代以职业为导向的应用型大学教育。事实上，这些在很大程度上取代了过去一代人以来，人文学科在大学校园内的高度集聚现象。

然而，到了 13 世纪末和 14 世纪初，从意大利北部的自由市镇开始，然后蔓延到意大利中部，尤其是佛罗伦萨，这门学科的另一团体开始受到重视，特别是在彼特拉克的影响下。在他漫长而多变的职业生涯中（生于 1304 年，卒于 1374 年），这位诗人、古典学者和文学家开始有意识地重新发现并模仿他的古罗马典范的作品和精神，尤其是西塞罗 ① 的。他弃用了大学和当时的城市职业阶层（受训于意大利和法国大

---

① 西塞罗（Marcus Tullius Cicero，前106—前43）：古罗马的政治家、雄辩家、法学家和哲学家。

学的医生、律师和神学家）所采用的中世纪拉丁语，转而开始尝试另辟蹊径，模仿古人，用一种全新的纯粹的拉丁风格写作。他这样做并不是出于对深奥的、精英主义或形式主义的爱好，比如一种文本或文本传统如何影响另一种文本或文本传统，一个作家的风格如何为另一种文本树立榜样。他这样做是出于心灵深处的道德和精神目的：文本本身固有的智慧和学问。像他之前的但丁一样，彼特拉克认为他周围的世界是腐朽衰败的，世俗和宗教领导层深陷强权政治、个人野心和精神空虚之中。因此，在西塞罗的书信中，以及像奥古斯丁这样的早期基督教作家的作品中，他回顾了古代世界对道德生活的纯粹表达。从罗马陷落到他所处的时代是一个衰败与黑暗并存的历史时期，彼特拉克是首位将这一时期称为"中世纪"的人。对彼特拉克来说，学习古代世界既是一种个人的安慰，也是通过改变人们的思想和行为来改造和更新现有世界的一种手段：我们通过清楚地理解文字，就能理解伟大古人的思想，进而就可以模仿他们。但这里的关键不在于模仿宗教仪式或政治，而是模仿语言和思想。

很快，他就赢得一大批追随者与崇拜者，包括里恩佐、薄伽丘[①]、萨卢塔蒂，后来，又有了布鲁尼等众多名家，到 15 世纪早期，他们就有意识地专注一整套技能与活动。这些技能活动很快将他们与欧洲著名大学的学术同行区别开来，后者包括哲学家、神学家或者律师（以教士和罗马人为主）等。相反，最早期的人文主义者聚焦于他们认为的通往彼特拉克静谧复兴之路的关键：语法与修辞，包括我们今天所说的语文学（philology）。此外，他们还进行研究并写作诗歌、历史、道德哲学，反对中世纪经院哲学家的逻辑学与辩证法。他们的焦点是语言，他们看中的是正确理解的结果：公共道德行为与伦理生活。

我们的分析有必要简单一点。就是说，人文学者的研究不应该等同于文艺复兴的思想与文化的全貌。相反，他们应该是一个语文学学者的突出群体，有受训于阅读古典文献的经验，先是使用拉丁语，然后是希

---

① 薄伽丘（Giovanni Boccaccio，1313—1375）：意大利文艺复兴运动代表，人文主义作家，诗人，代表作有《十日谈》《菲洛柯洛》《苔塞伊达》等。

腊语，并且致力于破译与编辑他们在欧洲各地的中世纪修道院和王室收藏中所发现的零散的经典文献遗产。到 1500 年左右，他们还监督这些文献以统一印刷版本的形式在欧洲不断传播。他们设计了一些活动的框架，用公元 2 世纪学者奥卢斯·格利乌斯的话说，他们致力于"人文研究"（humanitas），就是说"学与教都应是博雅教育。［因为］热衷于人文主义科学的人是高度人文化的……"他们的目标以及所有人文学者的目标就是诠释人类生活、思考和行动的证据。

利奥纳多·布鲁尼卒于 1444 年，在那之后，这些学者自我选择并集中研究语文学技巧，在希腊城邦产生了巨大的影响。在城邦里，他们被任命为大臣，位居高位，他们的修辞以及写作技巧服务于新兴的文艺复兴国家和王室宫廷、罗马教皇和大学[7]的需要。在大学里，他们的课程开始被称为"人文研究"（studia humanitatis）；比如，意大利校园俚语将法理学家（jurists）称为"jurista"，同样地，它们也开始将"人文研究"的支持者称为"humanista"，也就是"人文主义者"（humanists）。现代词"人文主义"（humanism），本身始于 1808 年德国哲学家弗里德里希·伊曼纽尔·尼塔默（Fredrich Immanuel Niethammer）的新造词"Humanismus"。然而，他使用这一词汇是为了区分以实用技能为主导的教育（现在主要指职业教育和能获得学位的教育）与自为目的的基于语文学及识文断字能力的教育。

不论在公众视野还是学术生活中，人文学者最基本的研究工具箱包括他们在修辞、语法以及其他博雅教育科目方面的实用技能，还有他们的书籍及存放它们的图书馆，以及他们使用的古今著作合集。很多女性也开始在宫廷中担任要职或崭露头角，部分女性，或作为诗人，或作为艺术家，甚至过着非常独立的生活。一些——极少——人文学者，如伊拉斯谟①，似乎过着富有创意的生活，超越支持他的王孙贵族、国王君主。

他们重新发现古罗马和古希腊典籍的中世纪图书馆，既没有像人文

————————
① 伊拉斯谟（Desiderius Erasmus，1466—1536）：中世纪尼德兰（今荷兰和比利时）著名的人文主义思想家和神学家。他是一个用"纯正"拉丁语写作的古典学者。

主义者描绘的那样灰尘蒙面，也没有受到虫蛀。相反，人文学者积极帮助创造出我们逐渐明晰的现代图书馆的概念：首先是他们自己的藏书，从彼特拉克说起，然后是国王（安茹王朝和那不勒斯的阿拉贡王朝）、王孙贵戚（佛罗伦萨的美第奇家族、乌尔比诺的蒙特费尔特罗家族）以及神职人员（出类拔萃的梵蒂冈图书馆）的收藏。这些都成为人文主义图书馆的典范，即便不是现代意义上的公共图书馆，也肯定会对任何能够阅读其藏书的合格读者开放。

　　书籍的创意和发行与图书馆紧密相连：中世纪晚期，是通过诸如巴黎、博洛尼亚、牛津等大学中心的商业缮写室（scriptoria），然后进入 17 世纪是通过新式印刷媒介。人文学者在与这种新形式形成的关系上开创了先河，这不仅体现在新观念的创建与老旧文本的批判式编辑方面，而且也体现在书籍本身的制作以及传播方面：从彼特拉克与萨卢塔蒂 ① 在人文手稿的创建中提出的观点，到伊拉斯谟与文艺复兴先驱印刷商——威尼斯的阿尔杜斯·马努蒂乌斯 ② 及巴塞尔的约翰·弗洛本——的编辑工作。因此，我们无法将人文学者的工作与图书馆和出版人的工作分开：从最开始它们就一直紧密联系在一起。

　　到了 16 世纪早期，人文主义席卷了意大利及欧洲，并且成为一股强大的文化力量，以至于人文主义教育家——意大利的皮耶尔·保罗·韦尔杰里奥、维多里诺·达·费尔特和布鲁尼，哈布斯堡王朝的伊拉斯谟，西班牙的胡安·路易斯·维夫斯，以及英国的约翰·科利特——都开设了人文课程，将其作为欧洲世俗和教会的领导阶层的唯一有效课程。文法、修辞、演讲、历史及诗歌等都基于古典希腊语以及拉丁语模式，成为经典核心课程。它成为致力于"基督教君主教育"的众多手册的基础，符合意大利朝臣、英国绅士、意大利和西班牙女士的标准。即使在新教改革之后，这一课程依然是德国文理中学

---

　　①　萨卢塔蒂（Lino Coluccio Salutati, 1331—1406）：13—14 世纪文艺复兴时期的人文主义者、文学家，是当时佛罗伦萨最为重要的政治与文化先驱之一。

　　②　阿尔杜斯·马努蒂乌斯（Aldus Manutius, 1449—1515）：意大利威尼斯的印刷商，引入了斜体字，因文艺复兴时期印刷大量古希腊、古罗马的经典古籍而名声大噪。

（Gymnasium）教育的核心课程，也是天主教改革中耶稣会教士的课程。

传统的大学研究生专业——如哲学、法学、医学——以及建筑学、视觉艺术和新兴的自然科学，都很快吸收了人文主义的基础研究方法与原则：对古代典范深刻的尊崇效仿，重新发现和识别古代来源的刻意努力，有时几乎是对风格与辞藻的盲从模仿。从这种程度讲，到了文艺复兴末期，也就是18世纪末和19世纪，人文主义几乎已经成为高等教育以及公共文化的代名词。人文主义建筑是19世纪末到20世纪初大型公共建筑发展的驱动力，它们改变了美国的城市结构，比如，包括从图书馆到火车站在内的大型公共建筑以及私人豪宅的发展。

人文主义及其对道德与学术的关注仍然是位于诸如普林斯顿、哈佛和耶鲁等地的早期美洲殖民地和共和国的高等教育体系的核心。就连新科学和新知识的倡导者托马斯·杰斐逊也将弗吉尼亚大学的核心课程建立在人文主义传统的基础上：古代和现代语言、数学、道德哲学、自然哲学、法律和医学，这些都可以与当时标准的欧洲大学教育相匹配。在杰斐逊的模式中，我们已经可以看到科学革命、启蒙运动和美国实用主义对人文主义传统的影响：化学和更多实用技能也被纳入弗吉尼亚大学的课程中。在促进博雅教育的课程中，这种文化遗产的影响力一直延续到20世纪。

19世纪末，在伟大的德国历史学家利奥波德·冯·兰克①的研讨会上，对"科学"研究的再度重视以及人文主义者的经验主义方法论都得到了发展，他坚持从档案记录中科学推导出显而易见的真理。这种兰克式范式首先在德国学术生活中占据主导地位，后在美国学术界也得以占据主流。虽然这个话题更适合高等教育中更大的政策问题，但这些发展对我们今天所认定的人文学科产生了重大影响。美国高等教育从殖民时代和共和国早期的文理学院转向19世纪末和20世纪初的研究型大学，

———————

① 利奥波德·冯·兰克（Leopold von Ranke, 1795—1886）：19世纪德国最重要的历史学家，客观主义史学创始人，也是西方近代史学的重要奠基人之一，被誉为"近代史学之父"。兰克主张研究历史必须基于客观地搜集、研读档案资料，如实地呈现历史的原貌，他的这种史学主张被称作"兰克史学"，对后来东西方史学都产生了重大的影响。主要著述有《拉丁和条顿民族史》《英国史》《法国史》《教皇史》《世界史》等。

对学科研究专业化以及研究成果的组织、出版、认可和奖励的观念产生了深远的影响。"科学"和"客观"的研究和写作的冲动，也推动了传统人文主义教育者及其活动的严格专业化，形成了我们今天都普遍认可的系部、学院、学术团体、期刊及大学出版社机构。

到了 20 世纪 20 年代，人文学科研究、教学及出版目标已经与物理科学及新兴社会科学的要旨并驾齐驱：在一个以严格准则来规范预期与表现的标准化系统内，实现严格的同行评议制度和专业化。这种新方法迅速使学术人文主义者远离公共人文主义者，比如诗人、小说家、道德散文家和剧作家，以及视觉艺术家和建筑师——曾被认为是文艺复兴时期和现代欧洲早期的人文主义者。这个新兴的人文主义者团体，几乎完全是白人和男性，均出现在历史学、文学、古典文学、哲学等诸如此类的学科中。他们不仅致力于研究与教授古代历史，还致力于研究与教授他们的同行对古代经典的反思，关注评估那些地位相对不那么重要的学术，而这些在今天却正成为人文学科的核心。

这一体系在"二战"后期得到了继承，并在 20 世纪 20 年代得以完善，使得这一时期成为美国研究型大学的伟大时代。颂扬这种精神的著名文献包括万尼瓦尔·布什的报告《科学：无尽的前沿》(*Science: the Endless Frontier*)[8]，他在报告中阐述了当今以技术商业为基础的大学体系的基本形式。文献还包括克拉克·科尔在 1960 年为加利福尼亚大学体系提出的总体规划。[9] 同时，公众对人文学科的看法，也演变成某种与它们在大学里截然不同的东西，这也许反映了它们在国家文化中日益边缘化的现象。1964 年，在美国学术团体协会（ACLS）的部分赞助下，著名的美国人文学科委员会，包括科尔、托马斯·J.沃森、金曼·布鲁斯特和西奥多·赫斯伯格等名人，促成了美国国家人文学科基金会（National Endowment for the Humanities）的创立，该委员会对人文科学进行了如下定义：

> 人文科学可以看作是一个知识和洞察力的整体，一种表达方式，一种教育计划，一种基本的人生态度。知识体系通常包括对历史、文学、艺术、宗教和哲学的研究。美术和表演艺术是用视觉、

语言和听觉来表达思想和情感的方式。教育方法建基于我们从古典时代继承下来的自由主义传统。对生活的态度集中在对人类个体的关注上：关注个人的情感发展，关注他的道德、宗教和审美理念，以及他的目标——尤其包括他作为一个理性的人和一个负责任的社会成员的成长。[10]

美国大学体系将把这种路径领入 21 世纪，并开始我们现在所说的"企业大学"，在自然科学和人文科学研究和教学的方方面面，以新型的企业导向组织形式、问责制和货币化为重点。有人可能会说，企业大学在其诸多最深刻的模式中，正推动自身讽刺地回归到中世纪晚期的意大利城市教育体系，因为它在人文主义者到来之前便业已存在。

我们刚刚迅速回顾了人文学科的发展历程，这对于新数字时代的人文学科产生了直接的影响，并给我们所有人带来了新的挑战。或许这也是一个表达人文学科基本使命的崭新机会，即根据以往的模式启蒙并创造有担当的公民。在这一点上，数字人文可能会再次拥抱文艺复兴时期人文主义者所采用的方法和观点：运用现代沟通技巧——修辞和语法的数字化迭代——辅以富有想象力的创造性艺术和蕴含历史观的反思智慧，向当代受众诠释什么是人，什么是有担当的公民。

虽然我们已经用了相当大的篇幅来描述和分析人文学科的历史根源，但我们仍未确定数字人文的可行定义，这将是未来几章的任务。我们将讨论人文学科中数字作品的功能、要素、材料、工具、环境以及传播。

第二章　人文科学研究的组织形式

引言

　　人文学者研究人类创造的世界。在大量研究的基础上，考虑到具体的问题，他们定义了一个用于调查研究的材料汇编——他们的证据——无论那是莫扎特的作品、米开朗基罗的画作、弗兰克·盖里的建筑，还是威尼斯参议院的投票记录、古代近东的楔形文字泥板、美国西部的政府赠地、14世纪女王或20世纪哲学家的生活和思想。这些证据可以涵盖文本、文献、物品、空间、表演、人工制品或建构（包括游戏、模拟和虚拟世界）。

　　由于许多参与高校管理的人不一定具有人文学科背景，即便在学术界，对人文学者的工作也存在误解、误读和低估。管理者更有可能了解科学家和社会科学家是如何工作的。从研究生命和生物体（包括人类）的生物学到研究物质及其在空间和时间中的运动的物理学，物理科学和生命科学的研究者都试图用"科学方法"来理解物质世界，或者说，基于观察和实验收集经验证据和可测量证据，并服从具体的推理和批判原则。然而，从物理学家到数学家，科学家们在工作中也采用理论模型，并将理论与经验研究相结合。

　　社会科学包括从人类学和经济学到政治学和社会学的广泛学科，在收集有关社会和社会群体的数据时，使用科学界同行的经验方法，然后对这些数据进行定量处理，以便更好地了解这些群体是如何运作的。社会科学也可以是解释性和定性的，而不是定量的，例如，运用社会批判或符号解释的理论。有些人将社会科学与人文科学区分开来，声称前者是定量的（因此更严谨和"科学"），而后者是定性的。但这些界限并非一成不变，人文科学和社会科学之间的边界常常很模糊，尤其是在理论领域。

人文学者如何工作？一个普遍的误解是，人文学者读了书，然后在自己的研究领域写了更多的书：不言而喻的历史"事实"或是几乎任何拥有大学学位的人都能理解的容易阅读的文学作品。但在很多方面，人文学者所做的原创性研究和高层次研究与科学家和社会科学家的研究没有太大区别。他们所研究的内容可能不同：人文学者研究的是个体所创造和表现出来的人类文化，而不是自然世界或人类社会的广泛模式。但所有这些都试图提供一个尽可能接近"真实世界"的模型：关于宇宙的物理科学、关于人类群体的社会科学、关于人类个体创造的作品和世界的人文科学。如果他们诚实地审视自己的能力，没有人能够完全重现他们所研究的世界。人文科学的核心便是这种自觉的表征意识，在接下来的章节中，我们将考察这种有限表征的本质，以及人文科学如何理解并诠释它。

也许，人文科学、社会科学和物理科学之间的另一个主要区别在于它们组织基本研究材料的方式，它们如何操控、安排和展示证据。在物理科学和社会科学中，数据一般都是按大类进行排列和分析的：相似性和偏差可以通过复杂的数学、统计、度量和其他定量手段来评估。这些证据通常很容易转换成数字化数据。但是对于人文科学来说，研究的原始材料从传统上来讲是完全不同的，它们以个性形式存在，甚至是独一无二的：一个人的生活、一件艺术或建筑作品、一件雕塑、一篇诗歌或小说、一份契约的历史记录、一份财产转让、一份遗嘱、一份条约、一封信，或是这些个人物品的集合，这些物件自身即被研究，而不是简化为数据及其偏差的统计或模式。

在这些证据形成独特模式的地方，人文学者通常会转向文化研究。但文化并不是在广泛的统计报告中表现出来的，而是通过独特的例证：中世纪研究可以借助沙特尔大教堂，文艺复兴研究则考察波提切利的

《维纳斯的诞生》，近代早期研究可以探访凡尔赛宫，现代研究则可以关注原子弹的制造。刚提到的所有这些都只是一种速记的说法（或称提喻法），以此代表更大范围的证据集。但作为隐喻和符号，它们也间接地表达了人文学者为受众组织证据的方式。每一个例证的提出都代表了更多的例子，每一个又都是不同的、独特的。正是这种差异，即人文主义学者所说的"相异性"（alterity），形成了人文科学的数据。在其深层语境中，在它与其他独特例证于时间和空间上形成的关系之中，分析这些个别的物品或事件，才是人文研究的核心。在此过程中，人文科学研究者可能会通过借鉴物理科学和社会科学的理论与研究发现，力求更好地理解相似性、差异性和文化模式。例如，人类学、心理学和语言学对人文学者如何组织、理解和解释他们收集到的证据产生了巨大的影响。历史上，人文学科也按照某些传统的方式组织证据。在本章中，我们希望研究人文学者如何开始在数字环境中组织、操控及表现这些证据。

需要强调的是，人文学者所使用的证据很少在其他书籍中找到，也许除了对印刷文学的研究，或者在理论著述中对书籍本身的研究。人文学科的专业研究需要并且未来仍然需要对原始文本和物品进行研究。理想状态就是在原始背景下进行研究，这样我们才能理解是谁创造了它们，为什么以及在什么环境下创造了它们。因此，古代中东博物馆收藏的楔形文字泥板、罗马墓穴中的墓葬物品、中世纪小教堂的拱顶、文艺复兴时期宫殿中的绘画、家庭档案中保存的 19 世纪工业家的账簿、地方历史学会图书馆里发现的亚拉巴马州贫困农民或乌克兰女性移民的信件，都需要首先进行鉴定、注明日期或以其他方式将其复原至某个背景中，然后采用最佳可用的方法进行解密。只有在极少数情况下，这些原始和独特的材料才会被完整编辑或以书籍形式出版，进而读者可以通过购买或借阅来获得。此外，用作人文学术研究证据的材料通常仅限于那些与具体研究议程和学科方法直接相关的人。

然而，现在随着数字学术的出现，许多人文学者，特别是那些在协作环境中工作的人，接触到了大量的原始材料，这些材料都是数字化的，均可通过网络访问，他们也可以接触到以前被认为不属于其学科范围的材料。这就为更丰富、更深入以及不同类型的学术研究带来机会。此外，收集资料的良机也从原本在档案馆里筛选手稿、手工抄写等耗费劳力的日子，演变成去世界各地观看、绘制或拍摄研究对象的昂贵旅程。现在，文本、图像、物体、虚拟重建、电影和声音的档案可以通过数字方式获取，学者们通常可以在一定时间内为任何项目做大量的基础收集工作，这样就有了更大的灵活性，扩大了范围，也缩短了时间。这能够带来明显的好处：提高研究速度，降低研究成本。但在数字领域，它也可能存在一些缺点，即分析、解释和发布研究结果的速度过快带来的诱惑。

　　下面举一个正面的例子。一个专门研究 19 世纪科学史的学者可能需要查阅查尔斯·达尔文的论文。这些材料中的大部分，包括达尔文的大部分信件，都存放在剑桥大学基督圣体学院（Corpus Christi College）的图书馆，还有一些在剑桥大学图书馆。他的笔记本存放在位于肯特郡的达尔文故居（Down House）中。在伦敦的皇家学会（Royal Society）可以找到同行评审报告，一些其他物品则分散在从弗吉尼亚到布宜诺斯艾利斯的一些地方。以前的研究需要大量的旅行、长时间的停留，以及费力地翻阅数千页资料，而且无法保证找到想要的证据。达尔文在线（Darwin Online）[1] 对这些材料的数字化和在线出版，在网上提供了"超过 219 804 页的可搜索文本和 219 900 幅电子图像，对所有已知的达尔文出版物提供至少一个样例，它们以最高学术标准复制，既可作为搜索文本，也可作为原件的电子图像。其中大部分都是第一次进行编辑和注释的，并附有 4900 多条原始注释。"[2] 搜索只需要很短的时间，其结果可以在研究人员办公室或家中的计算机上保存、修改和分析。用来获得更深入的见解或建立理论框架的二级文献，可以从世界各地数千个图书馆所提供的条目中进行在线汇编。

表征性

　　无论在物理科学和社会科学还是在人文科学中，表征性仍然是贯穿于任何学术交流讨论的主题。在人文学科中，我们的叙述与分析容易被更广泛的公众和其他学科的研究人员理解接受或获取，但这常常掩盖了我们发现、操控和最终公布的证据所具有的表征性。对于任何学者来说，显而易见的是，我们所研究的事实、事件和材料的宇宙永远不可能被完整地呈现出来，这种不可能性使宇宙成为一本书。当然，这是一个可敬的隐喻，却不是一个学术典范。因此，每一门学科、方法论和传播形式都必须发展自己的表征文化：现实世界的小样本——我们称之为研究结果——如何被声称是我们周围世界或居住在物质和文化世界中的人类的真实反映。在另一个层面上，所有学者都意识到现存资料的表征性质。例如，一个古典文学学者有可能终其一生都在熟悉古希腊或古罗马的所有文字记录。没人会说，这些知识仅仅包含的是古代世界的一小部分。相反，所有人都会关注到，这种表征性不断被考古学和其他科学方法的新发现所改变。在其他更现代的领域，对档案、手稿收藏、印刷书籍、报纸和其他视觉和听觉原始资料的研究，是不可能在某人一生中都被涵盖的，在这些领域中出版的越来越多的二级文献也是如此。因此，大多数传统的人文主义研究和写作都是在这样一个框架内进行的，即原创研究和专题研究只是对过去现实的抽样研究，选择用来照亮过往的事件和人物都只是高度选择性的再现，而每一份手稿和印刷文件的存档或收集，都只不过是支撑它们的深层历史现实的浮光掠影。

进一步探究可以发现，有代表性的印刷专著可以提供一个更小的表征性：一本250页的标准著作可能会包含额外的25页或30页的"第一手资料"文件，以支持专著中的论点和分析。这种抽样的表征性较小，那么不言而喻的理解是，在学术交流中，这样的取样仅仅是一种举隅。而且这种取样的真实性取决于这位学者公认的造诣、严谨的方法论以及出版社的声誉。世界无可挽回地消逝且无法被充分理解，因此，所有人文交流都只是这些世界的再现。我们明白，我们的消息来源甚至远不能及我们所讨论的现实。因此，我们对这些再现的信任是基于人文社会内部长期存在的一种高度自我反思式的接受和批评的文化，这种文化通常不向公众披露，公众也不关心，因此经常给非专业人士以知识和真理的错误印象。

但在数字领域，这种再现的本质和真实性正在发生根本性的转变。得益于大量新的原始资料、搜索的可访问性以及聚合和分析工具，这些再现变得更加广泛和准确，为我们提供了一些记录，倘若我们仍未接近于这些记录所反映的根本性现实，那它们至少是更加接近于完整的历史、文学或视觉的记录。然而，与此同时，数字化可能正在以一种矛盾的方式削弱我们对现实的再现，用虚拟现实取代了雕塑、书写或印刷记录的间接物质性。传统的语法及修辞表达技能支持了第一批人文学者，我们对这些技能的理解以及使自身表达对之依从的才能，都会被数字化变得复杂。为了使这种数字工作及其诠释成果进入人文主义话语中，研究者有必要呈现他们的论文和支持性文件，无论是文本、数据、物品还是其他事物，以供从事任何特定领域的共同体进行审查和考察。因此，我们是否正在开发一种相应的崭新的数字语法和修辞来适应这种新的数字化再现形式呢？这个新的数字环境如何影响我们已经认识到的人文科学研究的过程，诸如数据收集、分类、记录、操作、分析、解释、聚合及保存？

数据收集

图书馆、档案馆和存储库

如今，数字技术的出现，尤其是互联网[3]、万维网[4]和网络浏览器[5]的出现，极大地促进了人文学者开展的基础调研。然而，这些只是访问工具，它们最终依赖的仍是具有印刷文化特征的材料的相同集合。与此同时，机构和个人却通过创造大量新的数字化素材的集合来实现互联网的承诺。从 20 世纪 70 年代末的数字化的图书馆目录开始，学者们进行二次研究和大部分初始研究的方式发生了巨大的变化。许多人会记得卡片目录，它是书目资料的主要访问点之一。与以往从古代到印刷时代使用的书架或手稿清单相比，它是一个巨大的进步，其本身就是按照资料在图书馆的位置、作者姓名或作品名称来列出材料的卷宗。值得一提的是，这些目录最初只藏于图书馆中，学者需要到每个图书馆去查阅藏书。一旦有了印刷目录，副本就可以更广泛地分发，除非需要查阅原始资料，否则，那些收集了其他图书馆印刷目录的主要研究型图书馆便可成为一个学术工作的场所。然而，即使在这里，像联合目录、纽约公共图书馆、大英图书馆和法国国家图书馆的多卷本图书馆目录，也是价格昂贵，供应有限。这就限制了最重要的公共图书馆和大学图书馆的使用范围。

卡片目录是 19 世纪末的一项发展，它促进了书目信息的组织，使新资料更容易整合起来。在图书馆目录的数字化已经开始使用专门开发的独立系统之后，从卡片目录衍生的印刷目录的分发一直持续到 20 世纪 70 年代末和 80 年代初。把这些单独的电子目录整合起来成为图书馆员和日益壮大的信息技术专家的首要任务。他们达成的新兴协议要求在线目录使用标准记录数据，这样计算机系统就可以共享书目记录。自 20 世纪 60 年代中期开始，机读目录（Machine-Readable Cataloging, MARC）标准逐渐被国际公认，并与 Dynix 自动化图书馆系统① 等综合图书馆系统一起，促进接口、通信和数据共享。始建于 1967 年的俄亥俄学院图书馆中心，尝试构建一个俄亥俄州的图书馆网络，很快演变成联机计算机图书馆中心（Online Computer Liberary Center, OCLC），现在由 113 个国家的 7.2 万个图书馆的馆藏组成。它的在线目录，现在命名为 WorldCat[6]，于 1971 年推出，并详细列出了这些馆藏中的所有记录。WorldCat② 在互联网上是免费的，在参与此项目的世界各地图书馆的书目记录中，它的研究者提供超过 20 亿项条目信息。搜索一个包含邮政编码的书目标题，系统将为每位用户按照地点来识别资料。该系统还可

---

　　①　Dynix 自动化图书馆系统（Dynix Automated Library System）：1983 年，由美国 Dynix 公司成立并研发。20 世纪七八十年代，国外开始出现第一代图书馆电子系统，主要任务是将卡片目录转为机读目录，此系统是当时最流行的图书馆自动化（Library Automation）系统。

　　②　WorldCat：世界图书馆目录检索平台，大型联机书目数据库，是提供图书馆内容及服务的全球性网络。

以根据几种常用的样式表单导出书目记录，并在线创建可供用户共享的书目。它还提供在线评论和图书供应商的超链接，如谷歌图书（Google Books）、亚马逊（Amazon.com）、巴诺书店（Barnes & Noble）和更好世界图书（Better World Books）。

随着搜索功能的扩展，目录的表征性和策划性正在被搜索引擎取代，搜索引擎通常会将研究人员带往任何一个特定的集合、机构存储库或目录之外。然而，正如我们将在第八章中详细讨论的那样，学者们从他们使用谷歌搜索的经验中了解到，当他们用搜索结果代替目录中的有限样本时，他们得到的对真实的再现的准确性仍然有待商榷。在卡片或印刷图书目录中，研究素材的表征性样本背后是学科图书馆员和学科专家的专业知识，他们确保所获取的资料具有价值，而且能通过一些严格和可靠的基本测试，无论是通过学者、出版者的声誉还是后来的同行及公众评论。另一种是广泛传播的网络搜索，比如谷歌试图呈现总体的现实世界——无论在所有出版的书籍中还是在所有图片中——它将提供数千条或数万条参考信息。这些结果中的大部分仍然无法访问，仅仅是因为向研究人员呈现的结果数量过多，还有一部分原因是搜索引擎的无差别和非中介性质。这里自相矛盾的地方是，在这种情况下，数字可以接近"现实"的无限多样性和非中介性。因此，数字人文面临的主要挑战之一是保持网络及其资源的开放性，同时在使用和材料获取方面提供一定程度的专家指导。同样，人文科学在历史上的重要作用之一，始终是为人类创造的世界提供指导和解释。那么，这一核心任务在数字化时代依然不变。

数字图书馆

即使在 1989 年 3 月至 1990 年 12 月万维网发明之前，互联网就提供了储存、检索和传送资料的机会。1971 年，伊利诺伊大学的迈克尔·哈特开始了"古登堡计划"（Project Gutenberg）[7]，这很可能是最古老的数字图书馆。它现在以各种格式提供了 50 多种语言的超过 47 000 本免费电子书。"古登堡计划"从《独立宣言》（Declaration of Independence）、《权利法案》（Bill of Rights）和《美国宪法》（U.S. Constitution）开始，将小型公共领域的作品数字化。现在它涵盖了范围极广的材料，其中大部分是以前在公共领域出版的作品，包括从 1769 年的《康沃尔调查》（*Survey of Cornwall*）到 1920 年关于《瓷器与陶器印记》（*China and Pottery Marks*）的卷册，以及从柏拉图到卡夫卡以来的大量文献和新的图像资料库。

截至 2013 年底，互联网档案馆（Internet Archive）[8] 可以向用户提供近 500 万册书籍和文本、140 万段视频和 170 万份音频文件。Hathi Trust 数字图书馆（Hathi Trust Digital Library）[9] 成立于 2008 年底，[①] 是由大约 100 家美国主要研究机构和图书馆组成的合作伙伴关系，迄今已将 10 804 340 套书、5 660 959 种书名和 282 038 册连续出版物进行数字化。其中，32% 的藏品属于公共领域，可以自由获取，其他资料只提供给合作图书馆的关联用户。

谷歌图书（Google Books）[10] 在 2010 年 8 月宣布，到这个十年结束前，它将扫描所有已知的现有图书（129 864 880 本），总计超过 40 亿个数字页面和 2 万亿个字符[11]。到 2013 年 4 月，这一数字已达到 3000 万大关，但此后开始趋于平稳。谷歌的另一个产品，谷歌学术搜索（Google Scholar），已经为一系列学科的全文学术文献编制索引，但这只是 120 多个学术数据库和搜索引擎中的一个。

随着大量资料的数字化和出版，标准的图书馆在线资料得到了扩充，这些资料来自于包含原始资料以及机构类的书籍、文献、学位论文和其他作品的档案馆。有时，在线出版物可能仅限于馆藏指南或档案检索工具，但通常这些藏品包括实际藏品的数字化版本。这些档案可经国家或地区合作出版，如加利福尼亚州在线档案馆（Online Archive of California）[12]，它包括来自全州 200 多家图书馆、博物馆和历史学会的

---

① 2008 年 10 月，美国中西部大学联盟的 13 所大学与加利福尼亚大学、弗吉尼亚大学等发起了 Hathi Trust 数字图书馆项目。Hathi 在印度语里是"大象"的意思，是记忆力、智慧及力量的象征；而 Trust 表示信任，是研究型图书馆的核心价值。Hathi Trust 一词寓意了分享式数字典藏的宝贵价值。

2万多份在线馆藏指南，其中有超过22万份图片和文件。例如，1906年旧金山地震和火灾数字馆藏（1906 San Francisco Earthquake and Fire Digital Collection）是一个单一的数字档案，它汇集了6个主要机构的档案馆馆藏和特别馆藏中精选的藏品，包括大约1.4万张图片和7000页文本，均可在网上查阅。每张图片的完整信息，包括日期、作者和版权状态都会被公布。

　　一份过时且不完整的数字图书馆项目在线清单[13]仅包括150个项目，从"国际乐谱库典藏计划"（International Music Score Library Project）[14]到以希腊罗马世界为重点的珀耳修斯数字图书馆（Perseus Digital Library）[15]。非学术文化机构，如纽约爱乐乐团（New York Philharmonic Orchestra）[16]和肯尼迪总统图书馆暨博物馆（John F. Kennedy Presidential Library and Museum）[17]，以及英国、法国、瑞士及奥地利等许多国家的国家项目，也是重要的数字内容创造者。这些只是此类数字档案中最小的一组样本，对这些样本进行编目或形成有意义的分类法的尝试，正迅速被从世界各地带来的网络新资料所超越。

分类和归档

　　当学者们将收集到的信息作为他们的工作证据时，数字技术为他们提供了方便的工具，使他们能够快速方便地将其组织与分类。索引卡片和文件盒的日子一去不复返了。印刷文化的工具已被数据库所取代，这些数据库可以存储信息，并将其分类或标记为几乎无限多的类别。对于简单的项目，有些学者可能更喜欢使用电子表格。虽然建立这些电子表格的目的是以表格形式组织和分析数据，而且其功能不如数据库那么强大，但是，它们可以用于存储和排序数据，并且当需要更大的计算能力时，它们可以从数据库中导出或导入至数据库。为人熟知的电子表格应用程序包括VisiCalc、Lotus1-2-3、Microsoft Excel、Apple's Numbers，以及各种开源（开放源代码）和基于网络的应用程序，比如Gnumeric[18]和Google Spreadsheets[19]。数据库使用通用数据库管理系统（DBMS）构建，允许用户进行定义、创建、查询、更新和管理。

在对数据进行分类时，学者们还可以使用数据库把多选标识应用到任何对象上。例如，如果对肖斯塔科维奇音乐作品的调查是研究议程的一部分，那么他的作品可以在数据库中按日期、形式、乐器、作曲地点、长度、演出日期、演出人员等进行标记。可能性实际上是无限的，研究人员可以从一开始就决定哪些数据与手头的研究问题相关，或者在新的可能性出现时添加数据字段。然而，虽然数据库可以相当灵活，就像许多数字工具一样，但个人用户或团队必须首先对数据类型、如何输入、如何分类和如何报告做出一些重要决定。与许多学者在纸质世界的习惯相比，这样的规划往往需要更严格的设计与准备。

简单地收集数据只是研究的一部分，可能会花很多时间对根本不相关或无法提供可靠结果的信息进行编目。这是不容易避免的，因为从一开始就很难根据总体研究议程绝对确定哪些数据具有重要意义。如果一个学者要研究这位作曲家的作品所体现的发展趋势，那么掌握更多的细节可能会富有成效，但是如果研究问题是关于极权政体对艺术输出的影响，可能需要的细节就比较少了。每次研究人员坐下来对信息进行分类时，这些判断必须以反映而非符合先前的类比法的形式成为过程的一部分。

数据库也为学者们提供了一个方便的平台来详尽地记录研究工作，包括与所收集到的任何项目相关的来源、地点、日期以及书目信息。最后，数据库还允许研究人员通过排序、执行计算以及将识别和标记的材料导出为可以用于进一步分析、解释和出版的格式来操控信息。[20]

操控

数字化的一个主要优点是让我们更加了解研究方法和研究议程中的各个步骤。研究的过程往往需要操控研究结果，使之有用并易于分析。在传统的人文学术世界里，这种操控基本上是看不见的，隐藏在本科生和研究生学到的大量方法论技能之下。除了人文研究涉及社会科学方法论的案例之外——例如统计学——人文学科的数据往往在研究活动的索引卡排序、章节或论文大纲以及写作过程本身中受到操控。其中，内在逻辑和某些修辞技巧将数据的各种线性排列方式规定为各种复杂的叙述形式。正如上一代人文学者所证实的那样，我们的理论框架告诉我们，没有一个研究对象会将自身展现为现成的以印刷形式最终传播的样子。无论按照时间先后顺序分类，或按主题分类，或按理论框架分类，还是将其分为不同文章或不同章节，这些选择行为都使用数据处理的技巧，将原始证据转化为一种叙述及自我反思型的分析。在数字领域，这种操控——由一套外部的标准化工具执行，在软件创造者的既定框架内工作——使研究过程更加自觉和客观化。除了证据收集、分析和呈现之外，数字人文学者还能积极地意识到操控的过程。它成为数字研究向前迈进的一步，因此它本身就是一个反思的对象，往往超越我们通常的方法论思维。

这种新的数字现实提出的第一个观点是，操控的过程并不意味着改变原始材料本身，而是首先将其转换成数字形式。这种转换使研究对象不再是印刷世界的笔记或抄本，而是文件。这一数字工作的基本元素极大地改变了我们与工作的关系。尽管学者们在过去确实创造了"文件"——甚至我们的语言也将这种隐喻带入了数字领域——但是将各种各样的论文放在一个文件夹、一个活页夹或一个抽屉里，都依赖于研究人员的身体活动和精神活动来创造它们的第一次转变。这个过程是由学者内在地自主地执行的。然而，在数字时代，这种行为也被外化了，从研究者的头脑投射到计算机屏幕的表面，进而两者都从研究者身上实现进一步的客观化和抽象化。如果这一过程未被正确地解读，那么它常常被视为使学者与自己的作品产生异化，并在研究项目的关键时期接管了学者的控制权。因此，重要的是，数字人文学者至少要了解计算机工作的基本要素，这样，即使信息技术人员协调这一阶段的研究，人文学者也不会因为这项基本任务而受到拖延，同时也不会置之不理。

这种数字转换可能涉及将文本页面转换为文字处理文件，又或者将图像或歌曲从模拟格式转换为数字格式，又或者将一组存档文本转换为可用的电子表格或数据字段。这种格式既必须保持其模拟的原始符号，也必须符合严格控制的编码选择集，使其易于使用和数字操作：数字世界中的一切都变成了"0"和"1"上的一组变体，因此这个老生常谈的事实既广泛地扩展了我们收集的证据，也收窄了证据的层次。因此，一个主要的关注点是，在使原始材料接受数字研究的同时，保持其完整性。正如我们所看到的，这也提出了数字领域的表征性问题，其程度远远超过了印刷品。例如，乐谱可以以印刷或手稿的形式进行研究，但将其转换为数字文件，就能使其接受更广泛的分析技术，尽管学者们必须认识到数字化是如何改变原始文件的本质和物质性。

我们举个例子。哥伦比亚大学的"马伦齐奥项目"（Marenzio Project）[21]是大学的加布·M. 维纳音乐和艺术图书馆与数字研究学术中心的合作项目。该项目旨在为欧洲文艺复兴时期最重要的作曲家之一——卢卡·马伦齐奥（约 1553—1599）的世俗音乐创作一个完整的在线评论版本。该项目正在使用软件应用程序 Aruspix[22]，它可以为这一版本扫描早期音乐印刷品。学者们需要考虑在这种转变过程中发生了什么，失去了什么，又有什么收获？证据的数字化呈现如何改变我们的研究、我们的问题以及我们对材料的理解？

分析

数字时代并没有改变学者的分析功能，而是创造了分析工具，将很多耗时过程自动化，以此加快分析速度。经过考虑确定的原材料类型往往表明可能需要何种分析类型。文本、数据、声音和图像的分析都需要不同的工具，这些工具促进了一致性，提高了准确性，消除了主观性，而且通常会产生人工分析无法得到的结果。这些通常可以被视为重大优势，但也有反对的声音，比如，对于学者必要的主观判断，文本和艺术作品中对例外现象、不规则和肌理结构的压制，以及原始材料的物质性的丧失等问题提出异议。

分析工具的好处的例子比比皆是。例如，密西西比大学的"拉撒路计划"（Lazarus Project）已经在图像分析领域进行了几个引人注目的项目。在英语教授格雷戈里·海沃思的指导下，该项目利用多光谱成像技术，成功地恢复了羊皮纸重写本（palimpsests，一种重新使用并被新文本覆盖的手稿）和严重损坏的手稿上的文本及图像，包括最古老的福音书拉丁译本《韦尔切利手抄本》（*Codex Vercellensi*，约公元325—350年）；《韦尔切利书》（Vercelli Book），现存最古老的古英语手稿，在18世纪被化学试剂玷污；韦尔切利古地图（Vecelli Mappamundi），在20世纪70年代的修复过程中，褪色情况愈加严重。[23] 正如以上例子所表明的，当这些工具既能加快分析速度，又能保存或重新发现原始数据源时，它们才最有成效。

解释

一旦研究材料被收集、组织并转换成适合数字研究的格式，学者的基础工作就进入下一阶段：解释材料。无论是从一个先验的论题或理论出发，还是根据经验实践从手头的材料中撰写论文，学者们都会就材料及其与研究领域内其他说法的关系提供阐释。在过去的一代人中，对于这些解释行为及其理论转向的大量学术关注，从根本上改变了人文学者的思考和工作方式。因此，我们不必在这里过于宽泛地讨论理论的影响或者它与经验主义或阐释的关系。

然而，数字领域对理论的实施和验证产生了显著的影响，这主要是因为新的经验数据已经开始以一种自18、19世纪以来前所未有的方式影响着我们的工作，当时大量印刷版编辑项目为20世纪的专著文化创造了动力。正如雷·西门斯和苏珊·施赖布曼所强调的，随着如此大量的新数据免费提供给几乎所有研究人员，即便是上一代人的理论转变，也都必须重新校准。[24] 尽管文学理论可能取决于一小部分学者对18、19世纪小说中相对有限的经典作品进行细致的研究，例如，谷歌图书和其他公司对数万册书籍和数百万页非经典作品的数字化，为更深入和更广泛的文本挖掘、单词搜索及其他分析开辟了道路，但是这将从根本上改变我们如何看待某部小说被创作、生产与消费的方式。

　　例如，在美国学术团体协会研究员、内华达雷诺分校助理教授阿什利·马歇尔的研究中，我们可以看到这些方法和路径如何从根本上改变人们对 18 世纪讽刺文学的长期看法。由"19 世纪学术在线"（Nineteenth-Century Scholarship Online, NINES）主任、弗吉尼亚大学英语副教授安德鲁·M. 斯托弗领导的"书籍追踪"（Book Traces）[25]项目，寻求在 19 世纪小说的大量遗产中对读者注释的文本进行众包（crowdsource），并在数据挖掘和其他自动化过程与人文主义研究对个人和特殊事物的传统关注之间取得平衡。读者被要求上传书目信息、旁注的图像，或这些卷藏（来自他们自己的或图书馆馆藏）的掠影。它们可以是随机的，也可以围绕某些策划好的作者和标题。因此，该项目使用先进的数字技术和互动网站，以减轻大规模数字化的影响和印刷记录取消访问的威胁。

　　再举一个例子，从美国历史来看，开创性的"暗影之谷"（The Valley of the Shadow）[26]网站创建了一个数字档案，详细记录了美国内战期间以梅森—狄克逊线为界相邻的两个县的生活。原始资料包括大量数字化的报纸、信件、日记、人口普查报告、教堂、税务、军队和退伍军人的记录、1859—1870 年间的地图和图像。根据这些记录，项目负责人威廉·G. 托马斯三世、爱德华·L. 艾尔斯对弗吉尼亚州奥古斯塔县的奴隶制度与政治联盟之间的关系，以及宾夕法尼亚州富兰克林县的社会认同与共和党或民主党选票之间的关系进行了阐释。[27]"暗影之谷"项目的一个重大的技术和理论进步是，它的结构使得这样的解释既不是预先确定的，也不是单极的。学生和其他用户可以输入数据，得出大量证据集，从而得出不同但有效的结论，并从不同的角度看待这些问题。因此，数字技术揭开了关键的历史问题，并开发了证据收集、解释和叙事结构的方法，以便对学术过程进行更多的自我反思。

　　与此同时，这些强大的数字项目凸显了我们许多印刷品和手稿来源高度不稳定的和短暂的物质性：要么强调报纸的日常性，要么认识到数字化论文和书籍的印刷副本有被取消使用的风险。其次，数字人文使我们重新意识到物质性和保存的问题。它们也提醒我们，当批判权威的指南针不再指向一个独特的极点，当如此巨大的新资源引爆了这样的想法的时候——文本、文本性、互文性、叙事结构、作者身份和读者接受等概念在印刷界意味着什么——新兴文学理论的小世界就不能再安逸了。

人们经常对数字人文项目提出的批评之一是，尽管它们以数字形式展示了大量的资料——收集和操控它们——但它们不会冒险对这些数据进行分析或解释。调查和展示当然是成功的，但许多人声称，没有解释就不是人文学术。然而，这样的立场也会把前数字时代伟大的编辑和翻译家排除在学术行列之外，即从阿尔杜斯·马努蒂乌斯到雅克·保罗·米涅①，再到奥斯汀、伏尔泰或杰斐逊的编辑们。编辑和翻译行为本身是否将分析和解释纳入其选择性、方法论选择以及关于注释、呈现和出版的决定中？文本挖掘、众包和数据处理是否包含另一种去中心化排序的分析和解释？还是说，狭义上的经过同行评审的专著和文章最终才是唯一真正的学术事业吗？正如我们将在下文进一步看到的，数字化的实践问题实际上已经在人文学术研究中再次浮出水面。

聚合

正如我们从前面的例子中所看到的，聚合的数字学术是数字人文的一个重要组成部分。许多中心承担了汇集相关项目的工作，以促进发现、交叉引用、互操作性及比较等。然而，这个过程涉及的远不止通过匹配编码系统与协议来避免一系列独立的"壁垒"（stovepipe）。在建立必要的政治联盟以确保联合技术或共同技术发挥作用并保持和谐的过程中，制度文化与使命、个人研究计划、职业发展目标和主要研究员的自我意识、财务和可持续性问题，以及联合治理、准入和可持续性更为重要。正如我们将在第十章中讨论的那样，我们必须将这种更大的聚合

---

① 雅克·保罗·米涅（Jacques Paul Migne，1800—1875）：法国牧师，出版了很多神学著作、百科全书等，旨在为天主教的教父们提供一个世界性的图书馆。

视为平等者之间共同利益的社会契约 [28]，承认它们的独立性和能动性，而不是一个服从自上而下操纵的被动"生态系统"。在这方面，由于受到聚合影响的资源、资金和人员数量更大，数字人文的文化再次凸显了历史上人文学科固有的协作问题。

然而，关于这种聚合的优秀案例是存在的。前面提过的威廉·G.托马斯三世和爱德华·L.艾尔斯的工作已进入一个集合体。这些例子有：弗吉尼亚数字历史中心（Virginia Center for Digital History）[29]，它不仅包括"暗影之谷"，还包括"虚拟詹姆斯敦"（Virtual Jamestown）；"1950—1970 年的民权电视新闻档案"（Civil Rights Television News Archive, 1950–1970）；"位于特里迪加历史遗迹的美国内战中心"（American Civil War Center at Historic Tredegar）；"利比里亚的弗吉尼亚州移民项目"（Virginia Emigrants to Liberia Project）；"乡村改造：弗吉尼亚东岸和铁路"（Countryside Transformed: The Eastern Shore of Virginia and the Railroad）；"种族和空间：南方州吉姆克劳法案推行下的非裔美国人社区"（Race and Place: An African American Community in the Jim Crow South）；"弗吉尼亚州奴隶制的地理环境"（Geography of Slavery in Virginia）；"多莉·麦迪逊项目"（The Dolley Madison Project）。在美国学术团体协会人文科学电子图书的不同平台上，学科方法和标题类型在项目的早期就结合在一起。虽然技术问题很容易解决，但事实证明，维系长期联盟是建立和维持日益增长的聚合的关键。下面的章节将讨论不断涌现的其他种类的聚合及学科方法。

保存

数字化项目的保存是一个至关重要的问题，由于缺乏资金、机构支持和个人资源，早期的数字化项目没能保存下来，这一问题将愈演愈烈。保存只是问题的开始，因为随着网络的发展，许多早期项目及其平台必须更新，需要持续的管理，并且需要与新开发的项目相关联。作为个体学者，只能完成数字保存工作的一小部分。随着图书馆的历史性崛起，学者们不再需要保存自己的书籍或他们使用的书籍。一个制度性的解决方案就在眼前。保存数字学术的制度性解决方案目前尚处于孤立的环境中，期待着一个将所有工作结合起来的体系能构建起来。我们将在第八章深入讨论这一问题。

第三章　数字人文的要素：
文本与文献

引 言

随着数字学术的出现，人文学者越来越多地使用传统材料和那些以前被认为不属于其学科范围的材料。这就给我们提供了一个更加丰富、更具合作性的学术研究的机会。通过描述可以被纳入数字研究的各种元素，接下来的两章将探索传统学科所涉及的范围与边界。我们的讨论还将把这些元素与将这些材料纳入数字学术的工具联系起来。

人文数据

在这一点上，必须重申我们最初的区分：物理科学家从自然界中获取数据，社会科学家从人类群体中获取数据，而人文学者从人类创造的世界中获取信息，具体而言，是从历史创造的对象中提取信息，但也有来自人类话语的记录，无论它们是关于记录的还是关于人类话语本身。因此，人文科学的数据可能是关于事件的记录，我们通常称之为事实；或者也可能是关于事件的文本，无论文本是书面的、口头的、视觉的、听觉的，还是空间的。因此，人文学者倾向于更多地谈论文本或文化、艺术对象；但在当今数字技术的影响下，某种程度的语言会倾向于把所有这些都归入"数据"的范畴。

《韦氏词典》(*The Merriam-Webster Dictionary*)将"数据"定义为"用作推理、讨论或计算的基础的事实信息，如测量或统计数据等"。然而，更广泛地说，数据可以是单个事实或事件、从数据点或其他信息项中提取的统计数据：可以收集、分析和阐述的视觉、听觉或物理证据。当我们倾向于从物理科学和社会科学的角度来看待"数据"时，人文学者也在研究数据，最常见的是参照上面定义的前两个功能：推理和讨论。虽然人文科学的数据可能并不总是像科学数据那样简洁和便于统计，但通常情况下，它也可以如此。例如，询问美国内战期间医院床位的数量，可能会让学者更好地了解这场冲突及其造成的人身物质损失和文化影响。但更多时候，人文学者的数据不像科学家或社会学家的数据那样是基于统计学而言的。那么，大多数人文学者从哪里收集数据呢？

任何学术项目或研究活动都必须通过定义研究数据或参数，采取制订计划的重要初始步骤。这包括确定一系列证据或一个论题，确定数据的可能来源，估计数据总量，并按类型、地点或日期对证据设定限制，以明确界定研究进展所涉及的范围。

为了讨论这个问题，并保持科学和人文科学之间在广义上的共同描述，我们将数据分为两种类型：原始数据和已处理数据。也就是说，将原始格式的数据与经过收集和组织的数据进行对比。例如，原始数据可以是英国有远见的画家塞缪尔·帕尔默的原始素描本，而已处理数据可以是带有介绍和评论性注释的笔记本的一个版本，例如笔记。原始数据可能是中世纪意大利公证人关于财产转让、遗嘱、证明或争议解决方案的羊皮纸记录，已处理数据则是一种印刷或在线出版物，衍生自那些带有适当注释、分析，也可能是叙事的手写页。

虽然许多基本的学术资料，包括原始资料和已处理资料，可能已经收藏在图书馆、博物馆和档案馆，但许多学者必须做一些基础工作，来汇编他们所需要的具体资料。在已收集和处理的材料中，有一小部分可能可以通过数字方式获得。将收集到的资料处理成数字格式的工作，包括对其进行标记和结构化处理，是数字人文工作的一部分，这项工作中的大部分是由档案管理员和图书管理员完成的。

数字人文学者面临的一部分挑战是确定所讨论的材料是否具有足够的利益和意义来保证其数字化，特别是考虑到人文学科有限的财政资源。换言之，如果这些材料以数字形式提供，其他学者或更广泛的公众是否将使用这些材料？这不仅对数字人文学者本身，而且对于可能支持这些项目的机构以及内部和外部的资助者来说，都是一个重要的问题。有些藏品经常被反复使用，以至于数字化成为一项值得进行的工作。考虑到预算的缩减、技术成本以及新的研究合作，提出这样的问题是经慎重考虑的，但是，往往与当前的人文学科文化背道而驰。"为自己的目的而研究"已经成为研究型大学的学者和资助其高水平研究的资助机构的学者的标志工作。评估数字化影响的这一行为本身是否会以有害的方式改变这种研究文化呢？

因为从原始材料中收集数据是人文科学研究的基础，无论是数字化的还是其他的研究。这里我们强调的是在线的数字化材料，即由学者、图书管理员和档案管理员处理的以电子方式提供给其他研究人员的材料。对于人文学者来说，这些数据的来源是什么呢？本章将涵盖数字人文的基本材料：文本和文献；下一章将涵盖实物、人工制品、图像、视频、声音及空间。

文本

在过去的一代人中，我们对"文本"的概念在语言学和其他批判转向的影响下发生了根本性的变化。虽然数字人文允许我们以许多新的方式来看待文本，从而证实这些理论框架，但是重新强调文本本身作为数字化的对象可能也会使我们回归更传统的方法，即将文本视为自主的主体和独特的客体，正如数字化的结果——聚合和分解——剥夺了文本的独特性一样。因此，当我们寻求一些基本假设，用于研究数字人文要素时，我们将继续认识聚合和分解这两种趋势，并时刻记住，数字人文已经成为一个流动性过程，而不是一个稳定的研究对象或主题。

例如，对于文学学者来说，传统上的文本是指诗、戏剧或小说。文本可以是虚构的，也可以是非虚构的，通常以书面形式或有时以口头形式保存。它们可以成为文学学者研究的对象，也可以为其他学科的研究提供资料。数据树（见图1）提供了文学文本的可视化。"文本"现在也有了更广泛的含义，几乎可指任何可供阅读的资料。但是，除了这种被动意义之外，文本还可以是一种文化对象，它既可以与读者对话，也可以与其他文本对话；在一个新兴的"语义网"时代，互文性文学理论正与计算机所造对象之间的主动双向通信这一概念相融合。人的主体作用在传统上是由主动的作者、被动的文本和读者构成的，现在必须让位给那些推翻作者和读者的理论，将自主性赋予作为一个独立能动者的文本，它本身在一个多极的数字环境中呈现并改变意义。

　　历史文本也可以使用书面语言或口头语言呈现数据。虽然有些文本长期以口头形式保存和传播，但一般来说，它们最终都被书写下来或当今以电子格式（音频或视频记录）被获取。长期以来关于文本共同体的理论，包括独立于读写水平的口头和书面交流，很好地转化为新的数字多媒体环境，在这种环境中，以前识字读者的主导地位现在让位给各种形式的数据收集和发布，从屏幕上的文字到口头呈现。文本可以被转录和翻译；它们可以被复制和共享，这样就可以在不接触原始对象的情况下研究它们。这再次让我们回到表征理论，以及回到数字化如何放大了我们对人文主义话语——围绕和关于原始"现实"——所具有的间接性质的理解。

　　更广泛地说，在人文学科中，"文本"的含义现在也包括绘画、雕塑、建筑等文化对象。如果一个学科的方法已经衍生出一致且严格的阅读与解释方法，那么这些文化对象现在就可以被解释为文本。例如，艺术史理论长期以来一直致力于解决视觉在人文主义话语中的次要地位，图像仅仅被用作书面分析或叙述的例证。而如今，由于视觉理论在很大程度上得益于计算的视觉属性，所以视觉被看作是与语言形式完全平等的，可以作为阅读与解释的对象，并遵循相同的互文性规则。我们现在不仅可以在形式主义的解释中设想实物与数据——追溯风格和主题的影响及相似性——而且可以从共享的物质性、用途（仪式、表演等）与空

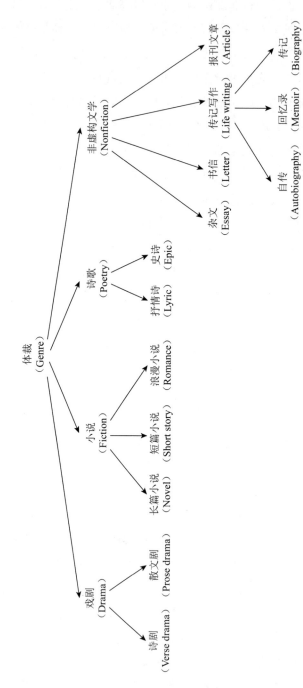

图 1　美国东北大学 "女作家项目" 的数据树（http://www.wwp.northeast.edu）。经朱莉娅·弗兰德斯许可。

间的情境角度来构思。同样，数字化通过其创造研究对象的统一场论的能力，对"文本"的理解有了更广泛的应用：无论好坏，数字"0"和"1"都将所有人文材料简化为相同的数据核心和表征方式。

从数字时代开始，传统意义上所理解的文本就一直是数字化努力的目标，正如我们在第二章中谈到的，探索这些文本的广阔世界的数字项目并不难辨别。几乎所有在公共领域的内容都已经或很快可以通过数字方式获取，比如，通常将某作者的多个作品或相关作者的作品组合在一起，这取决于他们的首席研究员的学科方法或研究议程。"罗塞蒂档案"（Rossetti Archive）[1] 是单一作者研究的第一种类型的一个典型案例和早期模式。该项目构思于 1993 年，它不仅汇集了前拉斐尔派杰出成员但丁·加布里埃尔·罗塞蒂（1828—1882）在各个阶段撰写和翻译的所有口头文本，还包括他所有的素描、油画、设计及摄影作品的图像。这个集合带有丰富的编码，以便用户可以在所有这些材料中应用复杂的搜索和分析工具。这样的项目在这方面具有开创性，因为"文本"在正式出版和"准备"阶段都包括口头和视觉两方面，它们同样都是独立的文化资料。该项目的首席研究员杰罗姆·麦甘 [2]，既是一位领先的文学理论家，又是一位早期的数字实验者，这并非巧合。

"英国女性浪漫主义诗人项目"（British Women Romantic Poets Project）[3] 是一个多作者研究的例子。该研究集中在许多原创作者身上，大多数是非经典作家，按照文学的传统方法来看，她们是"次要"人物。它汇集了作家们的作品，她们不是依照批评接受或坚持既定的品味标准，而是依照地理位置和时间上的接近程度来联系在一起的。该项目包括英国和爱尔兰女性创作于 1789 年至 1832 年间的诗歌的在线档案。根据这样的标准选取的作品集，使我们远离了传统的人文主义批评形式：在文学发展的历时过程中，寻找一位伟大作家对另一位作家在形式上的影响。取而代之的是，它试图通过多种形式、风格及技巧水平的共时呈现，提供一个对时间和地点更贴切的再现，虽独立于传统的批评接受，但更多地与当前关于作者身份、文本共同体和互文性的文学理论相关联。

对这些重点数字项目早期阶段的主要批评之一是它们缺乏互操作性。也就是说，它们经常被视为创造数据和解释的"壁垒"，这些数据和解释可以单独作为数字学术的优秀典范，但却缺乏互文性的基本形式，这种形式见于由印刷积累而来的源远流长的出版和阅读习惯。然而，在过去的十年里，这种互操作性已经成为研究人员以及支持这类研究的机构和基金会的主要关注点。

例如，有弗吉尼亚大学背景的"罗塞蒂档案"来自加利福尼亚大学戴维斯分校的"英国女性浪漫主义诗人项目"，通过"19 世纪学术在线"（Nineteenth-Century Scholarship Online, NINES）[4] 在网络上汇集在一起。这是一个经过同行评审的资源集合，在电子空间中具备交叉搜索和互操作性的能力。NINES 还为研究者提供了其他学术工具，促进了文本的解释。NINES 是基于 Collex[①] 构建的。Collex 是一个开源的收集工具，支持这种类型的学术工作，同时也是 NINES 的姐妹项目"18 世纪连线"（18th Connect）[5] 的基础，该项目正在进行 18 世纪作品的收集研究，而 NINES 已完成 19 世纪的作品收集。

文献

与数字时代几乎所有事物一样，即使是最熟悉的对象也会被新的观察和分析技术所改变。我们都熟悉"文献"的定义，即提供信息或证据的手写或印刷载体。它从法语传入英语，源于拉丁文 documentum，意思是"例子、证据或课程"（example, proof, lesson）；在中世纪拉丁语中意为"官方书面文书"，源于 docere，意思是"展示、教授"（to show，teach）。从 18 世纪初开始，这个词指的是"能提供证明或证据的书面材料"。

随着 20 世纪情报科学（最初被称为"文献科学"）的发展，"文献"这一术语已经成为一种基本的理论结构，它代表着任何可以保存或表现

---

① Collex: 为数字人文学科设计的开源社交软件和分面浏览工具，普遍适用于不同学科领域。它的首次发行是用于"19 世纪学术在线"的启动。

为证据的、独立于形式的东西。[6] 苏珊娜·布莱特写了现代信息科学研究的奠基之作，她举例说："天空中的星星不是文献，但星星的照片可能成为文献；河里的石头不是文献，但博物馆里展出的石头可以是文献；野生动物不是文献，但保护在动物园里的野生动物可以成为文献。"[7]

从诸多方面来看，根据传统与新兴的理论框架，文献因此是人文研究的下一个层次的证据，因为文献研究将原始数据或文本与调查过程建立了更积极的关系。从历史和文学的角度来看，文献被认为具有更高的权威性。一个可以自我言说、不言自明的文本，作为某种原真性的真理主张的保证者，既可以代表过去的事件，也可以代表某种人类的能动性或意图。因此，《韦氏词典》将"文献"定义为"提供有关某事物的信息或用作某事证据的官方文件"。换言之，为了使文本成为一个"文献"，文本被赋予了某种形式的权威，因此，文献被指定表征一个潜在的现实。因此，安布罗乔·洛伦泽蒂① 在锡耶纳的《好政府与坏政府之隐喻及影响》（*Good and Bad Government*）系列壁画② 可以用来代表 14 世纪意大利城邦的政治和社会理论；《自由大宪章》（*Magna Carta*）③ 是 13 世纪英国男爵阶层反对王权的抱负；奥斯汀的《傲慢与偏见》展现了 19 世纪早期英国绅士的价值观和志向。所有这些都可以作为文献被多样化地查看与使用。

如何在数字环境中定义和创建文献？看看名为"探索过去"（Probing the Past）[8] 的数字收藏，该收藏由罗伊·罗森茨威格历史与新媒体中心（Roy Rosenzweig Center for History and New Media）[9] 出版。这个收藏包括一个可搜索版本的 325 份遗嘱认证清单的转录本，均是来自 1740 年到 1810 年间马里兰州和弗吉尼亚州的切萨皮克地区的相关记

---

　　① 安布罗乔·洛伦泽蒂（Ambrogio Lorenzetti，约 1290—1348）：意大利著名画家，代表作有《圣母子荣登圣座图》《圣母与圣子》等。

　　② 《好政府与坏政府之隐喻及影响》系列壁画：洛伦泽蒂于 1338 年至 1339 年间为锡耶纳（意大利中部城市）市政厅九人大厅所作。它是现存的极佳地表现中世纪世俗政府的壁画，为欧洲思想史提供了绘画讽喻的案例，它也是欧洲最早的描绘市民生活风情的绘画作品。

　　③ 《自由大宪章》：也称《大宪章》，英国封建时期重要宪法性文件之一。1215 年 6 月 15 日，由金雀花王朝国王约翰签署，共 63 条，主要用于保障封建贵族和教会的特权以及骑士、市民的利益，从而限制王权。

录。这些基础文本用于管理死者的遗产，通常提供个人物品的估价清单。在上文论及的时期，清单可能包括任何有价值的东西：家具、餐具、亚麻布和织物、书籍、工具、动物，以及奴隶（鉴于其历史背景）。一旦文本被转录，数据就被输入到一个数据库中，使得整个收藏都可以搜索。在一个非常简单的界面中，读者可以按姓名找人，可以查找特定的家庭物品或牲畜，还可以按照所在区县、房产业主性别、该房产是否拥有奴隶、该房产属于农村还是非农村地区来进行精细搜索。

选择文本进行数字化的行为是否会给所选的代表性文本增加更大的权重，使其比研究人员可用的其他档案材料更有意义，从而更有效？为了避免这种主观选择，研究团队必须将所有可用材料的整个使用过程进行数字化吗？最终由谁做出这些决定，基于什么样的学术或教学标准？什么样的元专业（meta-professional）、个人、财务、政治和文化因素会影响这种选择？上一代的历史学家和文学评论家抛弃了利奥波德·冯·兰克的天真主张，他认为人们可以通过研究文本将世界及其事件看作"如其所是的样子"。但是，数字收藏的广博性是否又一次让我们陷入了一种纪实现实主义的错误意识中呢？

如果考虑到这些重要的区别和限定条件，仍然可以这样假设：我们视为文献的文本通常是官方和公式化的记录，其中包含了重要的数据承载标识，这些数据带有权威性和更大的真实性诉求，要求本原地再现过去的某些方面。我们知道文学文本可以包括从信件、笔记本到小说和诗歌的手稿、书籍、报纸和杂志，以及现代的歌曲、照片、电影和录音等各种东西。在更狭义的历史文本中，各种资源也被用作文学和其他学科研究的文献。随着这些文献越来越多地以数字格式获取，它们的用途可能会相应增加。这里提供以下示例。

章程：长期以来，学者们一直使用特许状（上级机关发给受赠人的文件）进行历史研究。数字化技术提高了它们的可发现性，同时也为研究人员提供了更方便的途径。有趣的例子包括各种各样的材料，比如密苏里州立大学图书馆（Missouri State University Libraries）[10]在线主办的工会章程汇编，以及两个网站：ASChart 网站（Anglo-Saxon Charters）[11]

与 Kemble 网站（the Anglo-Saxon Charters Website）[12]，这些网站提供关于所有已知的盎格鲁－撒克逊章程的一系列材料。

遗嘱：遗嘱是一个人，即立遗嘱人，在其死亡时提供财产（遗产）处置指示的法律声明。新泽西州大西洋县图书馆系统根据原始遗嘱的微缩胶片记录，提供可按姓名搜索的从 1837 年至 1921 年的手写遗嘱记录的数字图像。[13] 而英国政府允许搜索并付费获得 1850 年至 1986 年在英国武装部队服役期间死亡的任何士兵的遗嘱。[14]

契约：契约是通常盖章执行的法律文件，交付以实现利益、权利或财产的转让。许多州和自治市已将与本区域有关的契约数字化。例如，马里兰州档案馆（Archives of Maryland）提供了该州所有经核实的土地记录文书。[15]

租赁：租赁是要求承租人（使用者）向出租人（所有者）支付资产使用费用的合同约定；它们通常是租赁协议，其中资产是有形财产。拉什登·克雷格为澳大利亚新南威尔士州西部地区编制了租约索引，当地在 1884 年引入了宅基地租赁制度。这些租赁合同可以在网上获得，用于私人研究。[16]

收据：收据是购买商品或服务的书面记录，需要注明项目和金额。数字化收据簿的例子有堪萨斯州中央委员会的一本，它记录了 1856 年 10 月至 11 月在全境分发的各种货币、粮食、衣物等。它由堪萨斯州历史学会进行了数字化处理，包括页面图像和文字记录。[17]

在数字化时代到来之前，学者们需要到各个档案馆和图书馆查阅这些文献。但是，数字化藏品使得研究者免去旅行奔波，可以在网上开展大量研究工作。其中一个例子就是"伦敦生活"（London Lives）[18]，这是谢菲尔德大学和赫特福德郡大学在英国经济研究委员会资助下合作的项目，它以一种"完全数字化和可搜索的形式，提供了关于 18 世纪伦敦的广泛原始资料，尤其聚焦于伦敦平民。该资源包括来自 8 个伦敦档案馆的超过 24 万份手稿和印刷页，并由其他项目创建的 15 个数据集加以补充。它提供包含超过 335 万个姓名实例的历史记录。提供的设施允许用户将有关同一个人的记录联结在一起，并将记录得最好的个人资料汇编为传记。"[19] "伦敦生活"还包括刑事登记册、账簿、贫民调查、学徒记录、济贫院准入登记册、法庭记录、验尸官研讯、住院登记簿、纳税记录和火灾保险登记簿。

因此，在空间和时间上，以及在反思性研究和分析的过程中，证据文本的存在与其转变使人文文献之间的距离变得越来越短。新技术也在其他方面改善了我们获取文本的能力。例如，成像技术的使用使人们甚至可以在复制品中看到以前肉眼看不到的元素，对于研究人员来说，增加了它们作为文献的学术价值。这项技术在科学和医学中有着广泛的应用，但它在数字人文学科中的应用有时会大大提高原始文献的表征价值。一个来自密西西比大学的"拉撒路计划"（Lazarus Project）的示例表明，这项技术如何揭示《韦尔切利手抄本》（*Codex Vercellensi*，福音书最古老的拉丁文译本）中隐藏的肉眼无法看到的受损文本（见图2）。[20]

图2　多光谱成像技术在《韦尔切利手抄本》中的应用实例。左边是加工前，右边是加工后。属于密西西比大学的"拉撒路计划"。图片由韦尔切利国会大厦图书馆和馆长蒂莫西·莱昂纳迪提供。

　　在大小不一、种类各异的档案馆中，有很多传统的证据来源。现在，随着这些传统资料的开放，用以满足迅速发展的各类研究与评估以及聚合技术，过去的表征性质开始以许多方式演变，这仍将取决于传统的人文文献学的解释技巧，但也可能很快超过个人研究者基于更大范围和更完整证据表征集合做出正确判断的能力。语义网的出现，带来的是越来越多的机器对话，这是否是人类局限性的自然结果？还是说，人文学科能够发展出一些方法论，用以解释过去的残迹与现实表征之间的"墙体"突然倒塌的原因？

第四章　数字人文的要素：实物、人工制品、图像、声音、空间

引言

在这一章中，我们将继续研究人文学术的要素，研究其对象和人工制品，以及进行视觉、听觉和空间研究，包括表演和仪式。一种新的学术转向并非与所有形式学术交流数字化的迅速传播相巧合，它聚焦于"物质性"，尤其是在受人类学、考古学和稿源文本编辑新方法影响的前现代主义者当中兴起。正如瓦尔特·本雅明所观察到的那样，在一个技术和大规模复制的时代，"即使是最完美的艺术复制品，也缺少一个元素：艺术品的即时即地性，即它在问世地点的独一无二性"。[1] 他的见解具有新的意义，因为数字领域极具讽刺地强调了对原作和其物质性的研究。因此，数字人文学科将人们的注意力重新聚焦在长期以来被利奥波德·冯·兰克的经验主义传统视为被动和透明的现实媒介的学术资料上。目前这些资料被视为拥有自身的能动性，转变了人们对于它们在时空中的特殊存在以及超越它们存在的更大的现实基础的理解。在数字时代，学者和研究者与这些资料的关系创造了一个新的对话，因为物质存在的概念在面对一切均衡的"0"和"1"时成为一个尖锐的焦点。

同时，空间和时间在人文学术中呈现出新的活跃力量，因为数字工具既提供了新的表征形式，又使研究者和受众了解这些维度的自主

性。数字工具现在可以在 3D 建模和 3D 打印中再现表层和深度，为复制和再现提供了广阔的新的可能性。而研究对象的独特性既成了问题，也引起了争议。根据本雅明的"原作的存在是原真性概念的前提"的观点，我们应该如何应对数字化？作为人文主义者，我们如何看待他的真言，即"一件艺术作品的独特性与它在传统结构中的嵌入是分不开的"？

实物

虽然我们可以将人文科学研究的所有数据、证据或文本描述作为对象，但在这一节中，我们将简要地讨论作为时间和空间里独特的物质实体的对象。谷歌将实物定义为"可以看到和触摸的物质事物"；而《韦氏词典》则将其定义为"一个人们可以看到并触摸到的东西，但它是无生命的"。从广义上来说，自然世界中的无生命物体是由物理科学研究的，而有生命的物体——取决于人们的观点和定义——则由生命科学研究。但由于它们在历史或文学领域的活跃存在，这两者也可以成为人文学术的对象。例如，盎格鲁－撒克逊诗歌常以水和岩石为歌颂对象。

在现代工业时代，至少从本雅明的名篇开始，我们对于实物及其复制品的理解一直是热点研究和思考的主题。但是，由于现在的数字技术使这种二手体验在一个比我们大批量生产和多样副本的工业化社会更广、更深层的层面上得以实现，我们对原物丧失的这种意识使我们对曾经无处不在的实物产生了文化上的恋物癖，而这些实物在我们的生活中已不再具有实际用途。在这个甩开了工业经济的时代，19 世纪的砖厂已经蜕变成当代艺术博物馆，肯特尔的霓虹灯、百事可乐和希戈石油公司已经成为远去的街区和生计的怀旧图标；在能源危机、硬化高速公路和城市交通禁令的作用下，古董车和肌肉车标志着雄心勃勃的财富和神话般的行动自由；在一个书籍和音乐的数字下载时代，独特的艺术家书籍和黑胶唱片重新获得了特殊的地位；面对无处不在的数字影像，年轻的摄影师转向复古胶片相机和暗室技术；随着智能手机的大量使用，墨水笔和记事本成为都市时尚的标志。这种恋物癖既表达了对逝去的往昔的某种怀旧情绪，更重要的是，在面对飞速的数字化及其复制能力时，也表现出一种重新聚焦特定实物的独特性和个性的新能力。学术界的一个回应是最近在艺术和人文科学中对实物[2]及其物质性的研究趋势。

从传统意义上来说，实物确实需要进行物理研究。虽然这可能仍然是某些研究议程的一个重要方面，但许多独特的物品可以通过 3D 成像进行虚拟考查。现成的软件允许用户创建旋转的 3D 图像，博物馆和艺术档案馆在线上提供了馆藏品的 3D 格式。例如，美国国立自然历史博物馆（Smithsonian National Museum of Natural History）展示了一个由化石、灵长类动物和其他动物组成的 3D 收藏，[3]用户可以查看、旋转，还可以检查这些被博物馆扫描成 3D 模型的藏品。另一个例子是皮特里埃及考古博物馆（Petrie Museum of Egyptian Archaeology）[4]，它是世界上最大的古埃及和苏丹藏品地之一。该馆与伦敦大学学院的土木、环境与地理工程系及商业伙伴 Arius 3D 合作，一直在为馆藏物品制作 3D 图像，这些图像可以在线获得低分辨率版本，也可以在博物馆现场获得高分辨率版本。该项目的重点是创建 3D 处理的工作流程，并评估文化遗产收藏的 3D 成像潜力。

人工制品

人文学者的职责是研究人类的记录。一般来说，他们所研究的对象，从陶器到汽车，从大教堂到摩天大楼，都是由不同时期的人类创造的。谷歌将人工制品（artifact）定义为"人类制造的物品，通常是具有文化或历史意义的物品"。《韦氏词典》将其定义为"过去人们制造的简单物体（如工具或武器）"。借用第三章中布莱特的观点：天空中的一颗恒星是一个物体，而它的照片既是一个物体，也是一个人工制品。然而，河里的石头和博物馆里展出的石头都只是物体。书是一件人工制品，尽管构成它的材料，如羊皮纸、油墨、颜料等可作为物体来研究。这本书的内容可以作为一个文本来研究，同时书本身也可以作为文化生产的人工制品。像大学或教堂这样的机构也可能是文化的人工制品，就像音乐也可能如此，这取决于研究者的视角。人工制品是艺术史学家和考古学家的传统研究材料，他们研究雕塑、绘画、建筑、珠宝、硬币或陶器碎片等物品。但其他人文学者也将人工制品纳入不太传统的唯物主义学科。

物质性的新理论转向正努力解决这类人工制品的特殊性和局部性。这里不是关注它们作为文本的内容，而是它们在时间和空间中的物质存在。近年来，这种物质文化理论强调了数字技术在人文证据的广泛范围中的影响，以及人工制品对计算机数据的可还原性等。尽管历史或文化类人工制品通常保存在博物馆里，远离了它们在时间和空间里的独特位置，虽然许多前期工作仍然可以通过摄影、3D 建模和视频网站方便地获取，但它们往往需要被访问才能被研究。网站也有助于获取这些人工制品的数字表征，学者可以在维多利亚和阿尔伯特博物馆（Victoria and Albert Museum）[5] 的网站上查看文艺复兴时期的奖章，也可以在邓巴顿橡树研究图书馆和收藏馆（Dumbarton Oaks Research Library and Collection）[6] 的网站上查看前哥伦比亚时代的耳环。通常，这些站点包括对文物的完整描述以及关于它们的出版物的链接。例如，"远大十字架计划"（Visionary Cross Project）[7] 是一个国际项目，它使用数字扫描技术来检查几件盎格鲁－撒克逊文物，包括卢斯韦尔和贝卡斯特立石十字架（Ruthwell and Bewcastle standing stone crosses）和布鲁塞尔圣骨匣十字架（Brussels Reliquary Cross）。该项目的目标是：将这些文物置于一个多媒体演示背景中，此背景用韦尔切利手稿及两个相关的盎格鲁－撒克逊诗歌的数字化图像组成。

就规模和使用的材料而言，一个完全不同的项目是"楔形文字数字图书馆倡议"（CDLI）[8]，这是加州大学洛杉矶分校、牛津大学和马克斯·普朗克科学史研究所共同开发的一个项目。在已知的从公元前约3350 年到公元前纪年时代结束的 50 万个楔形文字样本中，大约 29 万件样本已经被该项目编入目录。这个集合包括关于实物的数字化数据、转录、翻译和数字化文本，并将所有数据合并到一个可搜索的在线数据库中，以提供通用访问。用户可以使用数据收集、检索号、数据溯源、出版物、日期、人工制品或材料的类型等条件搜索 CDLI 的收藏。这是一项正在进行的工作，并不是所有的记录都是完整的，但最完整的记录将会包括人工制品的图像，以及楔形文字的转录和翻译。例如，在搜索"lugal"（意为"国王"）这个词时，会找到一个私人收藏中关于石印的记录（CDLI Seals 006338，参见图 3）。该记录包括印章文字的译文[9]以及印章和印模的图像（见图 4）。

正如数字技术可以改变对实物和人工制品的研究一样，它也可以改变关于批评编辑版本的传统观念，将其与印刷品的固定性相联系，并回归到一种更具流动性的对文本的理解上，仿佛这是为中世纪和早期现代读者准备的文本。例如，通过数字方式将同一作品的不同手抄本集合在一起，读者可以评估写作和阅读的工作过程，并且可以更好地领略每一份手稿的独特物质性，因为它反映了语境背景、抄写者、可用于该抄本的资源等。例如，剑桥大学材料文本中心[10]（The University of Cambridge Cenfre for Material Texts, CMT）将自己的工作定位为"旨在推动当前人文学术领域的批判性、理论性、编辑性和书目撰写的工作。该中心致力于解决大量文本现象，并跨越日常教学和研究很少突破的学科界限，促进新视角、新实践和新技术的发展，转变我们对各种文本的呈现和传播方式的理解"。像剑桥大学材料文本中心这样的机构开展的实际工作与古文书学家、手稿学研究者和文本编辑们的传统活动非常相似。但是，将文本描述为"可以在批评编辑版本中得到统一和净化的主要智力事件"，却在数字领域自相矛盾地发生了转变。事实上，数字化的非实体性再次引导我们关注独特手稿的特殊性，它的产生及其历史和社会背景。

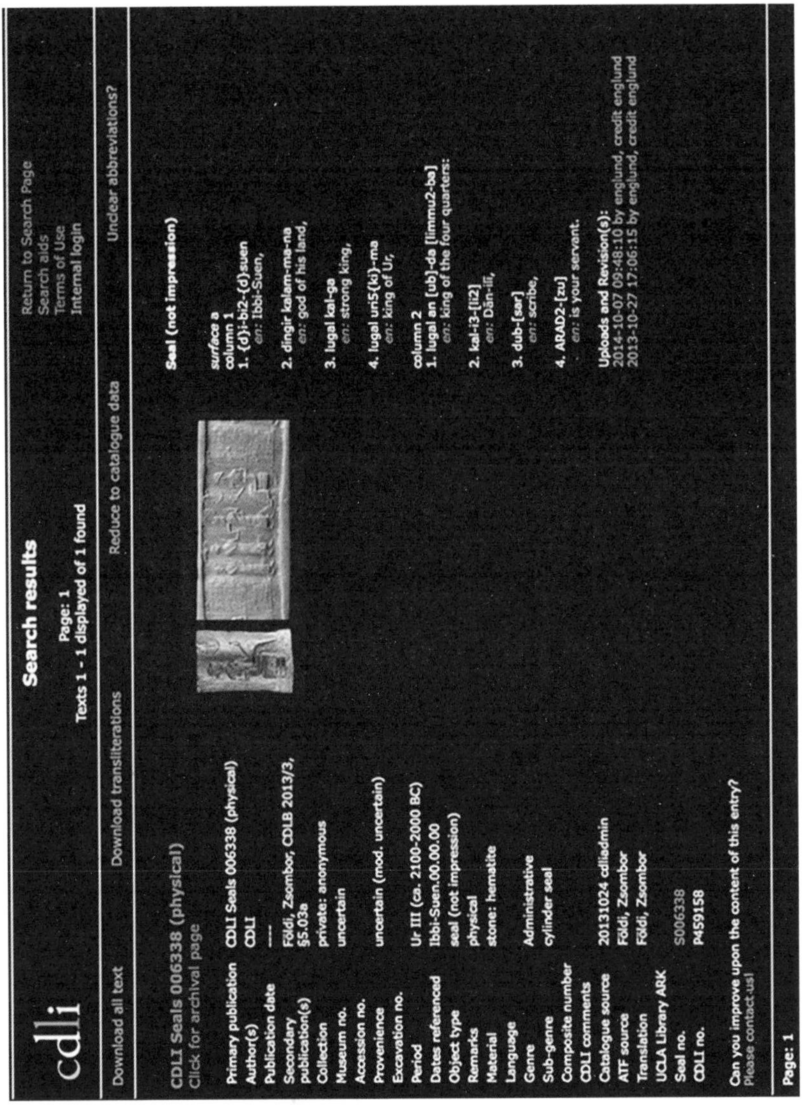

图3 "楔形文字数字图书馆倡议"收藏中的印章记录（http://cdli.ucla.edu）。经罗伯特·英格兰德许可。

图4　印章图像（左）和印模（右），"楔形文字数字图书馆倡议"收藏（http://cdli.ucla.edu）。经罗伯特·英格兰德许可。

　　人工制品在线聚合的优势显而易见：人工制品具有一致的元数据和编目信息，在理想的视觉条件下呈现，并向研究者提供几乎不受访问或出版限制的内容。虽然聚合者的努力目标可能大不相同，从实践的到智识的，从财政的到理想主义的，但其背后的基本目标是保存一组人工制品的记录，其中包含了关于这些文物的所有相关的累积知识，并使之广泛可用。训练有素的人文学者很容易认识到这种在线聚合的本质：研究者或读者所见的不是原创作品，而是数字表征。然而，这样的协作项目最终会变得非常全面，包括在证据的任何给定类别中可用的人工制品，因此聚合在可用证据方面不再具有表征性，而是具有全面性。因此，数字技术允许跨越时空的聚合，将来自不同地点和馆藏、策展和文化展示以及官员访问方案中的材料结合在一起。在这种可行性日益增长的情况下，即便所提供的证据并不完全代表背后的全部现实，那些可用的人工制品也可以代表证据材料的完全真实性。

图像

　　学者研究的图像可以是印刷品、素描、照片、油画或关于原始人工制品、物体、建筑或艺术作品、表演、仪式或社会事件的计算机渲染图像；同时也可以是作为实物本身的收集、聚合和研究的图像。它们可能是二维的表现形式，也可能因为其内在意义而被研究。例如，一幅17世纪的中国宫廷仕女婴戏图。也许，人们研究这些是由于它们所传达的关于图像主题的信息，例如，尤金·阿杰特拍摄的巴黎街道照片。因为这两类图像中的任何一种都可以很容易地从材料、内在的艺术或美学价值，或者其传达的文化、历史信息的角度被研究，所以，艺术史学家和社会历史学家通常用截然不同的观点来处理这两类图像。

近来的视觉理论[11]，包含了19世纪从帝王、男性的视角对客体所做的假设，以及现在对视觉主体的后现代重构，也允许从任何角度对视觉文化进行全新解读，这与口头文本中的作者—客体—读者动态性的消解是平行的。随着数字时代的到来，这些问题的影响已经远不止理论上的理解，而是对研究方法和实践也产生重大影响，而后者目前仍在摸索与评估中。现在，数字技术的能力可以允许任何数量的视角和入口来对视觉作品进行感知，这种感知超越了被动的对象以及观众与解释者的凝视。这种视觉主体可能是一个仪式的参与者或者是一个拍摄他们自身多个角度的视频的表演参与者，而不是出自冷漠的人类学观察家的视角；或者他们可能是一系列雕塑头像的数字表征，围绕在现在可以看到的卡比托利欧博物馆（Capitoline Museum）[12]中重建的伊壁鸠鲁塑像周围。而这一切不仅仅来自分析者在预定视野中的视角，这一视野设定了我们对重要性和位置场所的期望；而是来自任意数量的角度和视野，这种视角都不符合正统的关于观察对象和观察者的概念。与此同时，赋予它能动性的实物或人工制品的实体性似乎消失在数字技术的能力中，即它将所有的这些观点和看法都拉平到同一层次。用本雅明的话说，"即使是最完美的艺术复制品，也缺少一个元素：它的即时即地性，即它在问世地点的独一无二性"。在数字时代，这种复制可以达到一种高度精细的状态，以至于存在一些在"时间和空间"上忽略原作本身的风险，从而失去了使所有人文研究回归人类生存和活动基础上的根本物质性。

同样，在手稿研究中，中世纪文本的微缩胶卷副本长期以来被认为足以让学者阅读和推导文本、注释内容和编码页数，或为正文及注释确认具体手迹，并检查排版布局和其他设计元素。如果进一步研究手稿的出处、装订和内容组合、墨水和介质、图像和其他手稿学问题，通常需要到图书馆或档案馆进行第一手检查。随着数字化以及复制和分析工具的迅速发展，现在许多证据也可以在网上供学者使用，而且通常放大率和细节（包括光谱分析）的水平远高于那些训练有素的肉眼检查手稿的水平。

在线帕克图书馆（Parker Library on the Web）[13] 就是这样一个数字化项目的卓越范例。这个网络工作空间属于剑桥大学基督圣体学院的帕克图书馆，它提供手稿研究，是一个由基督圣体学院、斯坦福大学图书馆和剑桥大学图书馆的共建项目。该项目主要基于图像研究（见图5），但也包含某些重要工作，比如保存整个收藏的完整记录，而不仅仅保存最好的印刷摹本的原貌。它提供了每一份馆藏的中世纪手稿的数据，包括出处、编码页数、语言、日期和标题，以及引言与尾署（每篇文本的开端与结尾），里面还注明手稿中所有的红字标题和插图。最重要的是，它还提供了收藏中每个页面的图像。帕克图书馆确实限制了数据，因为它还不能将受损严重的手稿或易损易碎的手稿数字化。然而，该图书馆确实包括了这些书籍的记录，并在可能的情况下提供书籍外观和部分页面的图像。

由此产生的丰富的视觉数据如何影响读者对这种视觉文本性的理解和反应？在用数字代替这些物体的物质性时，当它们的物质存在和空间性被缩减到二维或数字化搜索的单一维度时，我们是否在将它们理解为手稿、绘画或雕塑上向前迈进了一步？当虚拟和 3D 技术能够对古代城市发展或中世纪大教堂建筑阶段的运行时间进行再现时，会不会再次给我们留下这样的印象：所有历时性的研究注定只会出现一个可能的结果？数字技术能否充分地向我们呈现另一种场景，以便我们重建的"纪录片"权威不会误导自己，让我们再次认为自己是在目睹"如其所是"的第一手现实？作为人文习惯和文化的核心部分，原作将继续扮演什么角色？还是说，数字技术将完成所有文化证据的最终商品化，将文化和历史文献的最终权威给予每一篇在屏幕上为我们提供的文本，把每一座

山夷为平地，把每个山谷提升到"0"和"1"的同一序列？人文研究的
独特对象的"时空性"会发生怎样的变化？

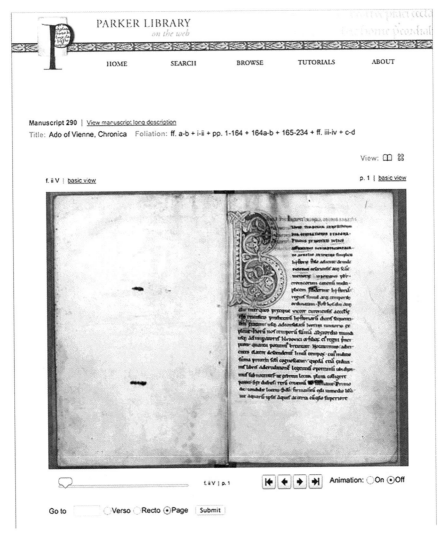

图 5　屏幕截图来自在线帕克图书馆的维也纳大主教阿多（Ado of Vienne）的《编
年史》（*Chronica*），剑桥大学基督圣体学院手稿 290（CCCC MS 290）。经剑桥
大学基督圣体学院硕士和研究员项目许可。

声音／音频

通常声音的研究被认为是音乐学家的领域，但是，特别是 20 世纪的研究广泛使用录音数据，而文学研究可以使用任何时期文本的录音。录音的历史可以追溯到 125 年前。1877 年，托马斯·爱迪生发明了录制和复制声音的留声机。然而，在数字时代到来之前，声音总是与物体联系在一起：一张黑胶唱片、一卷录音带、一盒磁带或一张 CD。即使在有声录音技术发展之后，音乐研究仍继续关注乐谱，而不是表演，认为"音乐是书面文本在表演中的再现。"[14] 但今天，大量的数字录音档案使得音乐学的不同研究方法成为可能，并再次将音乐从谱页中解放出来，使得将其回归到仪式、舞蹈和其他表演模式成为可能，这一转变与人文科学较新领域研究的发展相并行。

数字方法不仅可以将新的或其他学科的方法或框架应用于声音，而且可以大大增加研究人员或听者可获得的数据量。艺术与人文研究委员会录音音乐历史与分析研究中心（AHRC Research Centre for the History and Analysis of Recorded Music, CHARM）[15]，是伦敦大学皇家霍洛威学院、伦敦国王学院和谢菲尔德大学合作的一个在线项目，该项目提供一个主要的线上合集，拥有近 5000 个可以通过流式传输或下载的录音。该项目的作曲家包括从默默无闻的音乐人到音乐家保罗·温特。国际唱片公司的数字化合集丰富了这个唱片目录。然而，音乐并不是唯一要归档的声音，大英图书馆的"声音集"（Sounds）[16] 包括全球范围内 5 万份音乐、戏剧和文学、口述史、野生动物和环境声音的录音。其中一些材料仅限于英国高等教育机构的附属机构使用，但其中大部分是免费提供的。

尽管许多机构都有声音和音频收录，但大量机构仍在等待将它们数字化，以免费或付费方式在网上提供。无论是个人还是机构，数字化的成本往往超出原收藏者的预算。随着数字馆藏的规模、组织以及访问的复杂性不断增加，聚集和维持这些馆藏所需的资源以及互联网日益公司化的性质，成为学者和人文科学服务的更广泛的社会所真正关切的问题。然而，数字化材料不需要有很大规模才能使用和可持续发展。在许多图书馆和学术机构都可以找到一些受到特别关注的小型专门收藏。例如，加利福尼亚大学伯克利分校的莫菲特图书馆有一个在线媒体收藏，其中包括由伯克利分校图书馆、太平洋电台和其他电台合作的"社会行动主义录音项目"（Social Activism Sound Recording Project）[17]收集的录音，旨在保存并提供来自20世纪60至70年代的伯克利言论自由运动（Berkeley Free Speech Movement）和美国黑人组织黑豹党（Black Panther Party）的资源，以及反越战抗议和LGBT（性少数群体）运动的材料。这些档案再次质疑了旧有的兰克实证主义和文献学方法对资料来源的研究方法：如果资料来源越来越不局限于书面档案，那么它们的解释和接受就变得比单一作者/解释者和读者之间的旧有关系更为多元和多极。从这个意义上说，数字化的开放性和多极性与上述例子中的一些政治文化相重叠。

　　民俗学与语言学也广泛地使用录音记录，社会学家和人类学家一般也都是如此。制作和分享录音通常是所有这些社会科学领域工作的重要组成部分，并为人文学者创造了宝贵的资源。都柏林大学学院[18]从1897年开始收集了大约一万小时的爱尔兰人和英格兰人的蜡筒唱片、留声机唱片和磁带，呈现了爱尔兰的风俗、信仰、口述史和民间故事，以及音乐和歌曲。虽然现在有一些样本可供使用，但整个合集尚未上线。其他藏品也承担了从音频文件中制作文本转录的任务。例如，犹他州立大学梅里尔－卡齐尔图书馆法夫民俗档案馆（FIFE Folklore Archive）的"北犹他讲话集"（Northern Utah Speaks Collection）[19]就转录了一些口述历史记录，包括关于1976年7月5日泰顿大坝灾难（Teton Dam disaster）的124个采访。将它们转换成文本格式，可以使这些声音记录适应文本和数据挖掘等数字处理技术。

　　但是人文科学必须与书面文本和阅读"页面"这单一行为联系起来吗？数字技术打破了这种动态，使视觉和听觉变得更加普遍和现时，感觉远比仅仅通过眼睛在书面文本上感知的视觉过程更直接。因此，它使可能的认知过程与数字时代之前的以文本和语文工具为基础的人文学科所经历的过程大为不同。

电影 / 视频

与音频一样，网上数字化的电影和视频合集越来越多，人文主义研究者可以把这些作为研究基础。视频可用来捕捉真实的事件，使之符合人文主义研究的反思过程。无论是戏剧还是舞蹈、示威，或是革命、电视剧或就职典礼、体育比赛或歌剧表演，以数字格式捕捉、保存与分享事件的能力为学者们提供了大量的文献资料，尤其是那些从事 20 世纪和 21 世纪研究的学者们。同时，与人类学研究和方法论一样，将学科工具应用于过去，这一方法打破了处理个人、事件和深层文化结构的传统方式。类似地，比较和定量的研究方法取代了传统的观看单个电影或视频的方式，传统的方式将单个艺术家的作品传递给单个观众。虽然从社会学、经济和文化方面的影响看，电影和视频早已被理解为大众传媒，但综合阅读正在成为反思性研究和学术研究的既定模式。作为这一趋势的必然结果，视觉和听觉文化的全新鉴赏，在很大程度上受到这些媒体在现代研究和社会中普遍存在的影响，它正在改变我们看待古代、中世纪和其他前现代社会的方式。

数字化高成本可能是视频和音频收集的一个障碍。但是，如有基金支持也会化解这一问题。比如，安德鲁·W. 梅隆基金会（Andrew W. Mellon Foundation）正与印第安纳大学和密歇根大学合作，从民族学实地调查中创建民族志视频教学与分析数字档案（Ethnographic Video for Instruction and Analysis, EVIA）[20]，大约有 50 个子集。其中大多是音乐录像，还包括"海地太子港的伏都教仪式"（Vodou Rites in Port-au-Prince, Haiti），这是在纽约市民间艺术中心工作的民族音乐学家洛伊斯·威尔肯所收集的。再如，贝尔法斯特女王大学博士生杰基·威瑟罗的"北爱尔兰的游行传统"（Parading Traditions in Northern Ireland）；另外，还有来自路易斯安那大学拉菲特分校的助理教授约翰·劳登的"路易斯安那州卡戎人和克里奥尔人之间平凡而壮观的事件"（Mundane and Spectacular Events among the Cajuns and Creoles of Louisiana）。在撰写本书时，这些视频仍在制作中，尚未在网上公开发布。

对于美国文化研究，杜克大学一直在对从 20 世纪 50 年代到 80 年代的数千个电视广告进行数字化，这些广告来自纽约广告公司本顿和鲍尔斯（Benton & Bowles, B&B）及其继任者达西·马修斯·本顿和鲍尔斯（D'Arcy Masius Benton & Bowles, DMB&B）。"广告浏览"（AdViews）[21] 作为电视广告的电子档案，目前有一个小样本可以在网上找到。美国国立自然历史博物馆（Smithsonian Museum）的国家人类学档案（National Anthropological Archives）收集、保存并向研究人员提供民族学、语言学、考古学和体质人类学方面的历史材料和当代材料。该馆收藏了期刊、照片、地图和录音等传统材料，同时，它的人类研究电影档案馆[22] 保存了大约 800 万英尺（约 2438.4 千米）长度的原始民族志电影和视频。

这种集合从狭义的主题到更广泛的包容性均涵盖在内。例如，明尼苏达大学的大屠杀与种族灭绝研究中心（Center for Holocaust and Genocide Studies at the University of Minnesota）[23] 免费提供一组对生活在明尼苏达州地区的幸存者的近 50 个视频采访。另一方面，美国大屠杀纪念博物馆（United States Holocaust Memorial Museum）档案中的史蒂芬·斯皮尔伯格电影与视频档案（Steven Spielberg Film and Video Archive）[24] 有大约 1000 小时的录像，其中包括 1930 年至 1945 年期间的纳粹宣传片，内容涉及战前犹太人和吉普赛人（罗姆人和辛提人）的生活、20 世纪 20 年代和 30 年代的德国、德国纳粹掌权、迫害和驱逐犹太人、拘留营和流离失所者营地、难民、抵抗运动、战后审判和移民巴勒斯坦等。

空间 / 场所 / 环境

空间是物体和事件于其中占据位置和方向的三维领域。大教堂可以是一个物体，但也可以是一个空间，这取决于学者的视角。其他空间可能包括花园、景观、公共广场和住宅区。场所是一处具有身份的空间，该身份由人类经验所赋予。但空间也可以是文化的参照物和价值的源泉。正如华裔地理学家段义孚①写道："场所意味着安全，空间意味着自由：我们依附于其中一个，同时渴望另一个。"[25]

几乎同时出现的新空间转向及其与建筑、舞蹈、表演和仪式的关系都不能脱离数字化的影响，从更容易获得的印刷品、图纸和建筑效果图到建筑、地理信息系统和虚拟现实环境中均见其身影。这些使得学生与研究人员都置身于新的三维空间及具有历时性特点的五维空间。数字人文学科扩展了传统人文学科的核心反思功能，使空间研究成为可能，而且还不占用实际空间。从这个意义上讲，数字人文学科将最先进的技术与最传统的对过去物质、视觉和艺术文化的人文主义研究相结合。通常来讲，物理空间可能仍然存在，但是考虑到当前人类的居住环境、敏感的生态问题及深厚的文化或宗教联系，对于空间的某些特定方面可能最好通过数字再现等方式来获得。有时，由于空间是历史性的，任何情况下可能都无法进入。这就好比我们想了解古罗马或大革命时期的巴黎，数字人文学者可以使用相关工具，通过高度精确的数字技术及 3D 技术的形式，将那些历史空间再现出来。

汉密尔顿学院（Hamilton College）的"美索不达米亚数字化项目"（Digital Mesopotamia Project）[26] 是目前物理空间的一个代表。该项目仍处于初始阶段，设想在考古学、人类学和历史学资源的帮助下，利用卫星地图和全球定位系统（GPS）等数字资源创作一个距今 12000 年的美索不达米亚的历时图景，包括地理、文化、生存模式及政治组织等方面。另外，还有一个仍在研发的案例。该项目是雷德兰大学和霍皮族文化保护办公室（Hopi Cultural Preservation Office, HCPO）之间的合作，称为"霍皮族考古学项目"（Hopi Archaeology Project）。[27] 它计划利用传统考古数据和霍皮族传统知识来记录和保存霍皮族文化，以制作霍皮族祖先村庄空间的 3D 重建，并最终形成一个虚拟的霍皮族祖先景观，

---

① 段义孚：当代华裔地理学家，他的人本主义地理学思想在地理学界产生了重大影响。

实现漫游式探索。

在历史空间再现项目中，有一个叫"罗马重生"（Rome Reborn）[28] 的项目。该项目正在创建罗马从公元前约 1000 年到公元前约 550 年的 3D 数字模型。这是目前最为完全的、可访问的数字人文项目之一。该项目主要依赖于古罗马建筑的考古证据——例如竞技场（见图 6）、古罗马比例模型的数字化呈现——欧洲罗马文明博物馆（Museo della Civiltá Romana）的罗马帝国塑像馆（Plastico di Roma Imperiale），以及现存的古罗马城市地图（Forma Urbis Romae）的碎片，后者是古罗马的大理石城市平面图。[29] 该网站提供了 3D 模型照片与视频漫游版本。漫游模式已经成功地融入博物馆展览，比如学习网站（Learning Sites）[30] 之旅，可以让人们在大都会博物馆的《从亚述到伊比利亚》（From Assyria to Iberia）展览中，参观阿苏尔纳西尔帕二世（Ashur-nasir-pal II）统治时期位于亚述的尼姆鲁德的西北宫殿。[31]

图 6　"罗马重生"项目的竞技场 3D 渲染效果。Copyright©2012 Frischer Consulting，版权所有，侵权必究。

开展这些项目具有诸多复杂性，揭示了大学开展数字人文项目的其中一种阻碍。来自不同领域的人文学科教师如不能获得终身职位，他们很可能会面临更大的混乱。或许他们放弃终身职位，为了更多资源与机会，带着关键数字化项目离开。"哈德良别墅数字化研究项目"（Digital Hadrian's Villa）[32] 在一位慈善家和美国国家科学基金会的支持下已经花费 100 多万美元。而加州大学洛杉矶分校数字人文中心（UCLA Center for Digital Humanities）[33] 孵化的"罗马重生"项目，仅在 1996 年至 1998 年间，就获得了慈善家、基金会和产业界 200 多万美元的资助。随后，该项目搬到了弗吉尼亚大学人文科学高级技术研究所（Institute for Advanced Technology in the Humanities, IATH）[34]。这个研究所的主要研究者是古典文学和艺术史教授伯纳德·弗里舍尔，在他以信息学教授身份入职印第安纳大学之后，"罗马重生"项目便独立于任何特定学术机构，尽管这一项目的合作者还包括弗吉尼亚大学虚拟世界遗产实验室（Virtual World Heritage Laboratory of the University of Virginia）[35]、加州大学洛杉矶分校体验技术中心（UCLA Experiential Technologies Center）[36]、米兰理工大学逆向工程实验室（Reverse Engineering Lab at the Politecnico di Milano）、法国国家科学研究中心奥索尼乌斯研究所（Ausonius Institute of the Centre national de la recherche scientifique）、波尔多第三大学（University of Bordeaux-3）和卡昂大学（University of Caen）。这种广泛深入的合作形式会为可持续发展的未来项目指明方向，吸引来自不同领域的利益相关者参与其中。

与这些大学孵化的项目相比，有个类似的项目叫作"巴黎 3D"（Paris 3D）[37]，如同前面提到的亚述宫殿项目，它似乎与任何院校都没有学术联系。这是巴黎的虚拟重现项目，展示巴黎的不同时期：高卢时期、高卢罗马时期、中世纪、法国大革命和 1889 年世界博览会，由达索系统（Dassault Systèmes）负责开发与支持。最后两个项目可能表明，即使对于重点研究型大学而言，投入资源开发与维护这些高端数字项目也是力所不及的。委托企业管理，是指从事人文科学研究的学者愿意或认为有必要在大学校园以外寻求永久性、可持续发展的基金支持。这种企业托管也揭示了学术界长期以来存在的焦虑。大多数焦虑是迫于商业利益或者是由这些利益损害他们学术工作的压力造成的。因此，相比而言，在日益商业化与技术官僚化的今天，将人文科学研究向社会开放，而非限于大学校园之内，也可能会使这些研究得以生存，并保存活力。

地理学家研究空间和场所，历史学家、建筑历史学家、文学家、景观与园林学者也是如此。环境是周围事物、条件或影响的集合。它们可能是自然的，像河谷；也可能是建造的，像绿色空间。纽约市有个叫高线公园（High Line）的新型公园，是一个空间建筑的典范。这是一个长达 1.45 英里（约 2.33 千米）的公共园区，建在曼哈顿西区街道上方的古旧货运铁路线上。英格兰西南部的赫尔福德河，是一个被淹没的河谷形成的沿海小湾，由七条小溪组成。这一自然形成的环境，现在指定为特别保护区、特殊科学兴趣站点以及杰出自然风景区。

空间、场所和环境通常需要切身体验，数字技术使人们能够在虚拟世界重现真实世界，或者通过部分体验来感观全貌。更重要的是，数字化技术可以提供不同模型，让体验者从不同角度提升体验。有些研究中世纪与文艺复兴时期的学者就专门对佛罗伦萨和威尼斯两座城市做了类似的研究，为这些城市提供数字副本，这样就可以让人们体验城市的现在与过去。[38]

因此，无论对于一个异国场所，还是被视为异国场所的一段过往，数字化技术与传统研究方法结合，能够使其形成一个更加完整的再现形式。然而，两种技术手段都只提供了表征形式，因此又回到了人文科学的核心功能，即以我们目前的理解所能传达的形式来表现遥远的人类经验。随着这种虚拟环境的不断改进与发展，它们将从两个方面对人文主义研究产生重大影响：第一，消除过去那种导致彼特拉克和早期人文学者假定自己与古代之间存在一个漫长、黑暗的中世纪的距离感和差异。然而，如果没有这种失落感和易变感，人文学者能否保留他们对过去的感知以及让这种感知成为文化动力的观点呢？第二，如果这样的虚拟世界最终允许研究者或读者以无与伦比的即时性重现过去的世界，这难道不能满足彼特拉克及他的同侪用他们的心灵之眼和他们的有形化身重温和恢复过去的愿望吗？在这方面，数字化技术可以对抗最大的挑战，为人文研究提供最大可能的便利。

表演 / 仪式

表演是指一位表演者或一组表演者以某种特定方式为观众演出的活动。仪式是以特定方式重复的一种表演，通常由受过专门训练的表演者在特定的观众面前完成。前者通常是艺术的表现，后者则是传统、集体记忆或深刻的神话和宗教信仰的表现。因此，一场表演可以包括舞蹈、音乐、朗诵等象征性的表演；而仪式可能会出现在婚礼庆典、葬礼、游行或足球比赛等各种场合中。

不论在表演还是在仪式里，对现实的某种潜在感知都在特定的时空得以呈现。在表演中，产生的感知可能是艺术家或作曲家的个人感受：观众通常被认为是表演者之外的人。在仪式中，观众和表演者可能同时是一个整体，或者按照特殊的地位、年龄、性别等轮流扮演角色。在仪式上，这种传统可能仍然能生动地呈现在我们眼前，鲜活地存在，或者它可能是人们现在的愿望和理想的一种回到过去的投射。在这种情况下，这种传统开始接近神话。从这个意义上讲，表演和仪式都以物理形式表达了我们对时间或空间上遥远体验的理解。它们通过语言、视觉或空间隐喻和符号传达我们对这些现实的理解——变革与转型的过程。虽然社会科学，特别是人类学和社会学，可能会记录和分析这些实践，但是人文科学可能会使用其传统工具，将现在与过去的实践、历史环境、神话和宗教中的象征系统联系起来。通常人文科学试图理解这些行为和仪式的实践是如何体现或者神圣化我们对时空变化经验的理解与表达。也就是说，人们如何以超越文学文本或其文化对象及人工制品的方式反思他们的过去。人文科学试图将这些行为理解为另一种既能做研究，也可以发挥作用的文本形式，我们已经注意到，表演和仪式的数字化形式可以解放以往的研究形式，可以通过以印刷品不可能完成的方式将观点和声音多元化，从而使研究从置身事外的分析家的一孔之见与主客二分法的单一视角中解放出来。

舞蹈和音乐既可以是表演，也可以是仪式。当阿尔文·艾利美国舞蹈剧院（Alvin Ailey American Dance Theater）的演出理解为舞蹈时，它就是一种表演；苏菲旋转舞①（Sufi whirling），可以仅仅作为一种身体活动冥想的形式，也可被视为纯粹的仪式。然而几十年的研究已经清楚地表明，要么两者兼而有之，取决于表演者和参与者的意图和能动性；要么两者均有多层含义。在某一时刻，我们的语境和社会用途如何定义它们，在很大程度上决定了这些意义的表达。因此，人文学者可以像研究文学文本或档案文献一样，研究这些意义。

录音或回放技术，特别是数字技术使人们得以用真实生活场景不能再现的方式去捕捉视觉和听觉素材。这样，表演和仪式之间的边界变得更具不确定性和多样性，意义被消解或凝练出来，可以从一个全新视角多层面去解读。比如，整个作品可以通过拆分、慢速观察、按停止键、加速或回放来仔细观察。YouTube 这样的平台允许任何人对表演和仪式等进行存档。商业和学术平台也在不断涌现。例如，劳特利奇表演档案（Routledge Performance Archive）[39] 是与数字剧场（Digital Theatre）合作制作的平台资源，它可以直接在从业者和专家那里获取超过 50 年的存档作品，内容覆盖面跨越了戏剧主题的全部范围。肯尼迪中心（The Kennedy Center）是华盛顿特区的一家公共—私营合伙制的艺术中心，该中心有个项目叫"千禧舞台表演档案"（Millennium Stage performance archive）[40] 可以提供免费在线访问。这一档案包含了从伊玛尼 1998 年 10 月的表演到在线访问前一天的最新演出。美国加州大学洛杉矶分校非洲研究中心和历史系的安德鲁·阿普特在网上公布了约鲁巴仪式档案（Yoruba Ritual Archive）[41]，其中包括 1990 年和 1993 年在尼日利亚翁多州艾德埃基蒂举行的三个奥里沙文化节（Orisha festivals）的视频片段。这里再次强调，研究者们必须权衡这种独特的表演与录像记录之间的差距。让我们再次回顾本雅明的告诫，"即使是最完美的艺术复制品，也缺少一个元素：它的即时即地性，即它在问世地点的独一无二性。"[42]

随着学者和公众越来越容易获得大量的资源，数字人文将如何影响

---

① 苏菲旋转舞：起源自伊斯兰教苏菲派，虽然名为舞蹈，但整个表演过程更像是一种宗教活动。

我们对这些表现形式宽泛的文化理解呢？浏览网页这种可以不受任何限制的重复行为将如何影响我们对一种文化中神圣而又独特的仪式的理解呢？艺术家通常会对表演有一种自我拥有感，那么这种感觉经得起任何那些把仪式当作表演或把艺术表演当作神圣仪式的解读者的阐释吗？这些问题并不是数字时代独有的。我们举个例子，在纽约市的修道院博物馆（Cloisters Museum），朗贡小教堂（Langon Chapel）必须重新配置，以阻止圣母崇拜者使用它；就像它的博纳丰修道院（Bonnefont Cloister）处于监控状态以防止骨灰散落一样。2004 年，在大都会艺术博物馆举办的拜占庭展览（Byzantine exhibition）[43] 上，展出的近乎真人大小的圣母玛利亚图像的复制品，被希腊东正教教区游客反复亲吻和祝福，仿佛这是一个神圣的偶像。无论是文本、视觉还是建筑的再现，它们呈现出的并不是基于任何原始意图的现实，而是基于社会文化语境和观众。这些都成为某种现实的重要组成：空间或时间，世俗或神圣。然而，有了数字化技术的普遍性，以及这种技术的精确性，这种可能性就会成倍增加。

建构与模型

这里使用的术语"建构"，是指随着时间的推移，这些建构被创造或设计出来，代表或模拟真实世界的物品、地点、过程、系统或事件的东西。上一代学者开始关注的语言学转向及文学转向，使得所有人文主义学者意识到这些来源的建构本质，以及从中创造出来的叙事。正如海登·怀特所观察到的那样，历史本身的发现少于建构。[44] 我们当代的人文实践敏锐地意识到历史作品的建构特征，以及为达到充分理解所需的理论基础。数字化技术快速重组了传统人文科学的源头，重建了传统人文科学的话语体系。因此，对研究主体的建构特征，对研究主体的解读，对我们话语的主客体之间的复杂关系，以及对我们的话语体系本身，我们都更加清楚。[45]

为了研究和理解人类过去的历史，学者们通常会构建模型。这些模型通常从三维再现开始，比如船舶或建筑模型。米开朗基罗或贝尔尼尼创作的建筑或雕塑模型本身，就是非常珍贵的文化艺术品。这些都揭示了人们在过去的时间和地点的创作过程。现在，这些模型可以用数字化技术来创建。这样，模型就会随着时间的推移而做出改变去模拟实际事件或过程。[46]

虚拟现实

人文主义建筑极具虚拟现实特征。不论是文艺复兴时期的意大利建筑大师阿尔贝蒂[①]与布鲁内莱斯基[②]，还是在托马斯·杰斐逊创办的弗吉尼亚大学里的建筑师们，再到那些 20 世纪早期建造了豪宅、火车站和图书馆的卡雷尔和黑斯廷斯[③]建筑事务所以及麦金、米德和怀特[④]建筑事务所等建筑公司的建筑师们，他们都深受人文主义理想的启发，对古代世界遗迹深度模仿，建构现有的物质环境。如此，现代世界公民才得以在当下的物质生活中重获古人精神。人文主义建筑师认为，在这些建筑里生活、工作或行走，都将重现罗马的古代历史感，并会对人产生身体上的影响。例如，拉斐尔的画作《雅典学派》[⑤]（ *School of Athens* ），刻画了希腊和罗马的多位伟大哲学家和宗教思想家，它基于古代建筑背景创作，实际上近似于米开朗基罗的圣彼得大教堂（St. Peter's Basilica）

---

① 阿尔贝蒂：全名莱昂·巴蒂斯塔·阿尔贝蒂（Leone Battista Alberti，1404—1472），意大利文艺复兴时期的建筑师、建筑理论家。他的《论建筑》为当时最富影响力的建筑理论著作。

② 布鲁内莱斯基：全名菲利波·布鲁内莱斯基（Filippo Brunelleschi，1377—1446），意大利早期文艺复兴建筑的职业建筑师及工程师的先驱之一。

③ 卡雷尔和黑斯廷斯（Carrère and Hastings）：19世纪末至20世纪初美国的一家建筑师事务所，由建筑师约翰·莫文·卡雷尔（John Merven Carrère）和托马斯·黑斯廷斯（Thomas Hastings）共同创立，留下了诸如纽约公共图书馆、曼哈顿大桥等优秀建筑作品。

④ 麦金、米德和怀特（McKim, Mead & White）：20世纪初美国最重要的建筑师事务所之一，由建筑师查尔斯·福伦·麦金（Charles Follen McKim）、威廉·卢瑟福·米德（William Rutherford Mead）和斯坦福·怀特（Stanford White）创立。

⑤ 《雅典学派》是意大利画家拉斐尔于1510—1511年创作的壁画作品，现收藏于梵蒂冈博物馆。该画以古希腊哲学家柏拉图举办雅典学院为题材，打破时空界限，将哲学、数学、音乐、天文等不同学科领域的代表人物会聚一堂，表达了对人类追求智慧和真理的集中颂扬。

中殿的代表，充满了历史人物，他们都代表着"古代的文明。"[47] 文艺复兴时期的建筑师及深受这种风格影响的建筑师们，将古代世界的建筑构件，如人行道、楼梯、窗户、柱子、拱门、穹顶等，作为基础元素，因此得以重现古代世界。同时他们期望，这些对处于同一时期的居民能产生智力上和身体上的影响。到 1893 年，在芝加哥世界博览会（Chicago Columbian Exposition）① 上，罗马帝国的建筑风格已经成为新美洲建筑的写实背景。

同样，数字虚拟现实世界是计算机模拟的环境，用户可以通过它彼此交互，在一个虚构的环境中使用和创建对象，再现历史或当前世界的某一方面。这些虚拟世界有像"第二人生"（Second Life）[48] 这样的在线组织，"你看到的每个人都是真实的人，你访问的每一个地方都是像你一样的人建立起来的 3D 世界"，也有伯纳德·弗里舍尔的"罗马重生"（Rome Reborn）[49] 和加州大学洛杉矶分校的"圣加尔项目"（St. Gall Project）[50]。圣加尔项目提供了中世纪圣加尔修道院（St. Gall Monastery）的 2D 和 3D 模型，这些均以圣加尔著名的手稿平面图[51] 以及现存的当代视觉与建筑证据为基础。如前所述，虚拟现实重构也可以提供一个研究平台，为共时和历时的比较、解释和分析提供空间。

2015 圣丹斯电影节采用了虚拟现实的方式呈现了导演奥斯卡·拉比的影片《赞同》（Assent）、诺尼·德拉培尼亚的《叙利亚项目》（Project Syria）和克里斯·米尔克的《进化故事》（Evolution of Verse），支持了非学术内容创作者采用新的数字工具对我们的过去进行严肃反思的这一现实。[52]

游戏

游戏是自发的，具有内在动机的活动，通常与娱乐有关。游戏也一直用来助力研究与分析历史事件，很长时间以来也用于教学。关于游戏

---

① 芝加哥世界博览会：亦称芝加哥哥伦布纪念博览会，以纪念哥伦布发现新大陆400周年，于1893 年 5 月 1 日至 1893 年 10 月 30 日在美国芝加哥举行。

的归类尚有争论，大多围绕是否将游戏归属为传统的人文活动这一问题。古代的丧葬游戏、角斗竞技、海军竞赛，以及中世纪的竞技场表演，这些到底是仪式还是游戏，要视情境而定。学者们早就熟悉中世纪与文艺复兴时期有关棋类游戏的文学作品：每一个棋子都有自己的性格与历史命运，每一个棋子都有自己的步数，对日常生活和行为都有相应的启发性和道德性。塔罗牌也具有象征性意义，参与性较少，但更具策划性。由卡斯蒂格利昂等人描绘的为臣之道向我们展示了形态各异、内容丰富的官场行为与态度，这些或许会获得某种青睐、荣誉和威望。朝臣生活就是一场游戏，比如在《权力的游戏》（*Game of Thrones*）中，它就被赋予了一个鲜明的现代术语。

同样，如今设计复杂的数字游戏将过去事件以令人信服的娱乐形式，呈现给研究人员及学生，并在程序参数范围内，展示了允许或阻碍特定历史时期或文化的发展进程的深层的结构力量。在精心设计的环境下，它们还可以呈现与历史背道而驰的场景、另类的小说情节以及读者或观众参与的艺术创作。这些都揭示了人文叙事的建构性，还可以揭示出个体性格或群体动态：在复杂的数字游戏中提供的选择，可以是道德的，也可以是权宜之计。这是计算机逻辑的视觉表现，其建构形式允许玩家象征性地使用它们，使用效果无所谓好坏。因此，也许还不那么确定，但是，游戏重现了道德文学，给君主提供了实用建议，这些都是人文主义话语的主要支柱。

那么，随之而来的问题是，聘用、终身教职授予及晋升（HTP）委员会必须对这些数字作品做出评估，以便使其能在传统出版形式里生存发展。我们能把游戏当作书籍来阅读吗？[53] 如果是，那么谁是作者，谁又是读者？这里再次强调，对作者、媒介及读者的传统的人文主义活力的破坏，必须要与人文学者不断扩大受众范围而愈加增强的能力进行平衡。这些研究采用了古老的人文主义修辞和语法技巧的现代迭代手段。

数字游戏的例证还有很多。这些游戏充分利用了理论方法和技术能力，大多作为教学工具使用，而作为人文科学研究课题的并不多。英国广播公司（BBC）在网上提供了一系列历史游戏[54]，内容涉及古代历史、考古学、英国历史及世界大战等。南加州大学安纳伯格传播学中心（University of Southern California's Annenberg Center for Communications）出版了《重划选区游戏》（The Redistricting Game）。该游戏目前由"变革游戏"（Games for Change）[55]组织托管，允许用户探索创建 1950 年至 2009 年期间委派代表到美国众议院的地区。学者们既可以使用这些游戏来创建研究场景，也可以用来评估用户的反应。然而，对于题材严肃的游戏来说，资金筹措仍然是个问题。例如，允许学生及研究人员等探索"罗马重生"（Rome Reborn）的在线游戏引擎的开发，数年来一直没有资金支持，致使该项目处于未完成状态。

第五章 数字工具

引言

在最基础的层面，人文学者的研究工具 [1] 自 14 世纪以来一直是一成不变的：即修辞和语法。我们现在把这些工具也称作修辞"手段"。人文学者据此构建文本，并在书籍、演讲和书信中呈现。这些已经演变并扩展为大多数人文主义学者继续使用的基本文献学工具。接下来是材料工具，包括钢笔、墨水、纸张或羊皮纸和抄本。在往上一层，这些可能包括人文主义研究中几乎一致的元素，通常会在文艺复兴时期的绘画中描绘出来。例如，吉兰达约 [1] 或扬·凡·艾克 [2] 描绘书房内的圣杰罗姆（St. Jerome in his study）的肖像画：有围墙的空间、书桌、存放藏书及书信和阅读材料的书架，以及乐器、计算工具或其他设备。在安托内洛·达·梅西那 [3]（见图7）的同名作品中，这一点在一个更广阔的环境和宏大的背景下凸显出来：圣杰罗姆坐在神圣的教堂中。最后，我们还可以把工具看作人文学者使用的公共集合体：档案馆或图书馆、实物收藏，可以放在一个珍品柜里，也可以放置在拥有素描、印刷品、绘画或雕塑的画廊里。作为书信往来和研究的实物延伸，几个世纪以来，人文

---

① 多梅尼哥·吉兰达约（Domenico Ghirlandaio，1449—1494）：意大利画家，米开朗基罗的老师，是 15 世纪佛罗伦萨画派的代表人物。

② 扬·凡·艾克（Jan Van Eyck，约 1385—1441），早期尼德兰画派最伟大的画家之一，也是 15 世纪北欧后哥特式绘画的创始人，油画形成时期的关键性人物，被誉为"油画之父"。

③ 安托内洛·达·梅西那（Antonello da Messina，1430—1479）：出生于墨西拿，是首批使用法兰德斯技术绘画油画的意大利画家之一。

主义学者们也在教室、专题讨论会、讲座、研讨会和会议中聚集。因为
它们被有意识地用于教育学或学术交流模式，所以也可以被视为工具。
总之，所有这些都为人文主义工作提供了非物质的、有行为指向及研究
素材的研究基础。

图 7 《书房内的圣杰罗姆》，作者：安托内洛·达·梅西那，约 1475 年。
©National Gallery, London/Art Resource, NY.

同时，从学者的书桌、书架、书房、工作室、排练与表演空间，到讲堂、校园、研究机构与会议厅等一切都可以视为环境。直到最近随着数字技术的发展，这套工具才开始迅速地并从根本上发生改变。然而，在许多方面，这些新的数字工具以类似的方式继承了传统人文科学的相同功能。我们只是现在才开始发现和分析这些新的数字工具，研究它们是如何改变研究方法和基础工作的。人文学者如此依赖的计算机仍然只是一种工具吗？它是否类似于中世纪时期的书写板？或者，数字工具是否已经成为一个环境，它的屏幕不再是一张空白的纸，而是进入整个数字领域的窗口或门户？数字工具对人文学者的影响与人文学者对数字工具的影响相比，两者一样大，还是前者更大？这些工具与人体的融合程度越来越高——比如谷歌眼镜（Google Glass）或新款苹果手表（Apple Watch）——那么工具和环境之间的区别会进一步消失吗？我们是否可能正在接近这样一个时代：当"制作工具的人"（homo farber）这个术语产生差别之时，人类作为创造者，凌驾于其创造的世界之外，他在语义网和 3D 细菌印刷①的世界里是否会变得毫无意义？带着这样的疑问和模棱两可的想法，我们来研究一下，我们是否可以在本章要讲的工具和第六章要讲的环境之间做出明确的区分，具体从哪个节点区分，从而开始创建一个有效的分类法。

数字工具通常指软件应用程序，多用于分析、操作和呈现数据。多年来，特别是在过去的十年里，人文科学的学者们与计算机科学家们合作，研发工具，以新的方式优化人文科学的基本功能。正如我们在第一章中所讨论的，学者们通常将这种合作追溯到 1949 年。当时托马斯·J.沃森帮助罗伯托·布萨为托马斯·阿奎那[2]的作品编制索引。从此，新开发的工具能帮助学者收集资料、编码，进行文本挖掘与数据分析，使用谷歌地图或地理信息系统等绘制地图，并将其可视化。有时，使用视频、3D 或虚拟现实创建数字档案，整合与分析音频，包

---

① 3D 细菌印刷（3D bacterial printing）：与一般 3D 打印技术使用的无机物原材料不同，它是全新的 3D 打印形式，使用含有活性细菌的打印墨水，这一突破为生物化学和生物医学提供了巨大潜力。

括语音、音乐及噪音等，无所不包。所有这些工具都有助于组织和分析数据，促进人文学者进行实际工作，理解人类生命、思想和行为的证据。

这些变化早在 60 年前就已经出现了。1945 年 7 月，在模拟计算开发领域具有开创性的工程师万尼瓦尔·布什，发表了一篇文章[3]，他在文章中介绍了扩展存储器（Memex）—— 一种用来控制不断积累的科学文献的假想工具。这比罗伯托·布萨接触沃森系统[①]还要早两年。他设想了一个像存储和检索系统一样的活动桌面。扩展存储器（Memex）用户可以通过点击键盘上的索引代码并显示标题页来查阅书籍。扩展存储器具有许多现在已成为电子书常见组件的特性：页面、翻页器、注释功能、内部和外部链接，以及具有存储、检索和传输的可能。然而，布什设想所有这些都将通过缩微胶卷的存储功能来完成。

工具可能会构成数字人文学科的基础设施，并以此促进工作。但是，它们并不能构成数字学术的发现、认证、评估和交流的基础。我们也可以把中世纪晚期和现代早期那些人文学者的兴起归结为缮写室或印刷机的可用性。对于人文主义在现代早期世界中的起源与发展，如果想有令人满意的分析结果，我们必须考虑更为丰富多样的文化因素。到底什么是构成数字时代所需的共有的基础设施或叫作网络基础设施（cyberinfrastructure），对其明确定义仍然是一个备受争论的问题。

在瞬息万变的数字世界，很多工具相继迭代更新。有些过时的工具仍然使用，尽管不再获得相关机构或组织的支持，这些机构或是商业组织或是非营利组织。很多工具开发出来，也免费提供给用户，就是希望被大量用户使用，再被大开发商收购，最后实现货币化。如果这一策略是成功的，那么这个工具会升级为一个适用范围更广、用途更多的应用程序。过时的工具可以重新分类，并通过新的应用程序再次提供给用

---

① 沃森系统（Watson）：是认知计算系统的杰出代表，也是一个技术平台，代表一种全新的计算模式，它包含信息分析、自然语言处理及技术创新等，深刻改变了商业问题解决的方式和效率。

户。以前免费使用的工具可能得去购买，或者通过订阅模式或浏览有广告支持的网站才能使用。有些应用程序有时就会从网站消失，它们的网址显示"404：找不到页面"。

下面我们将讨论工具类型，并概述各种类型的数字工具及其使用方法。这些工具根据以下情况，大致排列如下：首先要考虑使用的材料（文本、图像等），然后是期望的程序、输出情况或结果。在大多数的研究项目中，不需要同时使用某种单一文本分析工具，或者不需要同时使用多个研究工具。工具本身可以扩展并添加附加功能。有些工具非常简单，可以供幼儿使用；有些工具开发完善，网站会提供工具的一切所需；而有些工具则似乎仍处于开发、测试阶段；还有一些工具仍然可用，但效果一般。至于如何使用各种工具，有些产品网站上经常会附有教程。对于最流行的工具，YouTube[4]、Lynda.com[5] 等其他网站上也经常提供教程，用户可以找到大量简单教程，有的免费，有的收费。

计算机使用的软件工具和应用程序会安装在本地或局域网（LAN）上。例如，它们可能包括文字处理程序、图形应用程序或视频编辑软件。基于网络的应用程序可以使用浏览器访问，包括从语言学课程到如谷歌地图（Google Maps）等地图程序。工具和应用程序的价格差别很大，对于较小规模的学术研究来说，很多都可以免费获得。付费程序要么按月或按年付费订阅，要么就是有免费使用的简易版本。有时研究可以在免费版本上进行一定阶段，之后才有必要订阅或购买。

附录中有具体工具的例子，并按类别分类。除了那些特别标注的，大部分工具都是多功能的。附录中列出的工具是为了说明工具使用的可能性，有时并不一定都是制作者推荐的。有些工具，特别是免费的网络工具，一般不需要注册。制作者已做了最低程度的测试。但即便如此，也不能保证这些工具仍能正常工作。附录中关于工具的描述大多是基于开发商提供的在线说明。

第三章和第四章我们论述过，人文学者通常会使用大量素材，这比他们前辈接触到的文本和文献要更为广泛，比如实物、人工制品、空间、性能和构造。尽管从二维页面到三维重建，数字化呈现各种形式数据的可能性几乎是无限的，但以传统方式理解的文本与文献仍构成了素材的主要部分。

第三章讨论了文本和文献的性质，人文科学中的所有领域都不同程度地依赖过去的书面记录，以及近期当代学者发表的研究成果。因此，将这些文本与文献纳入当前研究是当务之急。学者们需要将文本与文献转换成数字形式，在这些材料中创建数据，然后分析数据，获得研究问题的答案。这样，这些工具就成为人文学者的数字资源的主要组成部分。下面介绍几种将文本处理成数字形式的方法，大多都是众所周知并普遍使用的。这些工具的重要性可能会被掩盖或低估，但却是人文学者使用的最普遍的数字工具。

基于文本的工具

文本分析：文本分析最简单、最常见的例子是 Microsoft Word 中的文档比较功能，但也有其他免费的商用应用程序。文本分析最基本的功能是获取同一文档的两个不同版本，这些工具还会突出差异。更复杂的工具可以执行高端的语言分析，例如标记词性（POS）、创建语汇索引、整理版本、分析情感和关键字密度或显著性、可视化模式、探索文本间的相似性与建模主题。另见**文本挖掘**和附录第 27 节。

文本注释：简单而言，数字文本注释只是在文档中添加注释。例如，在 PDF 文件上添加便笺注释供个人使用。但是，注释也可以在网页和 HTML 文件上完成，并在读者群中共享，从而在手稿和印刷稿中重新创建由评注者和其他旁注者组成的文本共同体。注释通常包括主体、锚点及标记：即注释的文本、具体指代的材料及表示连接的方式（如用圆圈或下划线标注）。这些标记现已广为人知，它们均源于共有的符号文化，最早形成于中世纪手稿。见附录第 24 节。

文本转换和编码：对用户来说，这可能是显而易见的，但是，计算机格式中的每一个文本都要用标签进行编码。从字体、字体大小、粗体、斜体和下划线、行距和段落间距、对齐和上标，都是这种编码标记的结果。常见的编码格式包括多文本格式（RTF）、纯文本和可靠编码文本。文本转换器将所有标记从一种格式转换为另一种格式，以便可以在不同的应用程序中使用。最初，这些转换器中很多都是独立应用程序。现在，它们是附加组件，或者嵌入程序中，这样用户就可以从Microsoft Word 创建 PDF、HTML 或 ASCII 文件，或者直接用排版软件Adobe InDesign 创建 EPUB（Electronic Publication, 电子出版）文件。商业和许多免费的转换器，都可用于未包含在原始文本处理软件应用程序中的格式。见附录第 25 节。

文本编辑和处理：这些工具或应用程序通常允许用户在文本文件中执行写入、搜索、剪切、粘贴、格式化、执行和撤销、拼写和语法检查、生成大纲和目录等操作，还可以包括超文本标记语言（HTML）处理功能。对人文学者来说，这些是最常用的数字工具之一。见附录第26 节。

文本挖掘：文本素材纳入学术研究后，首先需要将其转换为可分析模式的信息。开发这类软件一直是数字人文学科努力的主要方向。这些程序根据特定的参数从文本中提取数据，并以有用的文件格式传递数据。这些工具通常也被称为数据挖掘工具。另见**文本分析**和附录第27 节。

文本识别：有几种不同类型的识别工具，它可以自动将输入的内容转换为标准文本文件格式。

光学字符识别（OCR）：这些工具自动识别字符，并从文本的数字图像创建文档。纸上图像首先通过扫描过程转换为数字文件。这对于标准类型的文本，如印刷书籍与杂志等尤其有效，甚至在识别手写文档和大量非西方字母方面，该领域也取得了很大进展。通常，执行该任务的软件与扫描仪捆绑在一起，但也有独立使用的应用程序。见附录第5 节。

手写识别（HWR）：这些工具可以帮助人们将手写稿件生成文档，通常用于转写手稿。有些更新的应用程序还能自动分析手写稿，并生成文档。在过去的十年里，识别手稿的效率大大提高，但仍需研究人员的直接干预或"指导"。见附录第 13 节。

音乐识别：这些工具可以处理打印出来的乐谱，创建可编辑的音乐文件。见附录第 17 节。

语音识别：语音识别软件使用户能够自动将音频文件（如 MP3）转换为文本，尤其适用于个人笔记、访谈等，也可应用于编辑用户创建的资料，以及下载资料等。见附录第 22 节。

文本转录：有几种不同类型的转录工具，可以帮助用户将图像或文字记录转换为标准文本文件格式的数字信息。还有一些工具可以转录网站上的众包文档。例如，在纽约公共图书馆的"菜品指南"（*What's on the Menu?*）[6] 工具中，参与者从一万多份菜单中转写了一百多万道菜品。

语音到文本的转录：这些工具允许用户以各种格式（例如 .mp3 或 .wav）转录音频文件。其中许多工具能够消除音频播放器和文本编辑器之间切换的需要，从而促进转录完成。例如，用户可以加载一个语音音频文件，并在同一个页面上用一个转录文本的窗口来控制音频。见附录第 23 节。

文本到文本的转录：这些工具允许用户在同一界面上对文档的数字图像进行转录，在文本编辑窗口旁边显示图像。例如，用户可以在窗口上传手写字母的图像，并在旁边窗口将该字母转录成文本格式。它们还附带各种工具，来处理特定类型的文档。见附录第 28 节。

文本可视化：这些工具获取文本并创建文本和单词的各种可视化表现，例如语义图（见图 8）和词云（见图 9）。见附录第 29 节。

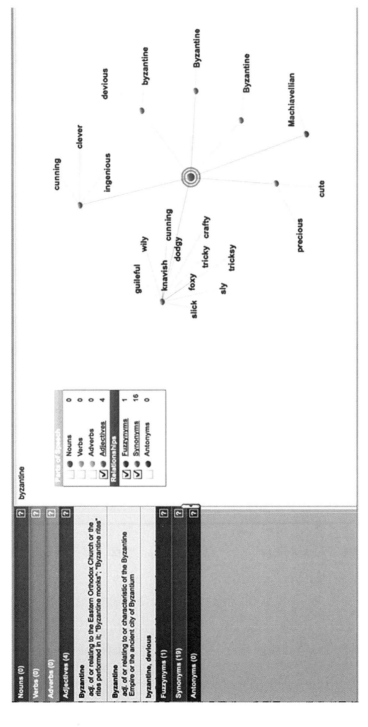

图 8 词汇百科（Lexipedia）中 "Byzantine"（拜占庭）一词的语义图，http://lexipedia.com。

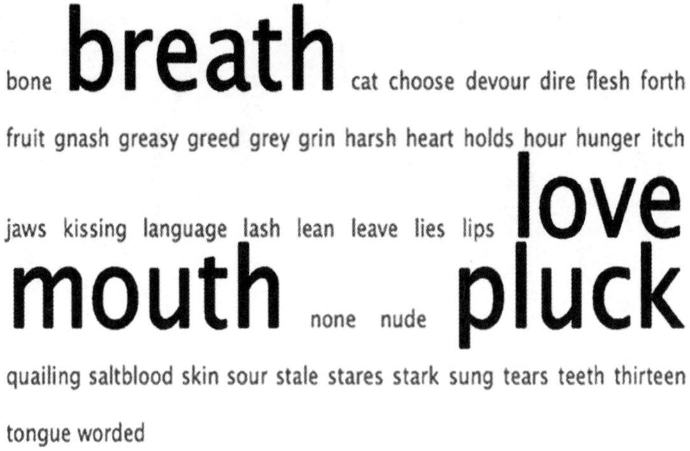

图 9　来自标签云生产工具（TagCrowd）的詹姆斯·乔伊斯《忆午夜镜中的演员》（A Memory of the Players in a Mirror at Midnight）的词云，http://tagcrowd.com。

基于数据的工具

数据库管理系统（DBMS）：数据库管理系统是为定义、创建、查询、更新和管理数据库（从 XML[①] 驱动的数据库到专用数据库）而设计的软件系统。见附录第 9 节。

数据收集：数据收集占据了所有学者研究工作的主要部分。其中很多是靠手工操作的，使用数据库管理系统来存储和操作收集的数据。然而，有些学科的数据是通过电子化的调查和民意调查来收集到的。收集方法可以是普查，也可以是抽样。这还涉及成本与时间、准确性与可靠性之间的权衡。无论哪种方法，都有工具使得数据收集达到高效、全面及系统化的效果。见附录第 10 节。

数据分析：为了保证其实用性，一旦收集到数据，必须对其进行检查、清理、转换和建模，以发现有用信息，得出结论并支持决策。有些工具裨益定性和定量数据分析、处理文本和多媒体中的复杂现象、语

---

① XML：可扩展标记语言（Extensible Markup Language），标准通用标记语言的子集，是一种用于标记电子文件使其具有结构性的标记语言。

法结构和自然语言、自我中心（数据点）网络[①]、序列事件和地理名称。很多工具都具有人文科学工作中的传统文献学特征：比如识别文本、将文本语境化，从而真正理解其全部含义。见附录第 8 节。

数据管理（包括数据迁移和数据存储）： 一旦收集到数据，为了保证它的有用性，必须对其进行明确定义、标准化、质量控制、存储、监控和保护。不论商业机构，还是学术组织，都致力于研发工具，确保数据保存完好，以保证数据的精准性。这些工具还便于数据的查询、管理、升级、共享及发表。见附录第 11 节。

数据可视化： 与文本可视化过程类似，数据可视化应用程序根据词汇、语言、地理、色调、时间及各种其他参数创建结构化数据库的可视化表现。见附录第 12 节。

制图工具： 虽然制图通常指任何可视化的文本或数据，但制图工具也可以用来专门处理地理数据，因此它也被称作地图绘制。这些工具可以使用 GIS、GPS 或其他地理空间数据创建底图、覆盖图、历史地图、交互式地图和带有时间线的地图，然后与用户或合作者共享。见附录第 16 节。

图像和声音处理工具

图像创建： 学者可以在数字环境中创建图像或者将模拟图像转换为数字格式。许多软件应用程序都是可用的，通常与计算机或电子设备捆绑在一起，例如数码相机、智能手机或平板电脑。其中一些工具还提供了具有图形编辑和样式设置功能的绘图环境。见附录第 14 节。

图像处理，包括编辑、注释和标记： 图像处理包括获取已转换为数字格式的二维图像，可以通过锐化，或者更改色彩平衡、饱和度和曝光，或者裁剪或矫直等方式增强效果；通过添加位置、日期内容等元数据进行注释；还可设置色彩模式、压缩格式及尺寸等参数。见附录第 15 节。

---

① 自我中心网络（Ego network）：网络节点由唯一的一个中心节点（ego）以及这个节点的邻居（alters）组成，边只包括 ego 与 alter 之间的边，以及 alter 与 alter 之间的边。

3D 建模： 3D 建模过程创建了三维物体的数学表征，可以通过二维空间显示对其处理加工，具体过程包括建模、修改及添加动画。见附录第 1 节。

3D 打印： 这个过程基于计算机生成的模型创建一个三维实体对象。3D 打印是一个附加过程，即在真实空间中连续添加材料层以获得精确的计算机设计图案。这与传统的机械加工技术（如车床或凿子）形成了鲜明对比，后者涉及通过钻孔或切割等过程去除材料这一操作。依靠计算机程序及打印机的先进性，人文主义研究者可以再现从古希腊的基里克斯陶杯（kylix）到巴洛克风格舞会礼服的比例模型的所有微小细节，为学生和同行提供的实物再现比任何一个出现在印刷品或屏幕上的东西都更接近实物，并突出了证据的独特物质性（见图 10）。见附录第 1 节。

图 10　3D 打印。皮娅·辛兹用 3D 打印机制作的金色新巴洛克礼服，http://hinzepia.wix.com/muted。奥利维尔·雷蒙托摄。

视频和音频处理工具：这些工具控制数字声音和视频文件的更改，包括增效、清理、混合和剪切、注释及压缩。例如，可以对语音文件效果进行提升，消除背景噪声干扰，增加清晰度；或者，可以增加背景声音，获得戏剧效果，比如"二战"题材的演讲，有时会增加飞机飞过的背景音。见附录第 2 节。

成果导向的工具

下面需要讲的工具是根据学者的研究目标而不是材料性质来进行分类的。这些工具一般指信件、讲座、研讨会或会议中任何事物的数字对应物。这些材料兼具工具性和表现性，因此可视为通用工具，可以在构建数字人文学科的项目材料时使用。虽然我们处在印刷时代，出版、出版前及出版后的学术交流模式有明显的区别（如文章、著作、书评，此外还有书信、会议论文等），但在数字时代，各种各样的工具都可以发挥许多诸如此类的功能。下面我们将尝试对每种模式的基本用途进行分类。我们也注意到，每一个活动当中也可以有多种模式的使用。

博客：一种非正式的，在研究成果发表前或发表后与其他学者进行的交流，一般多用于分享研究问题或研究结果。以前都是通过写信、电话或传真等方式交流。在数字时代，通过地鼠（Gopher）、论坛（forum）、聊天室（chat room）、简易信息聚合系统（RSS[①] feed）、维基（wiki）、列表服务器（listserv）及电邮（e-mail）进行。博客是一种通过上传帖子（离散的，通常是简短的通知）在网上讨论或分享信息的一种方式。它们通常与最新的内容一起显示在顶部。有些博客是由参与类似、相关或相同项目的学者进行维护。其他人可以对帖子发表评论，尽管有时这一功能被禁用或仅限于编辑或版主批准的个人。名为"豌豆汤"（PEA Soup）[7]的博客就是人文科学多作者博客的一个很好的例子，

---

① RSS 是 Really Simple Syndication 的缩略写法。

涵盖了哲学、伦理学和学术界等主题。见附录第 3 节。

头脑风暴：收集创意是许多学术研究的核心。头脑风暴是集体或个人常使用的方法，尽最大可能产生多种想法，遇事不进行评估。如果不是非得采用独立工作的反思型人文主义者的传统模式的话，那么这种方法很容易适应数字化语境，常用于工业领域与商业范畴。见附录第 4 节。

协作：在数字人文环境中，协作是很重要的，有时甚至是具有颠覆性的。这也许因为人文学者通常是独立工作的研究者。有些工具可以促进从文本注释到审阅，从编码到简单的文档共享等方面的协作。还有一些工具能够帮助会议组织者按主题、日期、时间等标准组织会议。见附录第 6 节。

沟通：尤其就项目交流而言，这些工具为更有效的沟通提供了具体方法。尽管许多学者仍将电子邮件作为基本的通信方式，但很多应用程序已经出现，主要用于举办会议、虚拟视频会议、社交网络、桌面共享及网上讨论等。见附录第 7 节。

组织：在商业与出版界，日常安排与各方协调是至关重要的，以此作为借鉴对象，这些组织型工具可以帮助研究人员管理项目、组织材料，实现更高效的工作流程。该类工具包括 Microsoft OneNote（微软记事本）、Pliny[①] 及 Zotero[②] 等。见附录第 18 节。

出版和共享，包括网站开发：数字环境中的出版过程为不同阶段分享学术成果提供机会。从网络出版到印刷，有些工具可以让学者们更容易地创建卷、编辑内容、管理工作流程、跟踪手稿、管理期刊与论文提交、创建页面布局、共享元数据及创建电子书。见附录第 19 节。

同行评审：在线出版的优势之一就是出版前后的评论。有些专门的工具可以帮助组织包括从评论到同行评审的所有工作环节。见附录第

---

① Pliny：编码工具，以古罗马博物学者老普林尼（Pliny the Elder）的名字命名。Pliny 计划由美国莱斯大学发起，是专为程序设计者而建立的编码自动完成工具，可以简化撰写程序。

② Zotero：开源的文献管理工具，用于收集、组织、引用及共享文献。由安德鲁·W.梅隆基金会以及美国博物馆和图书馆服务协会资助开发。

20 节。

　　搜索（包括视觉搜索）：大多数用户都熟悉谷歌（Google）和雅虎（Yahoo）这样的搜索引擎。但还有一些具有特殊功能的搜索引擎，更适合研究人员的需求。见附录第 21 节。

第六章　数字环境

引言

在上一章，我们探讨数字工具时提到了传统的人文工作环境，比如，私人书房、公共图书馆、档案馆、教室与会议空间等。从这个意义上讲，我们对数字工具的讨论可能会与空间和环境的讨论重叠。在数字时代，电脑的作用非常活跃，而且其角色具有多重性：首先它相当于我们用来书写和保存记录的便笺本和手写本。其次，它还是一扇通往广阔世界的窗口，通过互联网就可以达到，还可以通过由人文学者支配的大量数字程序来重建这个世界。因此，它更像是一个环境。文艺复兴时期学者的笔、书桌、书架、标本瓶罐等配件的功能在什么时候停止了作为工具的作用？又是到了什么时候它们变成了一种环境？我们在第五章中呈现的例子（见图7）阐述了在广阔的社会与知识背景下，学者个人的感受。其他工具何时也会变成这样的环境？20世纪法国最著名的建筑大师柯布西耶在他的建筑中贯彻了一句著名的宣言："房子是一台生活的机器"。[1] 在过去的一个世纪里，美国司机把汽车从一个简单的旅行工具、一个轮子上的机器，变成了一个建好的环境，变成了一个司机的个性表现、社会地位、物质成就的延伸以及个人空间感与安全感。美国人今天仍然生活在这个他们最熟悉、最珍视的环境中。

计算机及其相关的应用程序和网络，无论是局域的还是全球的，也可以看作工具和环境。随着3D成像和虚拟现实技术的运用，我们的工具也成了我们的环境，反之亦然。然而，随着网络设计的迅速发展，这种区别似乎正在消失，因为真正的桌面设备正在迅速地让位给便携式设备，如平板电脑、智能手机及云等网络设备。这些正扩展或复制人类的形态和行为。这一过程与文艺复兴时期人文主义者伊拉斯谟所经历的伟大的文学共和国有什么不同呢？[2]那个文本共同体利用印刷时代的工具，将那个时代的作品和个人形象投射到一个刚刚乐于接受新事物的欧洲，那里成千上万的人几乎完全是从他们的印刷生活中认识这些人文主义者的，比如，在霍尔拜因的官方肖像画中，圣杰罗姆生活在杂乱无章的手稿环境中，与之形成鲜明对比的是，伊拉斯谟希望自己是唯一拥有笔墨纸砚的人。再也没有其他的描述或重要的事了。从这个意义上说，在整个印刷时代，书籍一直是作者与读者交谈的唯一环境。作为唯一的、无实体的人类声音的代言人，数字技术做了什么来强化或削弱人文学者的意识？当人们读到"数字人文"或"数字人文学者"这两个词时，他们的脑海浮现的是桌案上伊拉斯谟的形象，还是台式电脑、平板电脑或软件程序的画面呢？

当前，数字环境仍在不断发展，包括创作、出版等相关数字技术，因此，这一发展空间也是无所不包的，从个人设备到机构和软件，再到网络空间。尽管有迹象表明，数字人文是一项高度技术化、复杂化与精细化的工作，但从事数字人文研究的工作环境通常是人们熟悉的、并无二致的个人计算环境：台式电脑、笔记本电脑、平板电脑、智能手机或其他移动设备，这些都经常用于从事研究和开展学术。然而，有些数字化的尝试，如虚拟现实，数据非常密集，确实需要更大规模的计算，这就涉及大型计算机和 UNIX 操作系统。在这方面，与中世纪学者和文艺复兴时期的早期人文学者相比，我们也许要考虑高度发展的科技工业社会带给我们的影响。中世纪时期，羊皮纸、墨水及装订的费用以及藏书的房费，只有富人或者与修道院、教堂、大学、宫殿等相关机构有联系的人才负担得起，除此以外，没人能有足够资源集成一个图书馆。同样，印刷业开始的早期，印刷的高成本（许多第一代欧洲出版机构很快就破产了）还涉及巨额资本支出及合作方的谨慎分配。社会历史和新唯物主义研究给我们的一个深刻教训：思想不再活在理想或抽象概念中。

社会各方力量与当下环境，包括技术力量，总在发挥作用，它们是思想传播的主要途径。

机构环境

互联网需要更为广阔的工作环境，人文研究所需的个人工作空间也非常必要，因此很多数字人文研究需要机构环境。与传统的人文工作一样，重点研究型大学一直处在前沿，无论是作为独立的学院或科研中心，还是在现存结构范围内如图书馆等，都有充分的环境资源。档案馆与博物馆也提供数字环境，尽管这些环境的主要任务是收藏。数字人文机构或科研中心的范围和提供的服务有很大不同。许多公司只是提供网络和主持会谈，也许还有研讨会。有些公司提供设备，尽管水平差别很大，从几台电脑和一台扫描仪到复杂的数字成像技术不等。有些科研中心主办、策划和保存学者们创建的项目，还有一些中心则为数字教学法提供支持，但对数字研究的支持却寥寥无几。此外，还有极少的机构提供学位或资格证明。有些科研中心还会提供一整套部署：设备支持、专业知识、软件开发、技能熟练的合作者以及项目托管或策展等。

基于校园的研究中心

以下列表概述了一些示范中心，这些研究中心为人文学者提供了对数字研究的重要支持。[3] 对它们的描述主要来自这些中心自己的网站，配有索引，并说明当前在各种环境下人们对数字人文的广泛思考。尽管有很多舆论微词，有些数字化研究中心已经倒闭，或被其他机构吞并，或者根本就没有真正起步，但这种数字环境一直在不断发展变化。

杨百翰大学

数字人文科技计划（http://dight.byu.edu）与数字人文科学办公室（ODH）合作，开设计算机技术在人文科学中的应用课程，并设有本科辅修课程。

布鲁克大学

数字人文中心（CDH, http://www.brockku.ca/humanuals/departments-and-centers/digitalhumanifests）是一个专注于交互技术和人文学科交叉的教学研究单位。包括多媒体教学实验室和研讨会议室、研发实验室在内的设施构成了"布鲁克的交互式艺术和科学"（IASC）计划和"游戏计划"（GAME program）。后者与计算机科学系和尼亚加拉学院合作。

布朗大学

虚拟人文实验室（http://www.brown.edu/Departments/Italian_Studies/vhl_new）为布朗大学意大利研究的跨学科项目提供了一个门户，并为中世纪晚期和人文主义文本的小型语料库编码与注释提供了一个平台。目前项目包括："十日谈网"（Decameron Web）、与博洛尼亚大学合作的"比科项目"（Pico Project）、"佛罗伦萨文艺复兴资源"（Florentine Renaissance Resources）和"罗马剧院"（Theatre That Was Rome）。

数字学术中心（http://library.brown.edu/cds）是大学图书馆的一个跨部门小组，通过建立基础设施、接口、工具和系统以及开发新的数字项目来支持布朗大学的数字学术。它致力于对开发工具和技术进行研究和实验，以支持该大学基础设施和项目，并助力人们更广泛地理解数字学术与交流。它也是数字学术领域的专业技能中心。

哥伦比亚大学

数字研究与学术中心（CDRS，http://cdrs.columbia.edu/cdrsmain)是一项图书馆倡议，为教职工、学生和工作人员提供数字资源库、数据管理系统、期刊托管服务以及会议和视频服务。

乔治·梅森大学

罗伊·罗森茨威格历史与新媒体中心（http://chnmgmu.edu）在新

媒体中制作历史作品，在课堂上测试这些产品的有效性，并批判性地反思新媒体在历史实践中的承诺和隐患。目前项目包括："创造 1989 年的历史"（Making the History of 1989）、"历史上的儿童和青年"（Children and Youth in History）及"流行浪漫项目"（Popular Romance Project）。

汉弥尔顿学院

数字人文倡议（DHI，http://www.dhinitiative.org）是一个合作实验室，旨在通过新媒体、计算技术和跨学科模型以及师生之间的协作方法来促进基于人文科学的教学、研究和学术。它资助教师发展研讨会、媒介素养计划、会议、座谈会、研讨会与研究员计划等。

哈佛大学

数字艺术与人文（DARTH，http://www.darthcrimson.org）是一项旨在利用哈佛学术技术集团的资源（包括在线协作工具、可视化和模拟等）为艺术和人文研究提供数字解决方案的倡议。哈佛地理分析中心（CGA）提供硬件、软件及数据访问，提供培训计划，开展研究项目咨询，开发用于开源专有地理信息系统（GIS systems）的工具和平台。

伦敦国王学院

数字人文科学系（原人文科学计算中心和数字研究部，http://www.kcl.ac.uk/artshums/depts/ddh）与电子研究中心（CeRch，http://www.kcl.ac.uk/innovation/groups/cerch）研究计算机应用于艺术和人文学术的诸多可能性，与区域、国家和国际研究合作伙伴共同设计和构建应用程序来促使这些可能性的实现，尤其致力于开发用于在线研究出版的应用程序。它提供三个硕士系列课程和一个数字人文方向的博士系列课程。目前正在开展的一些项目有"金属时代的大西洋欧洲"（Atlantic Europe in the Metal Ages）、"在线肖邦集注版"（Online Chopin Variorum Edition）以及"大不列颠与爱尔兰的罗马式雕塑资料库"（Corpus of Romanesque Sculpture in Britain and Ireland）。

麦克马斯特大学

谢尔曼数字学术中心（http://scds.ca/about-the-center）提供基于图书馆和研究人员资源共享的数字学术支持，包括信息技术（IT）基础设施；技术支持和咨询服务，如编程、数据管理和系统管理等；提供会议和工作空间；设立归档和存取计划等。该中心提供数字学术研究生奖学金以及为期两年的数字人文博士后奖学金。

密歇根州立大学

矩阵中心（Matrix）：数字人文社会科学中心（http://www.matrix.msu.edu）创建和维护在线资源，提供计算和教学新技术的培训，创建用于交流新教学技术的思想和专业知识的论坛。该中心为学生提供实习机会，目前项目包括："非洲在线数字图书馆"（African Online Digital Library, AODL）、"越南项目档案"（Vietnam Project Archive）和"拼布索引"[①]（Quilt Index）。

麻省理工学院

麻省理工学院的数字人文研究中心利用多媒体创作工具（Hyperstudio, http://hyperstudio.mit.edu）与人文及社会科学系的教师合作，开展用于教学、学习和研究的流媒体数字项目。它通过研发，实现项目的概念化，再到集成和评估。目前项目包括："法兰西喜剧院注册项目"（Comédie-Française Registers Project）、"阿拉伯口头史诗"（Arab Oral Epic）和"全球莎士比亚"（Global Shakespeare）。

---

　　① 拼布索引：拼布收藏信息搜索工具，由美国密歇根州立博物馆的五大湖拼布中心与人类艺术、文字和科学在线中心（MATRIX）、美国拼布联盟（Alliance for American Quilts）合作建立而成，收录来自多家博物馆、图书馆、档案馆的拼布藏品的数字图像。拼布是一种将纺织物拼接、缝补、贴饰并进行压线缝合的古老工艺。

西方学院

数字文科中心（https://www.oxy.edu/center-digital-liberarts）帮助教职工和学生将教学、学习、研究和学术工作与新兴技术和服务相结合，资助系列讲座，每年赞助梅隆数字学术研究所（Mellon Digital Scholarship Institute），支持新课程的研究与设计。该中心还为学生提供学术资源与研究策略咨询。

普林斯顿大学

普林斯顿数字人文中心（CDH, https://digitalhumanics.princeton.edu）促进先进的人文学术与跨学科和跨领域合作，并为数字人文项目提供支持，该中心设在学校图书馆。

斯坦福大学

人文科学计算机辅助研究中心（http://www.ccarh.org）致力于音乐及文本材料的大型数据库发展，供研究、教学及表演之用。目前项目包括："缪斯音乐数据"（Muse Data）、"主旋律"（Themefinder）及"欧洲历史日历"（Historic Calendars of Europe）。

空间与文本分析中心（CESTA, http://cesta.stanford.edu）主要是在各种研究方法、不同学科与系部之中利用数据与信息可视化来开展研究。它包括三个实验室，以及若干附属项目，提供数字人文学科的研究生毕业证书。目前项目包括："中国铁路工人"（Chinese Railroad Workers）和"诗歌媒体"（Poetic Media）。

文学实验室（http://litlab.stanford.edu）探讨、设计并致力于文学研究数字化及量化研究。目前项目包括："18 世纪文学市场中的标题分类"（Taxonomy of Titles in the 18th Century Literary Marketplace）、"小说影响力"（Loudness in the Novel）和"伦敦情感"（The Emotions of London）。

阿拉巴马大学

阿拉巴马大学数字人文中心（ADHC，http://www.lib.ua.edu/digitalhumantics）提供项目开发和数字研究方面的专家咨询，合作开发创新研究和教学项目并举办相关活动等。目前项目包括"'伸张正义'：来自斯科茨博罗男孩审判案的信件"（"To See Justice Done": Letters from the Scottsboro Boys Trials）、"美国南部和西部基督教音乐及其有影响力的来源（1700–1870）"（Southern and Western American Sacred Music and Influential Sources〔1700–1870)〕）和"莎士比亚在魁北克"（Shakespeare au/in Québec）。

英国伯明翰大学

文本学术与电子编辑学院（http://www.birmingham.ac.uk/research/activity/itsee/index.aspx）使用数字工具定位和查看原始材料，将其转录成电子形式，比较文本，分析变化模式并以电子方式发布文本。目前项目包括："希腊文新约"（Greek New Testament）、"保罗书信注释"（The Pauline Commentaries）和"西乃抄本项目"（The Codex Sinaiticus Project）等。

加利福尼亚大学洛杉矶分校

加利福尼亚大学洛杉矶分校数字人文中心（http://www.cdh.ucla.edu）与多方合作伙伴和分支机构合作，提供服务、指导、资源及计划。目前项目包括："句法分析器"①（ICEMorph）和"（再）收集网站"（Sites of [re]Collection）。

• 数字人文课程（http://www.cdh.ucla.edu/instruction.html）提供数

---

① 句法分析器：一种古冰岛语词形句法的分析仪。除了机器阅读语料库和词典之外，它还应用了一小组词形变化的原型将语料库单词映射到词典条目。允许专家用户通过在线过程修改和扩充数据。机器学习模块包含原型数据、编辑距离度量和专家反馈，以不断更新词性和形态句法分类。该分析仪的一个优点是它能够在最少的数据下获得精确的分类。

字人文学科相关的辅修与研究生课程。

- 实验技术中心（原文化虚拟现实实验室，http://etc.ucla.edu）促进具有合作性的跨学科的经验研究，在建筑、表演艺术、古典文学、考古学、外语研究和教育等不同学科中使用新技术。目前项目包括："罗马实验室"（Roman Lab）、"太阳岛"（Island of the Sun）、"亚历山大灯塔"（Lighthouse at Alexandria）、"卡纳克"（Karnak）、"萨卡拉"（Saqqara）、"柏林超媒体"（Hypermedia Berlin）和"库姆兰"（Qumran）等。

- 数字研究与教育研究所（IDRE，https://idre.ucla.edu）支持在计算思维研究和教育中使用高性能计算、数据可视化和数据分析。合作项目包括："超级城市"（Hypercities）和"加州大学洛杉矶分校埃及学百科全书"（UCLA Encyclopedia of Egyptology）等。

- 凯克数字和文化地图计划（http://www.cdh.ucla.edu/research/dhprojects/555.html），目前项目包括："陶寺文化和神圣景观"（Taosi and the Sacred Landscape）、"城市和泛洪：过去和现在"（Cities and Flooding: Past and Present）。

- 加州大学洛杉矶分校数字图书馆计划（DLP, http://digital2.library.ucla.edu）包括以下项目："楔形文字数字图书馆倡议"（Cuneiform Digital Library Initiative）、"米纳西安家族藏波斯语和阿拉伯语手稿集"（The Minasian Collection of Persian and Arabic Manuscripts）、"斯特拉赫维茨·弗龙特拉藏墨西哥人和墨西哥裔美国人录音集"（The Strachwitz Frontera Collection of Mexican and Mexican-American Recordings）和"圣加尔修道院计划和手稿"（The St. Gall Monastery Plan and Manuscripts）。[4]

英国格拉斯哥大学

人文高级技术与信息学院（HATII, http://www.hatii.arts.gla.ac.uk/index.html）提供人文计算的入门级、荣誉级及研究生级别的学术课程，支持合作研究项目，并管理自己负责的研究项目。目前项目包括："工人阶级婚姻史（1855—1976）"（A History of Working-Class Marriage, 1855–1976）、"苏格兰早期电影"（Early Cinema in Scotland）和"以苏格兰地名命名的圣徒纪念"（Commemorations of Saints in Scottish Place-Names）。

伊利诺伊大学香槟分校

人文、艺术和社会科学计算研究所（I-CHASS，http://chass.illinois.edu）提供人力和计算资源，并为人文、艺术和社会科学学者提供硬件、计算机应用程序、图形用户界面和门户，以及使用这些资源的教育培训机会。简单来讲，它提供了简易指导，也可以为更为复杂的项目创建新的应用程序，并对现有应用程序进行调整。

肯塔基大学

人文科学计算研究协作室（http://www.rch.uky.edu）为希望从事人文计算项目的大学教师提供物理和计算基础设施、技术支持和拨款申请援助。

马里兰大学

人文技术学院（http://www.mith.umd.edu）专注于为文化遗产收集、数据管理、数字保存、链接数据应用和数据发布进行文本和图像分析，创建开发新方法和工具的框架，用于数字资料的探索和可视化，并为保存和归档近当代文化遗产的数字文物创建工具。目前项目包括："美国的外国文学"（Foreign Literatures in America）、"雪莱－戈德温档案"（The Shelley-Godwin Archive）和"'哦你能看见吗'：华盛顿特区早期之法律与家庭项目"（"O Say Can You See"[①]: The Early Washington, D.C. Law and Family Project）。

---

① Oh Say Can You See：原指美国女歌手拉娜·德雷演唱的一首歌曲，这里指数字项目名称。该项目收集由奴役家庭在华盛顿哥伦比亚特区、马里兰州法院和美国最高法院巡回法院提起的自由诉讼案，并将这些内容进行数字化处理。

内布拉斯加大学林肯分校

人文数字研究中心（CDRH，http://cdrh.unl.edu）与内布拉斯加大学林肯分校图书馆的联合，旨在推进跨学科协作研究，提供研究咨询、项目指导及支持、资源获取（包括硬件、软件、员工和材料）、工作空间、项目与专业发展资金及职业化机会等。该中心拥有一个在夏季开放的数字学术孵化器，用于学生主导的数字研究与学术研究。目前项目包括："美西战争的古巴战场"[①]（Cuban Battlefields of the Spanish-Cuban American War），"刘易斯和克拉克探险杂志"（The Journal of the Lewis & Clark Expedition）和"薇拉·凯瑟档案"（The Willa Cather Archive）。

俄勒冈大学

数字学术中心（http://library.uoregon.edu/digitalscholarship）为使用数字工具与技术、获取或保存数字资料的教职工、学生项目提供支持。这些资料一般包括教职工和学生的收藏、特别项目收藏、大学档案馆及地方组织机构等提供的数字资料。目前项目包括："俄勒冈州彼特拉克开放图书项目"（Oregon Petrarch Open Book Project）和"我们是瓦哈卡[②]的面孔"（We Are the Face of Oaxaca）。

英国谢菲尔德大学

数字人文研究所（http://hridigital.shef.ac.uk）为艺术、人文和遗产研究提供研发服务。目前项目包括："约克郡的西多会[③]"（Cistercians in Yorkshire）、"伦敦生活"（London Lives）和"在线弗鲁瓦萨尔"（Online

---

① 美西战争的古巴战场：1898年美国为夺取西班牙在美洲和亚洲的殖民地古巴、波多黎各和菲律宾而发动的一场帝国主义战争。古巴是美西战争中的一个重要战场，美国战胜后，古巴成为其"保护国"。

② 哈瓦卡：墨西哥南部的一个州。

③ 西多会（Cistercians）：天主教隐修院修会之一。

Froissart）[①]。

维多利亚大学，加拿大不列颠省

人文计算与媒体中心（HCMC，http://hcmc.uvic.ca）协助或配合拨款申请、项目规划和管理（咨询、工作站和其他资源）、软件开发以及数据准备与开发等。目前项目包括："麦克卢尔建筑图纸"（Maclure Architectural Drawings），"罗伯特·格雷夫斯日记"（The Diary of Robert Graves）和"17世纪法国婚姻"（Seventeenth-Century French Marriages）。

弗吉尼亚大学

人文科学高级技术研究所（IATH，http://www.iath.virginia.edu）为研究人员提供咨询、技术支持、应用程序开发和网络出版设施。目前项目包括："列奥纳多·达·芬奇和他的绘画专著"（Leonardo Da Vinci and His Treatise on Painting）、"丝绸之路：观音的传播之路"（Silk Road: The Path of Transmission of Avalokitesvara）和"虚拟威廉斯堡"（Virtual Williamsburg）。

学者实验室（http://www.scholarslab.org）为各学科的高年级学生和研究人员提供数字项目合作、专家咨询以及数字人文和地理空间信息教学。

弗吉尼亚数字历史中心（VCDH，http://www.vcdh.virginia.edu）提供数字出版、设计与开发数字历史创新技术的经验及专业知识。目前项目包括："暗影之谷"（The Valley of the Shadow）、"虚拟詹姆斯敦"（Virtual Jamestown）和"多莉·麦迪逊项目"（The Dolley Madison Project）。

---

① 在线弗鲁瓦萨尔：一个强大和可持续的平台，提供弗鲁瓦萨尔（Jean Froissart）《编年史》（Chroniques）的电子文本、注释、与这些转录本的相关辅助材料，以及一些原始手稿的数字复制品。

西弗吉尼亚大学

文学计算中心（CLC，http://literarycomputing.wvu.edu）为人文学术的创新提供咨询、推广与支持，为研究生和本科生提供实践经验。目前项目包括："计算文献"（Computing Literature）、"创造性阅读播客"（Creative Reading Podcasts）和"电子图书评论"（Electronic Book Review）。

耶鲁大学

统计实验室（http://statlab.stat.yale.edu）对数据管理、统计软件、定量方法、数据和地理空间资源以及新兴技术研究所作的定量分析和咨询提供支持，以支持跨学科学术。它与图书馆合作提供技术、教室和计算机设施。

协作中心

下列名单包括数字人文学科的伞式组织，它可以为小型中心提供网络支持。

数字人文组织联盟（ADHO，http://www.digitalhumanuals.org）代表数字人文的组织。建立 ADHO 的尝试始于 2002 年的文学与语言学计算协会/计算机与人文科学协会（ALLC/ACH）。活动包括出版计划、年度会议监督和人文计算模型演示。作为具有国际定位的联盟，它包括六个国际组织：

- 欧洲数字人文协会（http://eadh.org）
- 计算机与人文科学协会（http://ach.org）
- 加拿大数字人文学会（http://csdh-schn.org）
- 中心网（http://digitalhumanities.org/centernet）
- 澳大拉西亚数字人文协会（http://aa-dh.org）
- 日本数字人文协会（http://www.jadh.org）

美国历史与计算机协会（http://www.theaahc.org）致力于探索历史与技术在教学中的交集，研究和再现历史。《历史与计算协会期刊》出版于1998—2010年，存档于 http://qod.lib.umich.edu/j/jahc。

计算机与人文科学协会（ACH, http://www.ach.org）是一个国际性专业组织，致力于文学和语言研究、历史、哲学和其他人文学科的计算机辅助研究，涉及数字技术和人文方法之间的关系。

互联网研究者协会（AOIR, http://aoir.org）是一个致力于推动跨学科互联网研究的学术协会。

加拿大数字人文学会（CSDH-SCHN, http://csdhschn.org），前身是人文科学计算机协会，是一个由加拿大各学院和大学的代表组成的协会，旨在聚集从事数字和计算机辅助研究、教学和创作的人文学者，为出版、展示与合作等提供机会。

网络信息联盟（CNI, http://www.cni.org）是一个由约220个组织组成的联盟，致力于支持数字信息技术的变革前景，促进学术交流及提高智力效率。

欧洲数字人文协会（EADH, http://eadh.org），其前身为文学与语言学计算协会（ALLC），汇集并代表了欧洲的数字人文学科，涵盖了研究、开发和应用数字人文学科方法和技术的所有学科。

人文艺术科技高级合作实验室（HASTAC, http://www.hastac.org）是一个由个体组成联盟，分享有关技术创新及其对教学法与研究影响的相关信息与资料。

文本编码倡议联盟（TEI, http://www.tei-c.org）是一个国际组织，其任务是开发与维护以数字形式进行文本展示的标准。

基金支持环境

数字人文最初发展的20年见证了美好的期望前景、稳健的实验阶段以及各机构的合作参与。然而，在这20年的后期，历经数字化转型的初始项目或小组几乎无一幸存。进入20世纪90年代及新世纪，人文科学本身面临来自各方的压力，可持续发展日渐成为任何数字项目优先考虑的首要问题。

研究人员提出了可持续发展的各种模式和定义，并对其可行性进行测试和证明，从购买和订阅模型到开放获取计划，包括从作者支付到机构支付、基金会支付再到最终读者支付。[5]无论融资模式如何组合，都有两个重要因素浮出水面。首先，如果没有一个明确的可持续发展模式，考虑到硬件、软件和人员的经常性支出，任何数字项目都无法启动。第二，一旦模式确定，就必须对其进行维护。在一些机构和基金支持中，这种情况尤为如此，最坚定、最高调的支持经常会承诺几年内启动和维护一个项目。然而，一旦资金耗尽或资金机构转移优先次序，项目本身、其负责人、工作人员和用户往往遭到无法弥补的损害。

对于大学而言，该问题变得更加紧迫。大学迫于作为主办机构的压力，如聘用、终身教职授予及晋升（HTP）、研究资助和声望等，他们可能会按计划启动一个项目，但也会设定绩效预期，然后最终更新或拒绝资助。同时，大学内部的竞争实体，比如教师、图书馆、大学出版社与行政部门，承担着制订和保障长期可持续发展计划的各种责任；[6]然而，多年来，这些部门之间的协调互动不多，导致了很多大学资助项目的失败。

有些人文学术团体为推动数字研究与出版提供了重要的名声与财力资源，比如美国人类学学会（AAA）、美国历史学会（AHA），美国大学艺术学会（CAA）和美国现代语言学会（MLA）[7]等主要专业机构。许多较小的人文社团既没有资源，也没有内部专业知识来启动标志性的数字项目，比如发布期刊的电子版、改进网站、提供会员服务功能及数字专著等。在过去的15年里，大学出版社和其他学术出版社一直在尝试各种形式的数字出版，结果喜忧参半。我们将在第十章更详细地讨论它们的作用。

实际上，对数字研究和学术提供的资助仍停留在机构或大学层面。除此之外，对数字人文科学的指定资助机会少得可怜。然而，随着数字研究的常态化，除非旨在设计新的数字工具，一般人文基金大多用于数字人文科学的研究项目。有些专门致力于个人和协作团队的数字基金包括：

阿尔弗雷德·斯隆基金会（Alfred P. Sloan Foundation）的数字信息技术奖助金（Digital Information Technology Grants, http://www.sloan.org/major-program-areas/digital-information-technology），它们为数据和计算研究、学术交流和知识获取提供资金支持。

美国学术团体协会（American Council of Learned Societies）的数字创新奖学金（ACLS Digital Innovation Fellowships, https://www.acls.org/programs/digital) 支持人文科学和相关社会科学中所有学科的数字化研究项目。

安德鲁·W. 梅隆基金会（Andrew W. Mellon Foundation）的学术交流及信息技术奖学金（Scholarly Communications and Information Technology Grants, http://www.mellon.org/grant_programs/programs/scit）重点支持可持续工具的开发、学术组织和网络，以及支持原创资源、解释性学术与其他学术和艺术资料的专业人士。基金的申请一般由基金会提出，也受理来信咨询。

美国国家人文学科基金会（National Endowment for the Humanities, NEH）的两个数字人文学科项目。然而，截至 2014 年 6 月，其预算中只有 3.7% 专门用于数字人文研究。[8]

- 数字人文创业奖助金（http://www.neh.gov/grants/odh/digitalhumantics-start-grants）是一笔小额基金，用以支持有利于人文科学发展的创新项目的规划阶段。
- 数字人文学科高级课题研究所（http://www.neh.gov/grants/odh/institutes-advanced-topics-in-the-digitalhumanuals）为学者和高年级研究生提供国家或地区（州）的培训项目，以拓宽他们的数字人文知识。

全球环境

在大学和大学图书馆之外，数字人文世界不仅继续存在而且蓬勃发展。数字人文学者使用的大多数工具都是在大学之外创建的（见第五章和附录 1）。虽然人文学者有自己的社交媒体网站，比如像 Academia. edu 网站，但他们通常依赖于较为流行的社交网站，比如 Facebook、YouTube、Vime 和 Google 等内容社区，以及 Twitter 和 Tumblr 等博客和微博。人文学者还参与由图书馆和博物馆主办的在线协作项目，以及维基百科和维基媒体等独立项目。

网络是参与所有项目的基础，参与者也不局限于与学术机构有联系的人员。在线出版为读者与评论家开放了人文学者的作品。随着内容创作者和受众、制作人和用户之间的界限在互联网上趋于一致，对于学术考量的制约以及聘用、终身教职授予及晋升（HTP）等，相较于思想与信息的交流而言，变得不再那么重要了。

在这种新的环境下，数字化可能会使许多人文研究从大学及其森严的学科壁垒中解放出来，比如从大学的聘用、终身教职授予及晋升（HTP）或者狭隘的专业领域中解放出来。人文学科重新回归意大利诗人彼特拉克和薄伽丘时代的颠覆性角色，会不会是件好事？人文主义者与大众知识分子之间的平衡会不会是一个自然的等式？人文学科是否已经准备好脱离 19 世纪的德国大学模式，不再是一系列学科模式，而是再次成为一种方法论与态度，通过对过去的深刻了解来处理现实问题？数字化是否为新人文学者提供了必要的访问路径、研究工具及出版机会，从而使得大学的设置不再必要？再或者，数字人文仅仅作为一个更为封闭的学术领域，仅与内部成员对话吗？

第七章 出版：预发行、发行及发行之外

数字出版物即将发布时，随之而来的问题是什么？这些出版物如何影响读者的接受度和使用？数字项目在出版前和出版后，同行评审有哪些机制？其他学者如何使用数字项目？评估数字学术的各种标准是什么？数字项目重要吗，为何重要，又对谁重要？数字项目是否必须具有可扩展性与可复制性？它们是否应该与其他学术研究彼此协作？一个数字项目如何通过团体使用的数字工具，如论坛、博客、维基、列表服务器等与人文团体相关联？

在过去的五百年里，出版物的含义和形式已经发生了巨大的变化，而且这种变化将一直持续。彼特拉克首次有意识地试图定义新人文主义运动，伊拉斯谟充分利用了印刷机的新技术。在这二者大相径庭的前后两百年里，多数人文学者选择以某些特定形式出版作品。这些形式包括信件，比较经典的是西塞罗的例子：学者间传送的信息既是私人的，也是公开的；这些形式还包括从修道院和王室图书馆的手稿中挑选的古典文本版本，如世俗与宗教文本；还有关于教育与礼仪、武器或建筑在内的论文。基于古典形式的伟大历史著作对文艺复兴时期的史学，如编年史、事件记录等，采用了新的主题和解释性表述。那时，伊拉斯谟、托马斯·莫尔等文艺复兴时期的人文主义者都在为阅读印刷品的读者进行创作，他们扩充了这些著作的形式，涵盖了对话、讽刺与随笔等更受欢迎的形式。对于伊拉斯谟和蒙田这样的作家，文章成了政治、宗教与哲

学思想的主要媒介之一。而诗歌，无论是爱情诗、史诗，还是戏剧，都是众所周知的体裁。这些作品尽可能贴近古代模式，或者使用古典作家的方法来创造新的写作风格。

随着文艺复兴让位给早期的现代科学革命，各种科学著作也成为人文主义研究的主要部分，尤其是在自然科学的很多基本模式与内容都依赖古典文本的时代。科学论文与参考文献构成了 19 世纪人文主义研究的重要组成部分。19 世纪，学者们开启了对民族起源与叙事的探索，对更"科学"的写作形式给予新的重视：科学性的历史著作取代了各类文章，从浩瀚的国家档案到以多系列出版的叙事和文学的一手资料的评述版本中便可一见端倪。从此，在物理学、哲学及历史学等方面，学者们不再使用古典风格的信件进行交流，而是通过"科学"论文。这些论文首先由其他学者检阅。不是在受柏拉图思想影响的 15 世纪和 16 世纪的学术讨论会与机构中，而是在这些论文可能会引起激烈争论的更正式的会议上。关于事实和解释的辩证法与 19 世纪众多思想中的斗争意识十分一致。以下将更详细地讨论，对于由科学与竞争主宰的全球一体化的新世界来说，传统的书信、随笔与叙述形式不再被认为是足够科学的——或属于男性的。会议论文、期刊文章以及多年研究而形成的专著占据了主导地位，并将成为 20 世纪研究型大学学术交流的典范。有时，为了非正式地开辟一个讨论领域，寻求建议或共识、私下批评或回应，以及出版正式出版物，学者与研究人员都会继续保留笔记或书信。

档案

多数人文主义学者仍然认为，多数新的、有价值的研究都是从档案开始的，比如，诗人的信件、未出版的材料及城邦的政府记录等。在数字技术环境下，有了真正的档案馆，可以将日积月累的文件以近乎完整的数字化版本保存。图书馆已经率先提供了存储与访问设备。考古学家已经开始存档数字数据。例如，名为"开放环境"（Open Context）[1] 的平台可以审查、编辑和发布考古研究数据，并将这些数据与大学支持的数据库一起存档。还有个例子是"中世纪意大利拉丁语档案"（Archivio della Latinità Italiana del Medioevo，ALIM）[2]项目。该项目对中世纪那不勒斯和坎帕尼亚历史的几个档案进行了数字化，可以提供近乎完整的数字版本的档案。很多原始档案材料在"二战"中被毁，数字化进程可以迅速地涵盖所有丢失的印刷资料的收藏。由于历史原因，这些现存副本在马赛或巴塞罗那等地的档案馆的数字化工作仍在继续。

更常见的是表现型档案，即研究人员筛选的数字文献集合，这比附在印刷专著后面的十到二十几个文献更能让读者对过去的资料有更深刻的了解。"暗影之谷"（The Valley of the Shadow）[3]就是一个很好的案例。该档案提供了大量的信件、日记、报纸、演讲、人口普查和南北战争时期的教堂记录等。这些记录来自弗吉尼亚州和宾夕法尼亚州的两个位置相邻但彼此对立的郊县。这是在创始人爱德华·艾尔斯指导下由一个团队完成的。但很少有数字档案能与原始文献档案的完整性相媲美。例如，美国内战档案的数字化任务异常艰巨，需要权威的机构合作和可持续发展计划。与此同时，"暗影之谷"提供的档案尽管具有主观性，仍能让读者感受到历史记录的浩瀚，以及从大量档案资料中得出的研究议程和研究结果的多维性。

数字档案项目通常是合作项目，提供了分享信息以及建立学者与公众联系的新途径。这些项目有可能重振传统的人文主义模式，即学者们以印刷专著的形式提供装订整齐的"档案报告"。例如，牛津大学（University of Oxford）汇集了"'一战'档案"（Great War Archive）[4]，包含公众捐赠的6500多件物品，每件物品来源于人们在英国或国外的与"一战"有关的经历。

就合作和广阔领域而言，最令人印象深刻的尝试是"美第奇档案项目"（Medici Archive Project, MAP）[5]。该项目会集了从事单一档案工作的学者。这个档案包括四百多万封信件，共6429卷，占据了一英里（约1.61千米）长的书架空间，涵盖了1537年至1743年的信件，记录反映了现代早期托斯卡纳和欧洲的政治、外交、美食、经济、艺术、科学、军事与医学文化。截至2011年8月，文献来源数据库（Documentary

Sources database）包含了 2.1 万多封信件、1.5 万份传记条目与 8 万个地理和地形标记；数据库的在线版本平均每月点击量达 2 万次。

在此基础上，该项目重新调整了优先次序，鼓励以书籍与论文形式进行原创性的个人研究，同时建立了一个可获取的档案库，让世界各地的学者可以在这里查看档案文献的数字化图像、输入文本，并提供反馈与交换意见等。起初，并没有建立可行的合作模式。个别学者专注于自己的研究议程并记录相关文件，结果生成的数字档案并不稳定。随着项目、管理和技术的成熟，美第奇档案（Medici Archive）已经形成了一个具有明确任务和临时目标可行的严格协作模式。在其成立后的十年里，研究生、大学教授、博物馆馆长与独立研究人员定期访问佛罗伦萨国家档案馆的"美第奇档案项目"（MAP）工作区，获取未出版的文献资料或寻求与其学术活动相关的档案研究计划的帮助。同时，受益于美国国家人文学科基金会（National Endowment for the Humanities, NEH）基金计划和其他同类资助，在档案学和古文书学研究方面经验丰富的研究人员辈出，他们一直致力于用美第奇资源中收集的新素材填充"美第奇档案项目"的数据库。最初人们只能在现场访问，这一庞大的转录和文字化的数据库于 2006 年 4 月在网上免费发布。在安德鲁·W. 梅隆基金（Andrew W. Mellon Foundation）的资助下，"美第奇档案项目"已更新平台，全世界的研究人员都能在线访问。

一些经验丰富的研究人员既熟悉档案，又能从数字资料中构建有意义的解释，研究成果是令人吃惊的。这里将详细讨论一个案例。"威尼斯的统治者，1332—1524：解释、方法、数据库"[6]在威尼斯历史学中提出了长期困扰人们的问题：威尼斯殖民统治阶层从 14 世纪迅速崛起并持续到 16 世纪的原因是什么？传统的共识来自于研究者个人不懈的努力，他们在威尼斯的档案中，用标准的历史方法的表现形式，逐行逐卷地选择突出的细节，选择一个独立的个体，跟随其职业生涯、家庭与社会关系状况、职位、住址变动、荣誉、任命及选举产生的公职，然后发表研究成果，并与其他期刊和专著上发表的专业研究进行学术对话，得出具有可行性的假设。长期以来，人们达成的共识是，威尼斯统治阶层的迅速崛起可以归因于 14 世纪的刺激计划。该项刺激计划是停滞不前的政府官僚机构为应对经济萧条、瘟疫、政治及军事危机而制订的。

这个问题只是国际合作研究团队提出的诸多问题之一，该团队包括美国和欧洲的资深和初级学者、档案工作者、美国学术团体协会（American Council of Learned Societies）及其人文科学电子图书（Humanities E-Book）、德尔马斯基金会（Delmas Foundation）、梅隆基金会（Mellon Foundation）、密歇根大学图书馆（University of Michigan Libraries）、美国文艺复兴学会（Renaissance Society of America）和威尼斯国家档案馆（Archivio di Stato of Venice）。该团队首先确定解决该问题的所有档案来源，或印刷品或手稿，然后熟练地将文件转录到数据库中，并对原始文件进行数字化处理，创建从转录文本到原始档案材料的数字复制品的链接，以供其他学者验证阅读，并复制研究成果和结论。该数据库的核心是一个强大的搜索引擎，可以识别威尼斯的地中海帝国范围内关于个人、家庭、办公署及邮政的信息。

该项工作的第一个版本于 2009 年完成，在单一的交叉搜索的数据库中有 6 万多条档案记录。在数据库完成后的几周内，该团队就有了推翻既有档案研究的证据。数十、数百和数千个例子可以追溯到每个已知的威尼斯贵族的职业生涯，首席研究员本杰明·科尔和他的同事莫妮克·奥康奈尔、安德烈·莫扎托和及劳迪娅·萨尔米尼验证了一个简单却重要的初步结论：威尼斯统治阶层的迅速崛起是福利国家衰败的标志，这并不是公共刺激计划的结果，而是对在扩张、发展而又经常充满危险的威尼斯殖民帝国任职这一真实而又紧迫的需求的直接回应。在经历巨大变革、挑战及机遇并存的时代，政府的发展不是为了满足福利计划，而是为了服务于威尼斯人民。因此，威尼斯不负盛名地载入史册：一个由理性、法律及正义统治的国家的典范。

人们很容易被数字化吸引，并过分夸大其对当前研究方法和学术共识的影响，目睹"各种模式"正在转变、被打乱及改革，新事物无处不在。尽管如此，"威尼斯的统治者"（The Rulers of Venice）项目已经清楚地展示了数字技术在回答传统研究问题上的有效性。此外，数字技术还展示了人文研究合作的明显优势，然而这一优势尚未在学术界得到广泛认可。此外，数字化工作，像许多其他工作一样，独立于任何学者、团队、研究议程或信息技术部门，并且对所有人开放，并在制度层面受到托管和维系。数字技术包括解释性文章、交互式地图、档案资料图像和文字记录。尽管这项工作及其成果具有开创性，却从未经过审查。这也是数字人文学科研究的主要问题之一。

然而，在新的电子档案中有数万件物品，其数字化只强调其代表性：首先是对现有复制文本记录的数字化；其次是对这些记录的主观选择，由单个学者或团队选择对研究、教育学或分析工作有作用的记录。然而，只要资源和资金充足，有朝一日所有的复制文本档案都可以数字化。在这一点上，这些档案将从代表性档案转为真正的档案。除了技术之外的因素，最终决定数字化何种档案的是其他更重要的因素：资金、可持续性、研究人员的专业性以及公众对数字化资料的反应。在这方面，人文主义学者可能需要再次发挥他们在 14 世纪、15 世纪时的作用：发起运动，以确定及改变被忽视或未知的手稿，使之成为新版本。

同样，我们仍必须面对这样一个问题：任何文本或文献能在多大程度上反映其隐含的历史现实。这样一来，人文主义学者对文本的传统态度开始转变。学者个人不再与历史作家交谈，例如，彼特拉克与西塞罗的对话，由此产生的话语也不再依附于个人的分析和判断：文艺复兴时期把过去比喻为空间中的单一视角的说法不再成立。文本来源和受众的多极性可通过数字棱镜折射出来。

参考文献

词典及百科全书自古以来就是西方传统的一部分。老普林尼 [①]、塞

---

① 老普林尼：全名盖乌斯·普林尼·塞孔杜斯（Gaius Plinius Secundus，公元23—79年），常称为老普林尼（Pliny the Elder），古代罗马的百科全书式的作家，以《自然史》一书著称。

维利亚的伊西多尔、博韦的文森特[①]和丹尼斯·狄德罗都试图在装订好的书籍中添加有用知识的描述。现如今，大量的数字参考文献更接近特定的学科，很少能做到包罗万象。这些百科全书式的项目通常是协作式地覆盖整个领域。例如，两大哲学著作:《斯坦福大学哲学百科全书》(The Stanford Encyclopedia of Philosophy, SEP)[7]及由田纳西大学马丁分校主办的《互联网哲学百科全书》(The Internet Encyclopedia of Philosophy)[8]。这些是由公认的专家合作、经同行评审的署名文集；每个文集都有编委会，并在完全可搜索的档案中展示所能找到的最新近的研究成果。

　　还有许多非学术的数字参考文献，例如，弗农山庄妇女协会(The Mount Vernon Ladies Association)在线出版的《乔治·华盛顿数字百科全书》(The Digital Encyclopedia of George Washington)。[9]这是一本关于华盛顿生平的内容详尽的参考文献，60多名投稿人组成的团队提供了大约400条文献，其中三分之一的人拥有博士学位，不到三分之一的人从事高等教育教学。最著名、使用量最大的数字百科全书是维基百科[10]，具有开放性、协作性和百科性，涉猎一切领域。尽管维基百科有诸多优点，[11]许多专业人士仍对其准确性和客观性产生怀疑。这些批评多是基于老一套人文主义形式偏好和特定领域某作者的假设、同行评审的必要性，以及在新授权版本到来之前对旧文本永恒性的期望。

　　尽管如此，这种类型的数字参考文献仍有广泛的受众，通常在数字环境下被研究、收集和书写，以数字方式出版。它们的内部审查也以数字方式进行。例如，《斯坦福大学哲学百科全书》(SEP)为作者和主编提供了受密码保护的网络界面，方便主题发布、调试、提交、引用及审阅、编辑及更新、接受及拒绝文章、比较修订、发布和交叉引用文章，并提供引文信息及跟踪读者群。

　　然而，由于这些作品不被视为原创研究，即便可能包括原创研究，也很少受到同行评审，因此在聘用、终身教职授予及晋升（HTP）时也

---

　　① 博韦的文森特（Vincent of Beauvais，约1190—1264）：撰写了中世纪主要的百科全书《巨镜》(*Speculum Majus*)。

不被认可。相反，因为得不到认可，这样的作品也不会受到同行评审。有人认为，由于没有创新性，尽管由受过训练的学者们创作，这些著作仍算不上学术研究。

在线书目

另一类参考出版物是在线书目，几乎所有学科都有参考书目及参考书目的参考书目。然而，构建书目，尤其是注释书目，作为 20 世纪七八十年代的一项重要学术工作，如今俨然失去了学术价值。然而，不足为奇的是，在线书目是非常宝贵的资源，牛津大学出版社 [12] 等出版机构在这一领域投资巨大。这些书目以订阅为基础，由学者和图书馆员合作完成。作为注释书目和高级百科全书之间的交叉，这些参考文献的条目不断添加和更新。盖蒂研究所（Getty Research Institute）[13] 免费提供 1975 年至 2007 年期间在《艺术史书目》（Bibliography of the History of Art, BHA）及《艺术文献国际目录》（Répertoire international de la littérature de l'art, RILA）中出版的资料，《国际艺术书目》（International Bibliography of Art, IBA）[14] 则对 2007 年以后的资料收费。

单个的书目也可以在网上获取，这些书目通常是在网站建设的早期推出的，有时还汇集到了书目集合中，不幸的是，许多书目在过去的 5 到 10 年中不再更新。从某个时间点上而言，在中世纪研究中，《互联网历史资料书》（Internet History Sourcebook）[15] 及《中世纪研究的在线参考书》（Online Reference Book for Medieval Studies）[16] 都是有用资源。不足为奇的是，书目更新工作异常繁杂，大多数在线书目都不得不收费或停止更新。

同样，致力于编辑在线书目的学者——即便是那些需要经年累月地工作和不断研究才能完成的项目——也没能获得聘用、终身教职授予及晋升（HTP）的学术信誉。尽管如此，学术和其他组织的在线出版工作仍未停歇。例如，新奥尔良历史收藏馆（Historic New Orleans Collection）和历史文本档案馆（Historical Text Archive）都在线上出版了从烹饪史到伏都教的书目。[17]还有具有里程碑意义的在线聚合，比如联机计算机图书馆中心（Online Computer Library Center, OCLC）的联合目录（WorldCat）[18]，允许用户搜索和浏览任何话题，从成员馆中查找标题，并围绕特定领域或研究议程来编辑开放获取的在线书目。

版本和翻译

希腊语和拉丁语文本的编辑，以及将希腊语作品翻译成拉丁语再到地方语言是早期人文学者的基本任务。这项工作一度在学术界受到高度重视。从17世纪到20世纪的大量成果享负盛名。《圣徒行传》（*Acta Sanctorum*）、《日耳曼历史文献》（*Monumenta Germaniae Historica*）、"卷轴丛书"（Roll Series）及"本杰明·富兰克林作品文集"（Papers of Benjamin Franklin）都对人文主义学术产生了根本性的影响。"洛布古典丛书"（Loeb Classical Library）、"哈珀火炬丛书"（Harper Torchbooks）、"企鹅经典"（Penguin Classics）或"哥伦比亚文明纪录"（Columbia Records of Civilization）等系列翻译作品也同样如此。然而，在20世纪末，在新理论的冲击和就业市场的压力下，批判性版本和翻译成为一种必须回避的形式，在大多数机构中，只有解释性专著在聘用、终身教职授予及晋升（HTP）时才可能得到认可。

到了21世纪初，学者们通常必须依赖旧版本和译本，期待着根据现行惯例可能问世的新版本和译本。然而，那时用于编写版本、在线词典及其他资源的数字工具已使新的在线版本和翻译数量显著增加，主要集中在音乐学、文学研究、艺术史及宗教等领域。在线版本和翻译拓宽了读者群，这些都是从前印刷量很少、只在专业图书馆中提供的作品。

例如，七十士新英译本和其他同名的希腊文译本（New English Translation of the Septuagint and the Other Greek Translations Traditionally Included under that Title）[19]是一个希腊犹太圣经的翻译。国际七十士译本和同源性研究组织（International Organization for Septuagint and

Cognate Studies)^① 资助了由七十士译本的研究专家承担的翻译工作。译者可以通过在线翻译指南得到指导，每次提交的材料在出版前都经过仔细审查。该译本最初由牛津大学出版社出版，即使是这样一部带有印刷成分的作品，似乎也只有一本评论杂志（《福音神学学会杂志》[*Journal of the Evangelical Theology Society*]）。与此同时，马里兰大学在名为"浪漫圈"^②（Romantic Circles）[20] 的网站上发表了一系列学术版本。该网站强调"每个版本都以最高学术标准为基础，并需经过同行评审"。这些在线版本的评论非常罕见，只有在线评论杂志《十九世纪评论》（*Review 19*）[21] 上的一篇。

更有前景的项目之一是数字拉丁图书馆（Digital Latin Library, DLL）[22]。该项目将人文学者的传统文献学观点与数字化尝试结合，启动古典和后拉丁语文本的在线编辑及传播。数字拉丁图书馆是古典研究学会（Society for Classical Studies，前身为美国文献学协会 [American Philological Association]）、美国中世纪研究院（Medieval Academy of America）与美国文艺复兴学会（Renaissance Society of America）之间的合作项目。与传统的公共研究图书馆类似，该数字图书馆包括目录、各种文本及参考文献的集合，以及用于个人或团体的工作区域。与传统的学术图书馆不同的是，该图书馆还提供各种工具，促进创建和出版开放获取的原生数字评述版本以及其他充分利用强大技术的学术及教学资源。数字拉丁图书馆并不依赖旧有的数字化文本，不管来源或质量如何，都力争出版遵循新文本编辑标准的作品。据估计，这将产生新的版本以及由熟练掌握数字编辑和实践工作的文本编辑组成的新学术团体。

这些创新并不能抹杀旧有问题。新版本可能会被审查，也可能不会，这取决于介绍、注释及其他工具使用的领域。无论多么学术化的翻

---

① 国际七十士译本和同源性研究组织：一个非营利性的学术性社团，旨在促进对分词和相关文本的国际研究。七十士译本（Septuagint）是新约时代通行的旧约希腊文译本。"同源研究"是指研究七十士译本与所谓的启示录和伪经文学的古代译本。

② "浪漫圈"：一个专门研究浪漫主义时期文学和文化的学术网站。

译都很少在学术期刊上得到评论。与百科全书的情况相似，在学术界，编辑、翻译等工作，尤其是没有得到权威学术期刊评论的出版物，在授予聘用、终身教职授予及晋升（HTP）时很少得到认可。

汇编 / 文集

数字汇编通常包含前面讨论的所有名目。我们熟悉马克·吐温或查尔斯·狄更斯全集这样的出版系列，在数字领域突破了书籍版本的束缚。虽然这些不包括新的研究，但往往是通过介绍性概述、注释及参考书目来让读者了解；这些文集对其他学者来说并不都是必要的，但确实为教学提供了重要资源，尽管很少得到专业期刊的评论，也很少作为学术文献被引用。

弗吉尼亚大学的"罗塞蒂档案"（Rossetti Archive）[23] 由杰罗姆·麦甘策划，以前拉斐尔派画家及诗人但丁·加布里埃尔·罗塞蒂为例，该档案允许查阅所有关于他的视觉和文本作品。该档案还收藏了被出版商称之为姐妹卷的一个大型背景资料库，主要关于罗塞蒂的一生，有些可以追溯到罗塞蒂所译的意大利语文本的 14 世纪来源。"普林斯顿但丁项目"（Princeton Dante Project）[24] 收藏了但丁所有作品的全文、讲座文本、地图、阅读音频文件以及二次创作全文的链接。该项目还和大约 10 个其他关于但丁的网站建立了链接。通常，当这些网站专注于某一个学者的长期职业生涯时，会陷入停滞和被忽视的境地：书目跟不上当前的研究趋势，链接被破坏，最糟糕的是，主办机构无法维护这些网站。这些数字汇编中最好的是能够持续更新的协作项目。

珀耳修斯数字图书馆（Perseus Digital Library）[25] 专注于古希腊、古罗马世界，是一个数字汇编典范。该馆探索如何将一个领域中的资料集合从离散单元，如书籍或文章，聚合成一个单一的互联平台，最后转变为数字图书馆的一部分。珀耳修斯数字图书馆是数字人文学科最成功的案例之一。该领域的人都知道而且几乎都在使用该图书馆。不管为这项有着 30 年历史的庞大事业奉献的先驱们是否获得了与该成就相称的学术认可，但在 30 年前出版的多数专著被取消使用或被遗忘后，该网站仍在继续运作。

学术文章

学术文章是当今数字领域最具争议的形式。最初源于早期的现代人文主义随笔，在利奥波德·冯·兰克的科学史影响下，学术文章呈现出的僵化状态并延续至今。从事可能需要数年或数十年才能完成的研究，学者需要认真地翻阅大量的书面档案、画家及雕刻家的作品、纸莎草 [①]或楔形文字的收藏、考古发掘的报告、作曲家的作品，用理论框架来检验证据，并大量引用二次创作，与当前学术界共鸣，从而精心生成关于当前研究成果的"档案报告"。发表前，作者首先向学术会议提交基本论文及证据，以获得评论和学术认可。然后会向学术期刊提交提案，该期刊编辑首先阅读这篇文章的原创性贡献、学术标准及对期刊的适用性。然后，如果期刊编辑认为这篇文章值得考虑，会把它交给熟悉该论文所涉专业领域现状的编辑。如果编辑也认为该文章有发表价值，该期刊会联系业内的评审专家。

同行评审的方式有几种："双盲评审"，即作者不知道审稿专家的身份，反之亦然；"单盲评审或审稿专家盲审"，即作者不知道审稿专家的姓名，但审稿专家知道提交作者；或者双向开放或双开审查，双方身份彼此都很清楚。盲审程度越高，评审流程及期刊的声望就越高。文章可能有 20 到 40 页的印刷版，最常见的是刊登在人文领域的由专家学会资助的学术期刊上。在这一点上，人文学者的文章与物理科学或社会科学的文章几乎没有区别：面向专业读者，使用该领域通用的专业词汇，旨在拓展现有专业知识的界限。

论文发表时，通常是以随机的提交顺序或者在一期期刊上完成编辑，如果该期刊包含 4 到 6 篇与学科专业内主题和时期无关的文章，那

---

① 纸莎草（Papyrus）：将近五千年前地中海国家的最主要的书写媒介，古埃及人最为常用。莎草是一种生长于亚热带和热带的沼泽水生植物。

么作者就要等待"影响"因子。如果能被评为最佳文章，等待时间就会很短；如果需要通过与其他学者的私人交流，最终考量它在其他文章、专著、述评及更受欢迎的作品中被引用的情况，那么等待时间就会很长。这种模式不是遵循历史上的人文主义实践，而是 19 世纪科学学术协会或科学院的模式。在那里，由训练有素的专家负责，人文科学与自然 / 社会科学的证据收集、评估和传播的标准相同。期刊发表成了 20 世纪大学的完美载体，大多数人文主义学术团体都是围绕特定文章的发表而建立的。对技术性的科学文章，受过教育的公众和非专业人士会以尊重和宽容的态度接受其晦涩的语言，而对于高级人文科学文章，他们经常嘲笑其狭隘的关注点、专业的语言及引文。

在 20、21 世纪之交，随着学术文章越来越受到人文主义学者的欢迎，文章的另一个发表途径是论文集。早期论文集是为纪念一位杰出的老师，由其学生出版的纪念文集，随后论文集越来越流行。论文集是在一门学科中围绕某一特定主题而建立的集合，通常是为了呈现该领域的研究现状或引入新的理论模型。许多学者认为期刊是展示作品的最佳方式，但他们有时也会感到沮丧，或因长时间的拖延、明显武断的评审报告，或因过大的投稿量、期刊不断攀升的拒收率。这种对论文集的选择也有弊端：文章没有经过严格的评审，大多数是由约稿的同一卷编辑单独审查，文章的传播和声望依赖于出版机构的声誉，还面临着一系列影响指标，这些指标使论文集明显逊色于享负盛名的期刊。

数字化几乎立即改变了文章出版和传播的性质。1995 年，最早的数字聚合之一，西文过刊全文库 [①]（Journal Storage，JSTOR）[26]，最初作为一个修缮项目而获得资助，然后由梅隆基金会直接管理，对印刷期刊的完整版本进行回顾性数字化。该聚合现在拥有 2000 多种期刊，并提供 5000 多万页的服务，覆盖全球 9200 多家机构，提供个人使用的订阅模式。与学术团体或其他期刊出版机构签订的标准合同要求设立一道

---

① 西文过刊全文库：一个对过期期刊进行数字化的非营利性机构，于 1995 年 8 月成立，是以政治学、经济学、哲学、历史等人文社会学科主题为中心，兼有一般科学性主题共十几个领域的代表性学术期刊的全文库。

"移动墙"① 不同，它允许原始出版机构保留最新期刊的版权及发行权。该项目在获取、发行以及学术文化更新方面取得了成就，一是因为技术创新；更重要的是，通过作为一种日常的学术标准，它的使用产生了净效应。该项目的变革不是因为后来被取代的其他平台，而是因为学术惯习的改变。西文过刊全文库的界面和访问模式使更多的用户能够访问以前那些装订成册放在图书馆书架上的文章；其次，用户很快意识到，西文过刊全文库在密歇根大学图书馆开发的复杂搜索机制中可以交叉搜索数千种期刊和数以百万计的网页，搜索结果很快就从未被关注过的来源中被提取。

西文过刊全文库很快就被争先效仿。下文将讨论的美国学术团体协会（ACLS）的人文科学电子图书[27]，它将同样的技术应用到学术专著中。约翰·霍普金斯大学出版社的"缪斯项目"（Project MUSE）[28]在 1995 年推出了一个类似的期刊计划。历史合作数据库（History Cooperative）②是由美国历史学会（AHA）、美国历史学家组织（OAH）、伊利诺伊大学出版社和美国国家科学院出版社于 2000 年发起的。与此同时，包括爱思唯尔③、牛津、剑桥、芝加哥及劳特利奇在内的重点大学和出版机构也迅速推进了它们自己专有的期刊集合，扩大了单个文章的访问和接触范围，加深了搜索引擎结果的影响。

同时，西文过刊全文库使研究人员和理论家认识到，数字化已经主动地将文章及其文本从狭义的期刊和赞助协会的背景中分离出来。文本挖掘工具的出现使得这种分离越发明显。学者和出版机构也开始建立理论并积极实现在数字时代数字化改变文章基本架构的出版可能性：摆脱期刊出版成本、日期及定期出版一组页面的限制，而数字文章没有页数和固定出版日期的约束。数字文章的目的是发表首次发现或有针对性的研究。数字文章格式多样化，如添加图像等，扩大原始来源资料或链接

---

① 移动墙（Moving Wall）：期刊现发行本发行的时间和与发行本存放到西文过刊全文库的时间的间隔，许多西文过刊全文库的期刊存有量由移动墙控制。

② 历史合作数据库：主要期刊的学术历史文章的在线数据库，为图书馆用户提供了从 20 种主要期刊和其他在线来源中获取的最新文章。

③ 爱思唯尔（Elsevier）：世界领先的科技及医学出版公司。

的数量，使之更接近于可以长期保存的印刷专著。访问权限也大不相同：在过去，文章是被杂志的订阅者，通常是赞助它的学术团体的成员接受，在数字时代，无论访问权限是免费的，还是付费的，其受众范围都是极其广泛的。现在，无论是借助嵌入商用或非营利托管软件中的统计工具，还是通过第三方聚合，如学术教育部，作者只需点击鼠标，就能知晓作品的浏览及下载情况。这些作品的预出版版本可以在网上自由传播，不受常规的传统评审及保密机制的限制。文章的结构既可以类似于专著，也可以类似于早期的会议论文，作者可以在网上以文章的形式发表前期论文，接受评论和批评，并将这些社会评论纳入"最终"版本。

随之产生了另一个问题。由于在线出版相对容易，或被认为是容易的，许多作者，尤其是浏览了阅读量后，开始重新审视整个编辑过程的重要性：当网上创作和发表变得如此轻松时，还需要编辑、印刷机或发行网络吗？这种态度也促成了人们对开放获取的呼吁，关于这点，我们将在下面讨论。西文过刊全文库（JSTOR）模式，一种基于印刷页面扫描的大规模数字化和标准化模式，逐渐遭到批评，数字文章呼之欲出。早期的实验者之一是《美国历史评论》（*American Historical Review*），几年来发表了两篇原生数字概述文章。第一篇是关于罗伯特·达恩顿的巨大金字塔式的数字出版（grand pyramid of digital publishing）的理论建构介绍。[29] 该评论还展示了美国历史学会（AHA）主席的就职演讲的电子版，《早期的信息社会：18 世纪巴黎的新闻和媒体》（"An Early Information Society: News and the Media in Eighteenth Century Paris"），展示了图层、文档、地图及声音文件。印第安纳大学出版社网站上的原始版本已不复存在，带有超链接脚注和低分辨率图像的文本仍然在线。[30] 第二个概述文章是威廉·托马斯三世和爱德华·艾尔斯的文章《奴隶制带来的差异》（"The Differences Slavery Made"）[31]，这篇文章借鉴了"暗影之谷"项目中的资源及证据。该文出现在印刷版的《美国历史评论》（*The American Historical Review*）上，电子文章最初发表在先前的《历史合作》（*History Cooperative*）网站上。这篇文章现发表在弗吉尼亚数字历史中心（Virginia Center for Digital History）的网站上。[32]

　　数字文章不断向作者、出版机构和读者提出一些关于数字人文学科的基本问题。在一个快速聚合与分散的数字领域，研究结果和单一文章影响的独特性何在？传统的同行评审是否仍然有效，如果是的话，那么严格的数字化评审工作又有多重要？[33]数字人文学者必须继续为一小部分受限的专家读者写作吗？如果仅依赖于使用社交媒体和其他方式的社会人士的意见，而不是几位不知名的评审专家，单一个体能否维系一个严格的标准？当一排排的纸质期刊不再吸引读者，当研究人员和学生可以坐在家中，征集到大量特定主题的最严谨、最前沿的学术成果时，图书馆还能扮演怎样的角色？当学术团体生存的主要支柱之一，即印刷刊物的收入，迅速消失时，这些学术团体将会面临怎样的命运？一旦学术团体最珍贵的资源——期刊，可以通过图书馆的数字馆藏进行远程访问时，学术团体成员是否还会保持对它的忠诚呢？过去严格的出版形式，对文章、书籍、述评及教科书的明确区分是否仍然有效？例如，一篇40"页"的分析文本的在线文章，160页的文档、视觉资源、超链接及其他功能，以及一本200页的印刷专著，其中文本分析部分分散在几个章节中，相同的文献档案被引用和分析，但没有向读者公开，它们之间有什么区别？我们如何评估其各自的内容和影响呢？

数字专著

　　在人文学科中，"专著是该领域至高无上的出版物"，如果出版机构愿意出版纸质专著，如果学者的学术生涯依赖于这本出版物，那么谁会选择出版一本数字专著呢？很少有学者会选择纯数字专著，也很少有地方可以出版。莱斯大学出版社于2006年重建，出版数字专著，2010年9月停止运作。[34]密歇根大学出版社[35]出版了好几本数字专著，但其中一本更像是学术论文，其他的也不能称为专著。西文过刊全文库已经开始出版数字专著，[36]但到目前为止，这些作品都是以大学出版社为主的近期专著，主要是2000年后的数字再版。[37]这些书目完全基于印刷版，只具备简单的 PDF 电子书的有限的数字功能，而不是真正的增强型交互式出版物^①。

美国学术团体协会（ACLS）的人文科学电子图书（HEB）项目[38]早期是"历史电子书项目"（History E-Book Project），该项目的启动是为了出版新的数字专著。作为其职责的一部分，最初被授权与大学出版社合作开发这些书籍。然而，大学出版社无法预见数字出版物的收入来源。因此，这些出版物虽然得到了 HEB 的大力资助，但唯一出版的新图书，除却它在存书目录的重要地位，它仍是以印刷和数字形式同时出版的。只有当 HEB 决定自己作为出版者时，才能够出版一些精选的纯数字专著。到目前为止，HEB 已经出版了大约 200 本原创数字专著，或是独立出版，或是合作出版。这些书涵盖了因缺乏创新而广受批评的最低程度的数字增强型版本及稳健的原生数字学术研究。这一成就在很大程度上因 HEB 的存书目录而湮没无闻，该名单目前有 4300 多部数字化专著和 100 多家出版机构的 100 多万页作品。

那么数字版的学术著作是否被视为真正的学术呢？如果是，为什么不经过审查？即使数字作品与传统人文出版属于密切相关的领域，但两者仍被认为有实质差别。当然也有例外。例如，伯尔·利奇菲尔德于 2008 年出版的《佛罗伦萨公爵首都，1530—1630》（*Florence Ducal Capital, 1530-1630*）。[39] 该作品基于数字版的佛罗伦萨地图，充分利用了布朗的佛罗伦萨文艺复兴资源：《在线 16 世纪佛罗伦萨的地名辞典》（Online Gazetteer of Sixteenth Century Florence）[40] 以及由大卫·赫利希、克里斯蒂娜·克拉皮什·祖伯、伯尔·利奇菲尔德和安东尼·莫霍编辑的《在线 1427 年的地籍簿^②》（Online Catasto of 1427）[41]。这本电子书分析了 16 世纪佛罗伦萨是如何从一个作为城邦中心的商业城市和公社共

---

① 增强型出版物（Enhanced publication）：作为印刷时代的产物，论文一直受到纸质媒介的约束，如版式结构固定、内容难以重用、阅读方式单一、结果难于验证，等等。近年来，一些语义出版项目对论文进行语义增强，如结构化处理、添加语义标签、增加实体链接等可以增加信息获取效率的操作。语义增强后的论文常被称为增强型出版物，其内容的丰富性和互动性都有较大提升，但没有从根本上改变论文的内容组织架构。

② 地籍簿（Catasto）：意大利的土地登记制度。

和国（communal republic）转变为一个坐拥王宫、官僚机构和首都的地区性大公国①，这一转变影响了佛罗伦萨的建筑、城市形态和社会结构。

利奇菲尔德不关注聘用、终身教职授予及晋升（HTP）问题，只关注保存和推广佛罗伦萨数据库项目中的数字作品。因此，他可以绕过传统的印刷出版，追求一本增强型的原生数字图书，将文本和数据库反复连接起来。与其他数字出版物不同的是，他的专著受到了《美国历史评论》（*American Historical Review*）、《跨学科历史杂志》（*Journal of Interdisciplinary History*）、《17世纪新闻》（*Seventeenth-Century News*）和《人文社会科学在线》②（*H-Net*）的好评。这表明，如果出版机构等愿意出版数字专著，期刊也会愿意进行审查。还值得注意的是，审查问题并非完全是数字出版物独有的问题，许多印刷出版物也没有得到审查。随着专著的出版，学术界对审查的关注越来越少。

另一本重要的数字专著出版也提供了有价值的经验。1999年至2011年间，梅隆基金资助的另一个项目"古登堡电子书"（Gutenberg-e）[42]用超文本标记语言（HTML）编写了35本专著。这些是年轻学者根据美国历史学会委员会选择的论文撰写的第一批书。这35本获奖书籍共获得13篇评论，其中8篇发表在美国历史学会的期刊《美国历史评论》（*American Historical Review*）上，另外5篇发表在其他期刊上。尽管"古登堡电子书"（Gutenberg-e）的早期计划和预期都是如此，但缺点之一就是其出版模式：每位获奖学者都需要有来自哥伦比亚大学和哥伦比亚大学出版社的技术专家团队，由他们全权试验HTML网站上电子书的格式、功能、特性及其他变量。

虽然采用了当前的著作权和合作理论，该模式还有两个不足：这些定制网站过于复杂，成本上升；已完成的书不能互相"交流"，即不能交叉搜索，而且非标准化的格式使读者感到很麻烦。这些格式和出版战

---

① 大公国（Grand duchy）：以世袭的大公或者女大公为国家元首的国家。大公国出现于欧洲中世纪封建时期。现代的卢森堡大公国和安道尔大公国是实行君主立宪制的资产阶级国家。

② 人文社会科学在线（*Humanities & Social Sciences Online*, *H-Net*）：人文社会科学学者的跨学科论坛。该网站最出名的数字化实践是根据各组织的网站，托管按学术学科组织的电子邮件列表。

略的问题在项目的后期得到了解决，可持续性和可访问性的问题则通过将"古登堡电子书"的书名纳入美国学术团体协会（ACLS）人文科学电子图书（HEB）来解决。几经改进，HEB 项目基本确定，在聚合度不断提高的数字环境下，一致性和互操作性远比创建一系列不同的创新网站更重要。

这种对格式和基本要素一致性的强调不应使人文主义学者感到不安。毕竟，人文主义研究是建立在语法和修辞规则一致性基础上的：人文主义努力的目标是按照古典模式来完善结构和形式。这种动力不仅体现在人文主义者使用的拉丁语的优雅上，也体现在页面设计的纯洁性上。尽管中世纪的手稿有许多注释和插图，揭示了丰富的信息和文本与评论之间令人着迷的相互联系，但是相比之下，大多数人文主义书籍都相当简陋，然而却更能传达语言和思想的纯洁性。学术界最终会选择格式的一致性和可预测性吗？是什么使印刷图书最终成功地超越了手稿和木刻版本？印刷图书会不断在数字出版物中寻求一个充满复杂性的理想吗？迄今为止，时间的考验证明了人文科学电子图书（HEB）模型的可行性。显然，未来的聚合、共同标准及互操作性仍然是出版和可持续发展战略的关键。人文学者都知道如何阅读一本 250 页的印刷专著：目前的挑战是为数字出版物创造同样的文化惯习。

虚拟现实

还有一些数字项目超越了传统的学术出版和传播理念：学者们合作使用 3D 建模来创建虚拟现实（VR）世界，这些虚拟现实世界本身就可以成为教学和研究空间：像伯纳德·弗里舍尔的"罗马重生"（Rome Reborn）[43]、"巴黎 3D"（Paris 3D）[44]、"数字卡纳克神庙"（Digital Karnak）[45] 及关于巴比伦尼亚和伦敦的类似项目。像"罗马重生"这样的虚拟现实项目允许用户研究从视觉表征到为模型提供基础图像和文本的档案。与照片、目录及手稿等元素相关的功能类似于图书索引或查找工具。这些项目以宏大的文本完成了城市的数字版本：以精心策划的、可访问的形式重建和再现原貌，用视觉和语言隐喻的文法唤起潜在的现实。加州大学洛杉矶分校在虚拟现实这一特定领域所做的研究比其他机构都要多，但其他几个项目都是商业性的。

与其他新的形式相比，虚拟现实项目给人们最大的启迪是：人文出版更像是一个动态过程，而不是对一系列不同实物创造。例如，当一个人熟悉古罗马城市广场的重建和再现的现状时，就能理解人文主义学术的累积性：建立在曾经被认为是另外的时空的最精确的再现之上，并对其进行修正。

结束语

每一种出版形式都是基于早期人文学者的工作。在很多方面，他们的工作方式与文艺复兴时期人文学者的工作方式大致相同：收集信息，组织、分析及解释信息，并传播研究成果。然而在其他方面，数字化对学者与图书馆、出版机构及其读者的关系产生了深远的影响。过去的平衡，即学者研究和写作、编辑评审、出版机构传播和图书馆归档，已经发生改变。例如，在数字时代，学者和印刷厂之间的合作正在被学者和信息技术部门之间的合作所取代。图书馆一度被认为是过去积累的知识的被动储存库，如今在创造和传播学术著作方面起到了更积极的引领作用。19世纪科学研究方法所产生的解释性作品仍然比第一批人文学者的翻译和编辑作品更受重视，但数字技术已经重新调整这种平衡。

诞生于19世纪学术研究机构的出版模式，即学术文章分发给专家小组，专著主要卖给研究型图书馆，正在被多种不同形式的研究材料的网络出版所取代。这些新的出版形式每月可以吸引成千上万的浏览者在几秒钟内访问可用资源。过去，这些资源很难获得、价格昂贵、获取缓慢或无法访问。即便这样，学者们仍然关注标准：当学术交流的所有结构都在变化时，如何保证这种数字资料的质量稳定性和可靠性呢？学者们仍然不愿审查数字材料。缺乏同行评审，这些项目在学术认证机构的眼中就一文不值。这使得学者们不敢从事有可能接触到广大网络用户、学者、学生、教师及公众的工作。与此同时，新的组织、合作伙伴和联盟已经着手处理这些问题，并尝试不同的解决办法。至此，数字出版仍然是数字人文学科不断发展的一个方面。

第八章　数字人文的元问题（一）

　　围绕数字人文学科，有许多问题超出了学术本身及其对个别学科或有用知识的贡献的问题。虽然学术界以外的人文学者不必太关心这些问题，但为了他们个人的成功及事业上的成就，学术界必须敏锐地意识到它们。在本章中，我们将讨论数字人文学者所推行的教育；学术分化；协作；出版、发行和可发现性；保存；读者—作者关系；资助策略；数字环境的可持续性；聘用、终身教职授予及晋升（HTP）；性别；全球性的及其他的分歧；数字人文理论。在第九章中，我们将研究版权和其他权利、数字版权管理（DRM）和开放获取。

教育

　　文艺复兴时期第一批人文学者的主要标志之一是他们坚持一种全新的教育方式，这种教育方式将改革大学中的中世纪学者们的教育方法，并通过了解过去的知识模式以及传播这种知识所需的技能[1]来改造个人。人文学者最终在大学里找到一席之地，他们的名字"人文学者"也是取自他们所教授的"人文研究"（studia humanitatis）——主要是语法、修辞学、道德哲学和诗歌（包括历史写作）等课程。这些课程涵盖了今天的大多数人文学科。文艺复兴人文主义的影响远远超出了学术学科范畴。皮耶尔·保罗·韦尔杰里奥、利奥纳多·布鲁尼、埃涅阿斯·西尔维乌斯·皮科洛米尼、巴蒂斯塔·瓜里诺、巴尔达萨雷·卡斯蒂格利昂、德西德里乌斯·伊拉斯谟和胡安·路易斯·维夫斯这些人文学者为欧洲的非专业精英们[2]撰写了关于教育的论文。这些作品涵盖了正规教育和主题教育，例如历史和道德教育，以及日常生活中的礼仪和行为实践，从宫廷生活到餐桌礼仪再到武术。对基督教君主和青年男女的教育成为全面而彻底的人文主义教育方法的标志，这种教育将过去的美德转化为现在的美德。它既包括技能（语言、语法、修辞、历史、哲学），也包括更广泛的生活方式，其中既注入了过去的智慧，又可以作为当前私人和公共美德的典范。就这样，它通过控制一系列学科进入了大学，成为16世纪到19世纪期间英美高等教育体系的标杆。但是当它与近现代"绅士"的观念联系在一起时，它作为个人行为和公民身份的榜样作用就略显逊色，这种模式随着古代政权的终结而逐渐消失。

那么最初的人文主义使命是如何转化为数字技术的呢？数字时代是否有与这些历史模式相对应的技能和行为模式？有没有语法、修辞学和诗歌形式的数字化对等物可以转化到今天的环境中来？或者，在19世纪和20世纪人文主义专业化进入学术学科之后，这些问题之间是否不再相关？如果是后者，那么数字技术如何融入现代学科体系？人文科学和数字技术是否都是一套技术技能，它们与更多的受众或目的无关，而只关注专业问题和发展？那么，技艺精湛的人文学者的课程与其他任何以商业或技术为导向的大学或专业学校的课程有什么区别呢？人文学者是否需要像会计或实验室技术培训一样，在其研究生教育背景下接受数字化"培训"呢？

有一项运动为博士生和硕士生开设"数字人文"课程。数字人文学科可能被定义为将数字工具应用于标准的人文科学问题，如果我们接受这个定义，那么这个"学科"的主题是否就成了使用数字工具的培训？亨利·格拉德尼最近声称，数字人文学科不可能是一门学科，因为它们缺少一个学科所需的核心内容。"数字人文"（DH）是一个利益组织选择的名称，该组织正在推进其活动以获得资助并纳入大学院系。"[3] 当信息科学作为一门公认的学术学科，并以更严谨的方式解决了大多数问题时，[4] 它们因此可以成为研究生人文教育的重要组成部分吗？博士是否需要成为"数字人文学者"？如果是，在哪个领域？[5]

现在负责研究生教育的一代人似乎觉得有必要开设这类课程，因为这一代人可能还不知道如何裁剪数码照片或扫描文档。然而，在这一点上，现今的大多数研究生——甚至更多的本科生——更熟悉数字生产的基本原理，可能不需要花费宝贵和昂贵的时间来学习这些技能。对于在万维网诞生后成长起来的这代人，这些技能就是他们的第二天性。基本技能一旦学会，很容易扩展到新的工具和新的方法。通过免费或少量付费就能在任何网站如 YouTube 和 Lynda.com 上获得快速在线教程，大多数工具甚至提供在线教程或开发人员的支持。大多数情况下，熟知手头研究的学生会自动将数字工具应用到任务中。

然而，如果数字人文被定义为一种新的思维方式、一种人文学者工作的新范式，那么似乎还没有一个足够明确的例子来说明这到底是什么，或者它是如何被教授的，或者由谁来教。这是一个需要在更严谨的环境下，诸如特别研讨会和会议上继续进行的对话。这些研讨会把见解主张、僵化的回答和定义搁置一边，侧重在思想问题上达成广泛共识。至少目前关于"什么是数字人文教育？"仍是一个悬而未决的问题。

学术分化

人文主义教育的另一个方面体现在维斯帕西亚诺·达·比斯蒂奇（1421—1428）讲述的乌尔比诺公爵费德里戈·达·蒙特费尔特罗的故事里。维斯帕西亚诺是文艺复兴时期最著名的手稿设计师和抄写家之一，也是那个时期最好的回忆录作家之一。他叙述的关于他那个时代的一些主要人物的故事是我们所拥有的最好的叙事来源。他是一位最受尊敬的藏书家，并受科西莫·德梅迪奇的委托，在佛罗伦萨建立了后来的劳伦斯图书馆，他还帮助建立了匈牙利国王马加什一世的人文主义图书馆。维斯帕西亚诺受命为乌尔比诺公爵抄写许多手稿。乌尔比诺公爵是一位有权有势的教皇附庸，他既是享有声望的受教皇雇佣的雇佣兵队长，也是著名的艺术和文学赞助人。他的手稿集收录了希腊和拉丁古典文献以及当时的人文主义作家的手稿。这些手稿被放在优雅的大页上，上面有精美的人文学者的手迹，散发着文艺复兴时期的最高风采，熠熠生辉。它们组成了梵蒂冈最美的藏品之一《城市法典》（Codices Urbinates）的核心。

维斯帕西亚诺说，费德里戈拒绝让新印刷机生产的一本书进入他的藏书，无论作者或印刷者是谁。维斯帕西亚诺在 1478 年关闭了他的抄书坊，而不是与新的打印机竞争。学者们对维斯帕西亚诺所叙述的关于费德里戈公爵的故事的准确性提出了质疑，但有一点毋庸置疑：在一个崇尚历史和欣赏艺术就能使王公贵戚在他的同龄人中脱颖而出并高高在上的时代，对精美手稿的崇敬和对印刷品的蔑视，都可以追溯到古代手稿文化中长期传承的智慧。他还援引了古代的另一种文化遗产。当时贵族蔑视体力劳动和任何机械装置的使用，因为这是奴隶和靠手工劳动的工商阶级才用的东西。值得注意的是，人文主义文化源于这些古老的基础：个体生命和思想建立在许多人的体力劳动之上，建立在有文化但阶级地位低下的读者和抄写人员的服务之上。

尤其是在计算机革命早期，人们从高级教师和他们的效仿者那里听到了类似的故事：那是关于从未使用过打字机的学者、不会插入软盘的学者、不会收发电子邮件的学者、不会使用文字处理器的学者，及更不用说会使用电子表格或数据库的人了。不管出于什么原因，这些自己开着汽车来回工作，登上喷气式飞机参加会议和做暑期研究的人文学科教师，他们使用电视和收音机、家庭娱乐设备和洗碗机（如果有启发的话），但却不能适应新的数字技术，甚至要依赖信息技术人员或学生进行最基本的数字阅读和写作。而那些勤奋的社会科学家则不然。对他们来说，计算机辅助分析和数字运算一直是他们学科中必不可少的工具和过程。有人怀疑，人文学科教师对古代和文艺复兴时期模式的某种模仿——以及某种阶级傲慢——可能是数字技术遭人蔑视的主要原因，其中一些蔑视在进入数字时代之前就已经持续了 20 年。

这种态度往往出现在盛名在外和特立独行的同侪和教师中，是他们身上的一种幽默的个人特质；但在结构层面，它们却呈现出另一种动态，这反映在日常的学术分层以及人文和数字人文课程与学院的体制基因中。获得终身职位的教职员工通常是唯一的研究人员或研究团队主管，但使用计算机以及数据输入、操作和数据报告的日常实际工作仍然是信息技术员工或技术人员的工作；大多数项目，即使是在数字人文科学中，也继续采用这种形式。此外，许多人文科学中长期存在的理论工作和实证工作之间的分歧——在某种意义上反映了自然科学的工作——继续偏袒理论家而不是筛选和权衡第一手证据的学者，偏袒专著作者胜过文本编辑或译者、设定目标的项目负责人（通常没有任何数字经验）和被指派执行项目目标的技术专家或编辑。在学术界的现实世界中，这也常常转化为终身教授与非终身教授，或者全职研究员与临时、兼职或受资助的研究员之间的巨大鸿沟，后者通常拥有学科博士学位并能够熟练适应所处的数字时代，这可能是一份幸运，也可能是厄运。无论从历史、技术、理论还是专业上任何一个角度来看待这个问题，在一个迅速分化的学术社会中，数字人文似乎倾向于加剧这种阶级差异而不是改善它。

协作

协作和团队出版是包括社会科学在内的许多学科都有的场景。尽管20年来这个问题一直备受关注，但到目前为止，大多数人文科学研究和出版物仍然是单一作者。与人协作著书立传的兴起是向前迈进了一步，但是为一卷书而准备的大多数论文通常并不是以协作的方式完成的。学者们从一个独立的角度来研究一个特定的主题，除非编辑严格地管理选稿过程或在前言中提供统一主题，否则这些文章都是在没有任何关联的情况下汇集在一起的。除考古学等领域外，一般会议和专业性会议上的小组讨论会呈现的几乎都是单独创作、彼此不相关的作品的聚合。

当一个人文学者与其他人文学者协作时，这一过程往往变成一个由首席研究员和研究生团队组成的等级梯队，出版往往只以首席研究员的名义，并在其他未被承认或者顺带承认的研究员的帮助下进行。当人文学者与其他人（社会科学家和物理科学家，或信息科学、信息技术和其他专业人士）合作时，分化依然存在：平等的伙伴之间很少有协作，每个人都会带来各自的兴趣和问题。其他人通常通过解决问题或对人文学者自身专业领域之外的问题提供指导，来帮助人文学者解惑。

即使有许多被誉为协作的数字项目，研究问题和议程往往由首席研究员提出，其他人则成为工作人员。这不仅对技术人员，甚至对参与项目的其他人文学者也是如此。"威尼斯的统治者：1332—1524"（The Rulers of Venice, 1332–1524）[6] 这部作品由本杰明·科尔、莫妮克·奥康奈尔、安德烈·莫扎托和克劳迪娅·萨尔米尼以及六个组织合作完成，但这部作品只回答了科尔提出的问题。"暗影之谷"[7] 列出了 4 位合作编辑、3 位项目经理、50 多位其他参与人员和 2 家机构，但最初的问题却只是由爱德华·艾尔斯提出的。

在协作方面，最令人印象深刻的项目之一是"美第奇档案项目"（Medici Archive Project）[8]，第七章已经讨论过这个项目了。该项目把单个档案馆的学者聚集在一起，以书籍和论文的形式提供个人原创的研究成果，同时创造一个可访问的资源，让世界各地的学者可以查看档案文件的数字化图像、输入文本、提供反馈并交换意见。然而在这里，通往可行的协作模式之道并不总是清晰可见的。起初，该模式允许单个学者专注于自己的研究议程，并抄录相关文献。最终的结果却形成一个杂乱无章的数字档案。但随着项目、管理和技术的成熟，"美第奇档案项目"已经演变成一个任务明确、临时目标可行、行事严谨的协作模式。

对于学术界的人文学者来说，当最终成果署上这么多名字时，如何为聘用、终身教职授予及晋升（HTP）获得足够的赞誉仍是一个问题。虽然学界口头上表示会支持合作项目，但这类工作仍然很难获得必要的认可。最终，人文科学的聘用、终身教职授予及晋升委员会仍然希望看到只有一个作者署名的专著。在最近的一次学术会议上，一位来自一所研究型大学的初级教员被问及他在另一所研究型大学与资深学者合作的相关数字项目时，他坦言："我对合作不感兴趣，我需要的是终身职位。"

出版、发行和可发现性

当前的学术文化是由稀缺经济来定义的：大量高素质的申请者[9]所寻求的职位寥寥无几。如果聘用、终身教职授予及晋升（HTP）委员会继续采用 20 世纪 60 年代末首次提出的方法——其中最主要的是单一作者专著[10]——来消除竞争，那么数字人文学者应该制定哪些策略，建立哪些关系呢？一种解决办法是将所有出版物视为一个连续统一体，并据此制订计划。正如学者们曾经把一本专著看作一篇论文或一系列文章的延伸，现在人们也应该从多个发表点位来看待研究和写作。因为按照"只有专著才说了算"的规则，根据学科实践，最终的结果要么有专著，要么有一系列含金量高的文章。在可预见的未来，大学出版社出版的书籍可能仍将首先采用印刷的形态，并由出版社发行一个 PDF 格式的精确版本或者以另一种格式，即 iBooks 或 Amazon（Kindle）发行。期刊文章将继续以印刷或印刷和数字化并存的形式出现。但大多数发行将是数字化的，要么通过出版期刊的出版社（通常是针对某个团体），要么通过像西文过刊全文库（JSTOR）[11]或"缪斯项目"（Project MUSE）[12]这样的人文学术期刊集成项目。

但也有一些其他方法可以在网上提供研究成果，诸如在 WorldCat[13]上发布书目（包括注释），在 Google Maps[14]上创建自定义交互式地图。还可以将图片和视频上传到现成的网站，如 YouTube[15]、Flickr[16]、Tumblr[17]和 Vimeo[18]，而像 WordPress[19]这样的博客软件使得在项目周期中分享研究议程和研究成果变得很容易。有相似研究兴趣的同侪可能会用一个网站，或者愿意在一个研究人员可以发布特定领域的档案、笔录和翻译的网站上相互合作。尽管维基百科曾经受到质疑，但经过人文学者（无论是学术界还是非学术界）的编辑评论和精心贡献，在可靠性和及时性[20]上，维基百科已经成为一种可以与《大英百科全书》相媲美的资源。开放的资源网站如 Academia.edu[21]现在还可以创建在线页面，学者的个人简历、研究兴趣和专长，创作的书籍、文章、论文，数字项目及其他研究和文字作品都可以列在上面，供某一学科的同人参考。根据作品的版权情况，这些项目也可以免费下载。截至 2015 年 1 月，超过 1630 万名学者报名注册了 Academia.edu，增添了 480 万篇论文和 140 多万个研究兴趣。Academia.edu 每月吸引超过 1570 万名独立访客。这类网站的影响因子成倍增加，有意绕过了出版前的同行审议，从而让知识型的公共论坛而不是出版社来决定作品的价值和重要性，这些开放获取资源对于为维持聘用、终身教职授予及晋升文化而建立的系统提出了重大挑战。

我们不能忽视当今学术和学术出版的紧张环境。大学出版社目前面临着销售萎缩、提交材料增加、同行审议要求、电子期刊市场竞争（见第七章）的压力，大学要求出版社自谋生路并继续承担反映大学核心价值观的使命。大多数大学出版社都制定了应对策略，使它们得以生存并在某些情况下能繁荣发展。然而，这些策略有时会与数字人文学者[22]背道而驰。尽管如此，教师委员会也必须了解出版界的前景，并根据修订后的基本规则为数字化工作打分。管理者们还需要在他们的大学里创造一个环境，让教师、编辑和制作人员都可以选择使用印刷版和数字版的出版物来促进学术出版过程。我们将在第十章详细讨论这一情形。

自从 20 世纪 70 年代卡片目录开始被转换成数字格式以来，访问和发表的相关问题就一直是数字领域的话题之一。其中一些问题随着万维网的发展得到解决。在万维网中，发行和访问几乎可以得到保证，尤其是在任何访问开放、网络中立的环境中。虽然网络上的一些学术材料在付费或订阅后才能看到，但就访问和发表而言，环境已然有所改善。

考虑到互联网的巨大规模及其几乎数量无限的发布点，互联网发明的最初假设——访问将是连接作者和读者的一个相对简单的问题——已经被各种因素复杂化了。有些是由网络基本架构的性质造成的，这些架构本身非常民主、平等。现在，每个作者都可以创建一个网站，从而成为一个出版者，而且互联网的网络中立机制将使其作品几乎可以瞬间在全球范围内发行。然而，这从来不是一个如何获取的问题，而是可发现性的问题。首先，人们必须能够通过一定的标准和研究议程来识别、隔离和分组网络上的对象，关于网络自身就是这样一个高效引擎的想法很快就被现实所取代。

在 2005 年末和 2006 年初，美国学术团体协会（ACLS）人文科学电子图书（HEB）进行了一项小范围的实验，以测试无限制获取人文科学信息的益处。[23] HEB 过去和现在的规模都相对较小，所以采用严格的质量标准将其纳入期刊集合，与一些大型商业搜索引擎如谷歌对比就很有启发性：后者很快就出现了"信息太多"和中介性能不足的问题。[24]这项实验涉及对 14 世纪和 15 世纪研究中的一个常见术语的搜索："黑死病"。人们假设，搜索"黑死病"一词找到的材料会集中在那场发生在 14 世纪的大瘟疫上。谷歌搜索（2005 年 11 月 19 日）的第一批记录返回了 8400 万个结果（详细的网址）。截至 2006 年 3 月 29 日（四个月后，美国东部时间下午 2 点），谷歌已经返回了 2.04 亿个结果。2006年 3 月 29 日下午 6 点（4 小时后），结果是 2.19 亿个网址。

搜索 2.19 亿个网址从哪里开始，又会在哪里结束？在这 2.19 亿个结果中，有许多越来越不可靠的网站，其中包括含有"网络僵尸病毒巨型毛绒娃娃"的网站、课堂教学大纲、电视文档、维基百科条目、美国弗吉尼亚大学人文科学高级技术研究所（IATH）资源、远程教育和其他页面，以及提供概览、精选文档和简要案例研究的网站。但是这样一堆网站只会引出一个问题：这些站点中哪些是可靠的，哪些是永久的，或者哪些至少是稳定的信息和分析的来源？对于严肃的学术研究来说，获取信息开始变得毫无意义。

从 2005 年 11 月 19 日到 2006 年 3 月 28 日，谷歌上对这个简单的搜索词做出回应的网站总数从 8400 万个增加到 2.04 亿个，是原来的243%。在短短四个小时内就增长了 1500 万。这些网站中有多少在四个月内幸存下来，同时又有多少新加入的网站，还有多少网站永久消失了？即便使用最先进的"搜索结果"，使用者如何才能获得 1 万个结果，更不用说 1000 万个结果了？为了学术性和公平性，谷歌早就提供了高级搜索。使用这个工具，搜索范围缩小到网址带有".edu"的网站，关注关键词"黑死病"，排除"美国"，并在最近搜索的三个月内更新。这样，我们从 2.19 亿次的搜索结果中，搜索出了"大约 11 个"结果，包括 1 本书、5 个课程大纲、2 个幻灯片演示文稿（课程作业）和 1 份本科生学期论文。谷歌让研究人员免于查看两个"非常相似"的结果。

十年来谷歌搜索的经验表明，点击率最高的网站相对稳定，这反映出信息的"市场"决定了什么，更重要的是反映出这些网站中有多少网站向谷歌支付了显著位置的费用。没有高级搜索的准备——这仍然是一种偶然的方法——搜索结果几乎没有质量可言。随着谷歌的高级搜索的使用，无论是质量还是数量，搜索结果都所剩无几。相比之下，在人文科学电子图书（HEB）网站上进行的类似搜索，在 140 个标题（从当时的 1300 个标题中）中找到了 1900 个匹配项，也就是谷歌未过滤结果中的 0.0000093 个：很小的一部分。但这一结果带来了该领域最重要作品的精选，按标题划分，是谷歌的高级搜索的 12.72 倍，"点击率"是它的 172.72 倍。

尽管这些研究结果仅局限于该领域的一些最重要的作品，但还是得出了几个重要结论：第一，搜索到的书名都是高质量、有深度的作品；第二，搜索结果将尽可能保持稳定和永久；第三，研究人员将能够使用并引用这些在线成果，并可以完全信任其来源和其他学者验证这些成果的能力。

然而，来自人文科学电子图书（HEB）搜索的第二组结果可能会让读者有些不安；即使是在有限的学术背景下，这也是广泛的搜索提供的各种各样的研究和领域。除了中世纪的欧洲，测试搜索还从中东、非洲、南亚、美国西南部、美国南部农村以及许多历史名城和当代城市的贫困生活中找到了标题。简而言之，对"黑死病"的搜索结果和谷歌未经过滤的搜索结果类似：它不仅发生在 14 世纪的欧洲，而且还发生在南半球、古代与近代的分界期，这个搜索结果是一种突破，突破了以前规范的学术范畴和学科界限。

有人可能有理由怀疑，专家们拥有这样的多样性是否合适，如果没有一些明确的方法仔细划定搜索领域，人文科学电子图书（HEB）收录的价值是否会降低。如果一个学生不熟悉严格的学科界限，或者不熟悉强大的布尔①（Boolean）检索法、邻近（Proximity）检索法、书目（Bibliographic）检索法或主题（Subject）检索法，而进行了上述的搜索并找到了相应的结果，那会怎么样？多年来，人文学者逐渐意识到，这种搜索结果，以及这种跨越了区域研究、学科专业及时间框架广泛范围的"无国界历史"，满足了数字领域的许多期望，无论是在网上还是在教务长、院长和许多学者的计划中，[25] 学术学科正朝着这样的方向发展。

无论是在有意识构建的策略中，还是在搜索结果中，这些方法都必然会突破障碍。他们给专注的专家和新的学习者带来了关于贸易、人口等各种各样的熟悉问题。但它们也提出了有关健康、贫穷和财富、奴隶制和经济差异、政治结构和疾病文化的问题，以及关于边缘化和整体性的新的全球性观点。无论是谷歌的庞大且不受监管的业务数量级，还是美国学术团体协会（ACLS）和其他机构最谨慎的收录，就其本质而言，在线学术是促成这种变化的工具。数字化在本质上远远超过了旧的印刷文化及其能力，它打破了界限，允许区域性和全球性视角，并使比较方法具有历时性和共时性。

但所有这些都不是简单地或机械地就实现了。相反，从人文科学电子图书（HEB）等资源中获得的观点指出了该电子图书在数字领域的新用途：它是知识和学术交流的重要组成部分，不再孤立于其生产、发行或使用的过程。内容很快就脱离了与印刷品的绑定，印刷品文化中旧有的参考文献（允许印刷品与同行交流的脚注）也开始让位于聚合式搜索。随着这些项目的主要资助者安德鲁·W. 梅隆基金会（Andrew W. Mellon Foundation）开始专注于越来越大的项目以避免产生孤立的"壁垒"，这种聚合很快成为一种可持续的学术目标。与此同时，非营利组织，如人文科学电子图书（HEB）、Hathi Trust 数字图书馆[26]、互联网档案馆（Internet Archive）[27] 和"古登堡计划"（Project Gutenberg）[28] 开

---

① 布尔：计算机术语，布尔值是指一种基本的数据类型。

始感受到商业风险的压力，而谷歌图书[29]正试图通过积极的方式处理无主作品，[30]为印刷品建立一个更大的访问和分销模式。在某些重要方面，随之而来的知识和法律斗争暴露了开放获取、知识产权、版权和合理使用等问题，这些问题仍在人文社会中引起共鸣。我们将在第九章讨论这些。

保存

从彼特拉克到科鲁乔·萨尔瓦蒂、波焦·布拉乔利尼和尼科尔·尼科利，他们在欧洲各地的修道院图书馆里寻找古代手稿，其背后的一个主要动机是识别、抢救并保存正在遭受毁坏的古代历史记录。正如我们所知，羊皮纸手稿的寿命约为一千年，由于它们无人看管，在罗马沦陷后的 800 年至 1000 年间的这几个世纪里，几乎没有为第一批人文学者留下什么可以保存和复制的东西。除了记录在羊皮纸和牛皮纸上的手抄本，人文学者非常关注保存、编辑和传播古人的文本，以便回忆和再现他们所认为的古代知识的纯洁性及其价值。[31]他们还因此为手稿书籍，包括现代字体基础的人文主义手稿，想出了既有效又精巧的复制和传播方法。随着印刷时代的到来，这一过程变得更加迅速。人文学者与文艺复兴时期的印刷商或出版商（如威尼斯的阿尔杜斯·马努蒂乌斯）合作，开发了一些技术来编辑各种手稿以形成"批评版"的统一文本，这一技术在 1516 年伊拉斯谟的《新约全书》中得到完善。[32]

过去的遗产仍然是数字领域中所有人文学者和人文科学最为关注的问题。对于人文学者个人来说，保存数字作品的问题由于时间和金钱的有限而变得复杂。许多数字项目已经从网络上消失了，因为没有制度结构来支撑它们。一位学者或一个小团队可能会在一个网站上工作，用最缜密的方法和选择标准来提供文本、书目、解释和相关辅助材料。但除非他们能够确定一个机构环境，否则当主要作者退休或转到其他项目时，他们的网站可能会停滞不前或从网上完全消失。曾经容易购买、学习和运用的软件应用程序可能会在非营利性或营利性领域消失；用于该软件的硬件可能会过时；更新的版本可能会变得过于昂贵，或者令许多人文学者学起来更加艰难。

这些问题是信息技术人员和图书馆员在计算机技术发展早期就开始解决的问题之一。[33] 为了解决这些问题，图书馆界制定了从编码系统到版本控制协议和仓储设备等所有方面的严格准则。但是，这个由专家组成的保护主义者团体和信息专家团体，与取得较小信息量的数字人文学者之间仍然存在巨大的脱节，即使在部门技术人员的帮助下，后者也可能着手创建另一个不可持续的网站。这既是一个古老的个体人文主义创造文化的问题，也是配置资源和适应数字习惯的问题。正如我们所注意到的，许多最好的示范性数字项目都是那些在机构环境中找到栖身之地的项目，其作者从一开始就意识到提供这种环境的必要性。然而，关于保存的更大问题远远超出个人作者或团队的能力或专业知识，它们必须在基金会、大学和财团这些更大的机构和跨机构层面上解决。

英国数字保存联盟（UK Digital Preservation Coalition）[34] 和美国国会图书馆（U.S. Library of Congress）的"国家数字信息基础设施和保存计划"（National Digital Information Infrastructure and Preservation Program）[35] 是最早的保存联盟。如前所述，西文过刊全文库（JSTOR）最初是作为一个保存项目开始的。最近创建的 Hathi Trust 数字图书馆既是一个跨机构背景下的各种书刊的集合，也是一个保存模式的典范。美国数字公共图书馆从一开始就将保存战略纳入其基础设施。[36] 梅隆基金会的 Portico[37] 是电子期刊、电子书和其他电子学术内容的数字档案馆，但现在却只有出版机构和图书馆为其提供内容。学者们的任务是将他们的数字材料转化为可归档的格式，他们的机构在他们自己的系统内拥有资源或者通过与更大的数字内容管理项目合作来分发和保存这些内容。在思考和建立保护数字资源的最佳实践方面已经取得了很大的进展。但除非这些问题在人文主义文化中引起重视，否则对数字学术及其媒介的长远价值抱有些许怀疑都可能会继续阻碍数字人文科学建设的进展。

读者—作者关系

在数字化早期，关于数字化的目标和变革效果有相当多的乌托邦式想法。文森特·莫斯科在他的著作《数字的崇高》（*The Digital Sublime*）中描述了这些宏大的期望。数字化将改变我们对信息的理解和获取知识的途径，它将使出版范式民主化，松绑出版机构对传播的控制。通过互联网，各种交流将自由平等地传播到世界各地，帮助世界走向相互理解与和平。尤其是在局部，它将打破并重新配置作者和读者之间的关系，使读者在某种程度上和作者一道成为共同创造者。

这种数字化的重构与文本性的长期理论转向相吻合，即作者意图和读者反应已经从对传统写作和阅读过程的理解中发生了巨大变化。文本在互文性的现实中占据了一席之地，即通过直接引用或其他索引，一个文本与另一个文本对话或通过另一个文本进行言说。从根本上说，这是一种人文主义的语言学模式，它成为文学和一些历史评论家所接受的理论转向，它预示着语义网络的出现。在这个网络中，计算机自己创造了内容，独立于人的能动性，相互进行对话：一种电子化的互文性。

在数字作者和读者的具体层面上，这种重构将通过社交媒体和注释、评论、博客、电子邮件等数字工具的广泛应用来实现。在这些软件中，多极化和同时性将取代单一的声音。众包①几乎会自动取代一位学者在档案、口头或视觉文本方面长期又专业的研究。批判性分析不是通过一个人或随后的同行审议得出的见解或偏见，而是通过在线评论或文本挖掘的计算程序来表达的一致意见。一些作者并不关心这一观点，他们保留了人文学者对独自研究和写作的偏好，以及对同行审议、出版和公众评论等传统过程的喜爱。而其他人接受这一观点，认为这是对未来的承诺，也是对几十年来少数守门人为学术交流所付出的努力被扼杀的

---

① 众包（crowdsourcing）：《连线》（*Wired*）杂志在2006年发明的一个专业术语，用来描述由互联网带来的一种新的商业生产组织形式，即企业利用互联网将工作分配出去，发现创意或解决技术问题。对于软件业和服务业，众包提供了一种组织劳动力的全新方式。

一种补偿。

为了测试这些新技术的可能性，2005年2月《美国历史评论》杂志发起了一次在线讨论，围绕杰克·香瑟和林恩·亨特[38]编辑的在线出版物《法国大革命：法国革命人群的描绘》（"Imaging the French Revolution: Depictions of the French Revolutionary Crowd"）进行，里面包括6篇论文。网络对话时间定为一个月。这个项目仅限面对6篇论文的作者开展讨论。然而，即使在这场精心控制的交流中，也没有多少交流。网上有一些评论是以编辑过的格式呈现的。可是这些论文并没有根据这些评论进行修改。这种情况在《美国历史评论》上从来没有出现过。

不过，还有更为有力的例子。分析引擎PEA Soup[39]在芝加哥大学出版社出版的学术期刊《伦理学》（Ethics）上主持了有关文章的讨论。被讨论的文章可以通过西文过刊全文库（JSTOR）开放获取，每次讨论都是从发表评论开始的。例如，安吉兹卡·扎瓦斯卡和朱莉·谭恩博穆在2014年1月共同发表了一篇题为《人际关系是提升道德地位的关键》（"Person-Rearing Relationships as a Key to Higher Moral Status"）的文章。2014年2月20日，玛格丽特·奥利维亚·利特尔和杰克·厄尔就这篇文章发表了2300字的评论，以展开讨论。在两天的时间里，大约有25条评论被贴了出来，其中一些是作者的评论。

最佳实践就在这些结果之中。大多数学者忙于自己的研究和写作，没有时间去钻研或思考别人的研究。但偶尔，通过精心安排的实验，学者们确实会围绕某个特定的话题或文章展开对话。作者有时会在博客上发表短文，并向订阅博客的人征求意见。例如Academia.edu就允许用户发布会议前或发表前的论文，邀请一组选定的学者在规定的时间范围内发表他们的评论。原作者可以回复评论并发布论文修订版。因为Academia.edu游走于传统学术藩篱之外，学者可以自由参与。有时讨论是卓有成效的，有时会偏离主题，其他时候这些讨论和发布在亚马逊网站的各类混杂的评论是一样的。

无论如何，作者和读者之间的这种新对话似乎还没有对人文学者在数字环境中的写作或阅读方式产生重大影响。担心自己的作品会受到读者的猛烈抨击，或者希望它能得到改进，在很大程度上，这两种情况似乎都没有根据。数字化并没有自动改变这种关系的动态，任何想要参与这种互动的数字人文学者都需要事先仔细规划如何将这些能力融入项目中，并清楚地知道反馈和对话要完成什么。仅仅给在线资源或出版物增加数字容量，就像给中世纪的手稿增加装饰一样，根本不知道读者是如何看待它的：是对文本的视觉注释，还是仅仅作为取悦读者的豪华功能？

资助策略

资助数字项目一度被认为是有问题的，所以设立了一些特殊的项目来进行帮扶，比如美国国家人文学科基金会的数字人文创业奖助金（NEH Digital Humanities Start-Up Grants）[40]、斯隆基金会数字信息技术奖助金（Sloan Foundation Digital Information Technology Grants）[41]、美国学术团体协会数字创新奖学金（ACLS Digital Innovation Fellowships）[42]以及美国学术团体协会人文科学电子图书（ACLS HEB）对出版机构提供的直接资助电子书生产的补贴。事实上，虽然个体数字人文学者可能仍然难以为数字出版提供资金，但数字研究已经几乎难以与人文学科中的任何其他研究区分开来。除非学者们对开发专门工具或购买昂贵设备感兴趣，大多数研究资助都涵盖大部分的数字研究。数字工具只是学者们现在碰巧正在使用的工具而已。就数字人文模型的发展而言，在大多数情况下，个人研究似乎没有本质上的不同。

当学者们所在的机构并没有在第一时间提供大量的研究支持时，问题就出现了，他们必须求助于外部资助者。在这种情况下，传统人文科学研究问题的创新方法就不如为正在着手做的工作而获得的资金来源更能激发学者们对数字人文科学（对于项目或新研究中心）的向往。在其他情况下，例如在考古、建筑或视觉历史领域中，可以设想许多实际上在数据收集或出版方法方面具有创新性的项目，它们涉及记录、搜索、分析和表示数据的高端技术。学者们已经采取了一系列解决办法，我们在第六章的讨论中已注意到各种资金来源。

关键可能在于组建一个利益相关者联盟，以便最大限度地降低任何一个资助者的风险，并帮助扩大对数字人文项目的支持。像美国学术团体协会（ACLS）一样，美国国家人文学科基金会（NEH）将继续资助个人和合作项目；但这些不是机构解决方案。梅隆基金会（Mellon Foundation）将继续资助机构创办和实验项目，不断寻求拓宽视野，打破界限。但此类项目一旦启动和进行，[43] 它们的长期可持续性就不一定那么成功了。通过与各大高校、博物馆、图书馆，基金会和私人支持取得联系，人文学者可以扩大他们自己研究的影响力，把以往个人的孤军奋战转化为更广泛的合作，并有长期生存的机会。这些策略的关键在于为机构使命和可持续性设定明确的目标，为正在进行的研究和开发提供资金支持。同样重要的是为此类项目的生存提供机构支持，这既包括已经完成的复杂项目的托管机制，也包括长期妥善安置管理人员和技术人员。这样的规划的确涉及人文学者思想的重大转变，这种转变并不是把数字化工作视为彼特拉克或薄伽丘式的单独成就，而更像是维斯帕西亚诺·达·比斯蒂奇或波焦·布拉乔利尼在建立图书馆时所做的基础性工作。人文主义文化自身能否做出改变以奖励这种合作式工作？人文学者的地位是否因这些努力而降低？以罗伯特·达恩顿、杰罗姆·麦甘、霍利·考恩·舒尔曼、伯纳德·弗里舍尔或黛安·法夫罗的名望来说，这不会引起争议。但这样的学者有多特殊，他们会保持多大的特殊性？

数字环境的可持续性

如前所述，数字环境中的可持续性仍然是人文科学最棘手的问题之一。它涉及技术、个人研究、机构任务和议程。许多年前甚至十年前完成的项目仍然可以使用，而许多其他项目，即使是机构主持的项目，也似乎以惊人的速度消失、转移或被放弃。

当纸质书迅速被淘汰，学者们承认他们已经无法在自己狭隘的专业领域跟上研究的步伐。也许我们在数字领域所发现的问题只是人文学术领域中的普遍问题之一。在人文科学中，学术工作因其在聘用、终身教职授予及晋升（HTP）过程中所起的作用而受到重视，但它在其他方面的影响却越来越小。印刷量的迅速减少和印刷（和电子书）专著的费用不断上升，都表明了这一点。然而，纸质书就像 19 世纪作为"王国货币"的那不勒斯皮亚斯特①（piastra）一样，仍然是学术界无可争议的交流媒介，而它在外界的认可度越来越低，在国内正迅速贬值。

同样，如果学者们想以数字方式发表任何研究结果，他们必须首先确保有一个明确的使命目标以及一个保存和可持续性策略，理想情况下包括通过持续贡献和新一代的管理来保持项目的活力。这必然涉及在机构框架内的合作，涉及从图书馆到院系、到大学或学术社会的网络基础设施的合作。但总的来说，人文学者并没有实践合作的方法，他们仍然倾向于认为他们的学术成果是他们自己的，一旦它出版，就会完好无损地放在图书馆的书架上。这并不是一个坏的模式，但当它结合了数字研究和传统印刷出版时，往往会导致研究数据被放置到纸张或计算机文件中，而无法访问。其他的选择可能会触及企业大学越发有问题的本质：强制性的存储库；向公司提供个人研究的优先使用权；尤其是在开放获取模式下，激进的出版联盟试图控制学者的作品以及它们的重组、出版的方法。

正如前面讨论过的，数字可持续性的另一个方面是能够继续访问过去创建的数字文件，这项任务也是一种通常最好留给机构的解决方案。继续迁移到新的格式和版本是关键所在，而且比后期找到能够破译旧文件并将其转换为新格式的转换库成本更低。图书馆和出版机构负责保护其用户或作者的数字资料，它们已经找到了解决可持续性和迁移问题的方法，但这通常需要获得资源丰富的大型机构的支持。

---

① 皮亚斯特：一系列货币的名称。"皮亚斯特"来源于西班牙语的"银圆"（pesodeocho）一词，更深层的来源可追溯到意大利语，本意是"薄的金属盘子"。

聘用、终身教职授予及晋升（HTP）

不管是好是坏，聘用、终身教职授予及晋升（HTP）考虑的都是学者们选择的作品本身以及他们创作和发行方式本身。许多大学和学院表示，他们相信对数字工作认可的时代即将到来。像美国现代语言学会（MLA）[44]和美国历史学会（AHA）[45]这样的学术团体已经发布了数字人文和数字媒体的有效评估指南，但许多聘用、终身教职授予及晋升（HTP）委员会仍然无法或不愿意充分评估数字工作。[46]然而，学者们不再迫于聘用、终身教职授予及晋升（HTP）的压力，继续出版了许多开创性的数字学术研究。例如爱德华·艾尔斯[47]、本杰明·科尔[48]、伯尔·利奇菲尔德[49]、霍利·考恩·舒尔曼[50]、林恩·亨特[51]和杰罗姆·麦甘[52]。许多没有摆脱这些压力的学者已经完成了著名的数字项目，但并没有得到与其工作相称的认可。

人文学者必须仔细权衡这些问题。数字人文似乎是下一个重大的转折点，也是学术成功的途径，但问题最终摆到台面时，就无法预测院系同侪将如何应对。如果一个学者愿意从事学术以外的职业，数字项目可能会打开许多扇门，特别是在其他学术职业领域。[53]

性别

从 14 世纪开始一直延续到 20 世纪中叶，人文科学一直都是由男性统治的。这本身并不奇怪：在公共领域开展的大多数工作都是由男性主导的，几乎无一例外。虽然文艺复兴后期许多最著名的诗人和作家——包括维多利亚·科隆纳、加斯帕拉·斯坦帕和维罗妮卡·弗朗卡——都是女性，但大学内外的人文研究者几乎都是男性，人文研究和写作的模式仍然是由彼特拉克提出的。如今，学院内部的情况已经发生了巨大的变化，大多数人文领域的学生和教师（即使没有被授予终身职位）中，女性也占大多数。在大多数情况下，这种状况令人称赞。但是当整个社会的人文科学的重要性都在贬值，这种情形就很有问题，这种"女性化"有时被视为价值和声望下降的迹象。

在数字领域内，出版业的许多内容编辑仍然是女性——这在印刷出版业早已是传统——但大多数代码的设计者和实施者以及数字项目的作者本身往往都是男性。从最前沿的历史网站的领导者到文本编码倡议（TEI）的许多领导者，为数字工作设定基调和议程的更可能是男性。数字人文的学者们，如塔拉·麦克弗森和贝萨尼·诺维斯基都尖锐地指出了这种性别的失衡。[54] 数字人文是否仍然是白人男性技术人员的堡垒？或者说，数字人文会像许多新领域一样，在种族、性别和阶级等方面向整个新兴世界开放，还是被开放？我们将在下面讨论其中的一些问题。

这个问题的第二个方面是数字作品形式的性别化。[55] 这个问题最好用两个最新的理论框架来解释：第一，一般历史和人文学术的性别化；第二个是解放理论。邦妮·史密斯在《历史的性别》（*The Gender of History*）[56] 一书中给出了一些有用的见解，她认为当前历史研究的本质是性别男性化、专题化，这些研究是狭窄的、科学的（或者更恰当地说是"经验的"和"实证的"）、专业化的，它们是 19 世纪政治结构、阶级、种族和性别的产物。

史密斯认为，在通往现代科学史的道路上，全体历史学家们——女性化的业余爱好者（事实上，大部分是女性），他们对各类历史的见解和方法被抛到一边，而研讨会和档案馆产生的研究则得到支持。因此，出版集、参考书目、传记、回忆录、书信集、流行应时读物、诗歌和小说、戏剧、音乐和舞蹈、翻译以及几乎所有的视觉和体育文化，都被视为不当材料而被专业历史学家拒绝。专著和比它研究规模小的学术文章，是这一过程中无可厚非的产品：它们几乎完全是文本形式（视觉形式可以作为插图出现），方向单一，观点单一。甚至当必须要合作时，它们也是单一作者。历史学家们的子女既是学生也是"研究助理"。19 世纪伟大历史学家的妻女经常做所有的翻译、编辑和抄写工作，但她们很少被认为是合作者。在整个发展过程中，视觉、听觉、触觉、多元叙事、过去的内在性，以及作为一个再现时空"他者"过程的历史，都在学者的研究中被性别化，并以女性化、柔和、不专注、非专业化的身份特点被推入公共视野中。

利奥波德·冯·兰克（1795—1886）首创的学术范式——专著——一直是历史研究领域的主流。它取代了所有其他历史著作，甚至是综合创作，成为唯一有效的能够满足聘用、终身教职授予及晋升（HTP）专业要求的学术交流形式。即使是在今天以理论为导向的专著中（这类专著取代并质疑经验主义历史），收集数据以支持自身的主张仍然反映出某种性别化的研究路径。据史密斯所言，这仍然是 19 世纪两次发展的产物。第一次是产生在兰克研讨教室：一份男性化的、咄咄逼人的、有时令人感到不太光彩的"知识性工作"。第二次是摒弃那些短暂的、日常的、以家庭和情感作为主题的研究，而去支持从档案中挽救出来的作品。这些发展导致了史密斯所说的"专业的历史工作"：

> 在学术上注重政治，在方法上强调非实体化、训练有素的观察者，以及基于严格审查国家文件、展示由此产生的历史著作以供专家群体裁决的一套做法。[57]

作为一个反例，史密斯以弗农·李的著作为例。弗农·李是维奥莱特·佩吉特的笔名，她是伯纳德·贝伦森和建筑历史学家杰弗里·斯科特的朋友。早在 19 世纪 80 年代，弗农·李就开始有意识地批判兰克史学的方法和狭隘的视野。史密斯摘引了弗农·李的著作《欧福里翁：文艺复兴中的古代和中世纪研究》（*Euphorion: Being Studies of the Antique and Medieval in the Renaissance*）[58] 中其中一章的摘要：

> 在关于 18 世纪意大利音乐界的一章中，她首先领着读者徜徉于博洛尼亚的街道，将他们带到爱乐乐团学院，并向他们展示守卫学院档案馆大门的伟大音乐家的肖像。在档案馆里的信件和乐谱中，叙述者找到了查尔斯·伯尼对意大利音乐的描述，文化史正是通过他的旅行才得以传播。当他们和伯尼一起旅行时，读者会被信件、当时的音乐报道和其他旅行者的记录打断。随着叙述者离开档案馆，旅行结束。[59]

在互联网和万维网出现前的一个世纪，弗农·李开始有意识地为兰克专著范式提供另一种选择：在这个过程中，她提供了数字历史的基本结构、导航方法和多媒体方法。正如史密斯所观察到的，正是这种被边缘化和具有颠覆性的"业余主义"，使这类历史突破了"专业"标准的狭隘界限，并提供了一条创新之路。[60]

随着数字出版，我们现在可以看到出现了多声音、多中心的学术研究，它们允许研究的一手资料为自己发言，并赋其优先权，而不是赋予审阅者。允许一手资料为自己说话，必然会取代专著中性别化的男性化夸夸其谈。而且，由于数字出版物可以是多层次的，面向众多的用户、读者和阐释者，其来源、论据和叙述变得多极化和多层面，这是印刷专著永远无法做到的。

从第二种意义上来说，数字出版可以看作一种从男性专著中获得的"解放"。自第二次世界大战以来，我们看到的与其说是对正式的欧洲学术"神学"（相当于现代的学术思想）的背离，不如说是基于多种经验和声音的人文主义"神学"的重现：亚洲人、非洲人、解放者、同性恋者、妇女、黑人，以及关于造物和大地或女神的"神学"。这不是取而代之，而是对其他声音和中心的扩充。在一些人看来，数字化以类似的方式开启了人文主义话语。例如，约翰·昂斯沃思将当时正在兴起的开源运动称为"解放技术"。[61] 对于昂斯沃思来说，最重要的是，这项新的数字作品是协作性的：鉴于专著中容易被淡化的来源和声音，作者受到鼓励与各种平等的伙伴合作。根据昂斯沃思的说法，工作组织形式也是不同的。数字出版的协作性取代了伟大学者和其助手之间的自上而下的层级结构——无论助手是 19 世纪的女性文案专家、21 世纪的信息技术专家，还是那些长期"耐心且乐于助人"的配偶、编辑和出版人。

数字学术也是一种网状的而非线性的活动，它取代了以前的中心，将研究的范围开放到边缘和外围，就像解放神学的研究所做的那样。正如邦妮·史密斯在谈到法国革命研究领域的伟大的历史学家、小说家斯

塔尔夫人 ① 的作品时所写的那样，"网状思维……使历史——在这种情况下，历史学家——来源于［强调我们的］联系和类比的网络，而不是来自日期、细节和事实的知识。"[62]

在印刷专著中，视觉的、听觉的——甚至是非特权的文本来源——都被简化为一系列几乎无关紧要的图解。然而，在数字环境中，所有这些材料本身都是文本，可以向全体观众开放，不需要通过一种观点进行筛选。它们在网络中相互连接。如解放神学所见证的，被动的"客体"变成了"主体"和"代理人"。这一过程使世界进入一个新的层次和话语形式。视觉和听觉必然在符号、隐喻和自由联想的层面上起作用，它们形成了多元的非线性联系，这些联系被兰克历史学所拒绝。但这些非线性经验毕竟是精神和宗教模式的精华，这些模式从一开始就深深地塑造了人文科学。数字化凭借其拥有多层次、多焦点的能力来展现这些表现形式。

互联网天生就是男性化的吗？数字化天生就是男性化吗？这样的例子不会让我们得出这种结论：也许数字化将我们从专著中的男性模式和某些形式的线性思维中解放出来。然而，如果人文科学中女性人数超过男性，为什么数字人文中女性人数又是如此之少？这是否反映了学术界的等级制度，掩盖了所有数字的表面价值和新媒体的性质？如果这种矛盾持续下去，数字技术会在学院之外找到它的天然家园吗？商业产品、服务和计划的成功，包括谷歌、iTunes、维基百科和亚马逊网站可能会给出这样的回答。那么，学院——其严格的学科界限、有限的专业视角和森严的等级制度——最终会对现代人文科学漠不关心吗？

只有拥有大量捐赠的私人机构和拥有健全国家资助的公共机构才能提供支持数字人文科学的资源吗？美国只有不到 10% 的高等教育机构，明显少于世界范围的其他机构，却提供了一个培养教师参与数字人文学科的环境，人文学者是否应该关注这些可能产生分歧的工作类型？这样

① 斯塔尔夫人（Madame de Staël）：法国评论家和小说家，法国浪漫主义文学前驱。主要作品有论著《法国大革命主要事件思考》《论卢梭的性格与作品》《论文学与社会制度的关系》以及小说《黛尔菲娜》。

的数字化工作是否会在少数拥有资源制作数字产品的教师和大多数没有资源制作的教师之间造成更大的分歧?

全球性的及其他方面的分歧

从彼特拉克时代起,人文学者通过书信写作的艺术,在距离和时间上被联系在一起。彼特拉克自己的书信中包含了许多写给古代先哲的信件,尤其是写给西塞罗的书信,而他写给同时代人的书信是最早的现代书信集之一。到了 16 世纪,伊拉斯谟和他的同时代人已经形成了一个"信件共和国",无论是在他们的文本和文献学研究意义上,还是在他们的连续通信中。拉丁语是贯穿中世纪到 18 世纪的国际学习语言,是新人文主义信件形式的完美载体,因为它将距离、种族和新的民族差异纳入了共同的人文主义议程和学者群体。

很早以前,人文学者就亲自前往皇室和王宫,以及意大利和北欧的共和国中心。彼特拉克、薄伽丘、波焦和其他许多意大利人通过与朋友和追随者会面以及吸引新的追随者,来帮助传播新的人文主义研究。一旦意大利成为新的学术和艺术中心而广受赞誉,意大利学者们自己也会北上,经常应大学和宫廷的邀请担任讲师、导师、顾问和历史学家以及其他官方职位,这样他们就亲自传播了这样一个消息:新印刷革命通过图书发行得以传播。从波焦在英国的那些年(1418—1423 年)到古代政权末期,贾科莫·卡萨诺瓦(1725—1798)担任巴伐利亚州康特·沃尔德斯坦地区的图书馆员,著名的意大利人也活跃在偏远的德国、斯堪的纳维亚、波兰和俄罗斯的宫廷担任导师和文化顾问。在传播文艺复兴风格的过程中,意大利的建筑、绘画、诗歌和音乐模式也随着他们进行传播。

这种由来已久的独特的人文影响长期支配着西方文化,古罗马和希腊的模式鼓舞了大革命时期的法国人和年轻的美利坚合众国。反之,到了 20 世纪初,当遍游欧洲大陆的教育旅行被大众旅游所取代时,到地中海旅游成为所有西方有学之士的必做之事。在整个印刷时代,印刷品和书籍插图中的绘画和雕塑复制品越来越多地涌入西方市场。因此，虚拟事物是一种深深植根于人文主义文化并深入 20 世纪的东西。因此，许多人文学者会接受新的数字媒体来传播他们的工作并相互交流，这就不足为奇了；这种交流很快就成为一种常态，远远超过了北半球各种会议和其他实体会议上的个人之间的联系。

然而，在很久以前，全球鸿沟就被视为计算机时代的主要问题之一：缺乏购买计算机和软件、教育资源和基础设施的资本——尤其是可靠廉价的电气化设施——作为新的"数字鸿沟"的主要问题而浮现出来。当这些问题正通过政府和私立基金会的努力得到积极解决时，南半球的迫切需求也以影响数字人文的方式浮出水面。如果人文科学是作为少数西方男性精英的领地而诞生和发展起来的，几个世纪以来西方文化及其价值观都与人文学科密切相关——尤其是在殖民时代和帝国时代——那么，它们与南半球有何关系？那里的文化、宗教和政治经济传统要比西方人文主义文化古老得多，保存得完整而且充满活力。这些在重点大学接受教育且被西化了的学者，难道不是新殖民主义压迫者阶级的一部分吗？数字化难道不是仅仅放大了这种霸权主义的影响及其范围吗？

当经济和社会发展的迫切需要——包括最基本的衣食住行和医药需求——决定了文化和教育的增长形式时，西方人文科学如何能带来影响？人文科学，如果不是通过互联网传播，难道不是对这种文化的一种浪费和侮辱吗？为什么南半球的任何人都应该关心从古希腊和古罗马继承下来的价值观？当然，这些问题并不局限于南半球：北半球大多数城市环境也受到许多相同的人类基本问题的困扰，这些问题的解决办法似乎在于社会、经济和技术模式，而不是文献学或历史。在许多人看来，维持另一种模式，是困扰全球其他地区发展的新殖民主义的精英文化形式。

尽管这种分歧依然存在，但新的数字媒体似乎也很容易在打破边界和障碍的新的全球化文化中找到自己的位置；西方和东方、北半球和南半球之间不可调和的差异已被证明不仅在于自然和地理位置，还在于话语和政治姿态。公元 800 年前，来自德国的公元 3 世纪的罗马硬币沉积在湄公河三角洲，这证明了即便是在纪元时代早期，疆界和文化交流也呈现出丰富性。互联网及其所有内容——除非受到专制政权或颁布命令的团体的蓄意阻挠——只需轻轻一点鼠标，就可以获得世界上所有的信息和知识；而廉价且耐用的笔记本电脑、平板电脑和智能手机正迅速在全球范围内实现访问。因此，人文科学是众多表达形式中的一种，在西方以外的世界中常常并轻而易举地被人们热切地接受。伟大的西方大学——纽约大学、剑桥大学、卡内基·梅隆大学、巴黎索邦大学、西北大学和密德萨斯大学（英国）的卫星校园现在为各学科的学生和教师提供了机会，使他们能够接触到重要的西方思想和技术。尽管西方国家存在非常真切的人权问题，但由于电子媒体的深入渗透，学生们已经接受了这种交流。同样，这种干预很容易被描述为旨在传播西方精英统治的新殖民主义策略。

为了应对这些技术上的可能性和压力，甚至在数字时代之前，人文学者为了教学和广泛的对外服务采用了新的教学方法：诗歌、古代史诗、中世纪戏剧的录音，之后是讲座的录音带和录像带，然后是在线和可下载的系列讲座。其中许多媒体仍然吸引着大量新的观众，他们习惯于汽车内的声音环境：许多标准经典作品的"磁带书籍"和教育资源是这个经济的主要组成部分。长期以来，远程教育和函授课程一直是美国大学的一部分，所取得的效果也千差万别。1994 年，宾夕法尼亚大学的詹姆斯·奥唐奈借助信息查找系统和电子邮件开设了一个关于圣奥古斯丁生平和作品的互联网研讨会。全世界 500 多名学者参加了这次研讨会。最近，重点大学和私营公司开始尝试大规模的在线开放课程（MOOCS）[63]，在一个开放且通常免费的环境中向无数的学生和旁听生提供入门级和更高级的课程，由一些最著名和最有成就的教师讲授。教学效果喜忧参半，最初的、千禧年前后的期望值也有所下降，但尝试仍在继续，并适应各种教学、经济和文化现实。

数字人文理论

文本理论、史学理论、唯物理论、性别理论、解放理论、新殖民主义和其他理论框架贯穿全书的讨论。我们已经讨论过这些理论转向中的数字迭代，但我们也应该简单具体地看一下数字理论，以确定它在数字人文科学中可能扮演的角色。在很大程度上，数字理论关注的是计算机技术对传统人文主义研究的直接影响，因此可以广义地说它是"人文计算"。最主要的理论家是弗朗科·莫莱蒂和他的"远距离阅读"，斯蒂芬·拉姆齐和他的"算法批评"，列夫·马诺维奇和他的"文化分析"，以及凯瑟琳·海尔斯的"写作机器"。

莫莱蒂是一位著名的现代小说评论家和分析家，在意大利接受教育，并在哥伦比亚大学和斯坦福大学任教。在他比较有争议的方法中，例如，在作品《远距离阅读》[64] 和《图表、地图、树木》[65] 中，他试图将定量方法应用于文学研究领域，这种方法在约翰·巴罗斯的作品中已经出现过。[66] 借助谷歌图书（Google Books）、"古登堡计划"（Project Gutenberg）、互联网档案馆（Internet Archive）、Hathi Trust 数字图书馆和其他数字聚合网站提供的大量文学作品，莫莱蒂的方法是分散独立的作品和作者，摒弃狭隘的见解和基于有限规则的话语，而倾向于从成千上万的文本中得出统计分析和结论。他的做法也与语义网的影响不谋而合。在语义网中，计算机取代了人类成为关键的研究者和解释者。

斯蒂芬·拉姆齐是内布拉斯加大学林肯分校（University of Nebraska-Lincoln）的英语副教授和人文科学数字研究中心的研究员。他最出名的可能是他的"算法批评"。[67] 拉姆齐深受上一代新文学批评和理论的影响，认为数字人文是一个独特的"领域"，其成就是"革命性的"，这一潜力尚未开发，但可能会从根本上分离传统阅读。他提出，数字人文的潜力将通过严格应用计算机的力量来实现，不是通过将文本视为独特的作品，对不完美的人类开放并且允许主观解释，而是要将其作为客观的数据体现在算法中。面对计算机无法实现的问题和调查路径（例如，深度比较法），拉姆齐似乎建议放弃这种解释性的限制，转而让计算机做它们最擅长的事情：计数。单词和频率列表被视为具有"挑衅性"的批判性见解，数学公式被视为权威。正如拉姆齐所说：

> 如果说算法批评要有一个中心的解释学原则，那就是：计算逻辑的狭窄制约即计算机对计数、测量和验证的不可还原的趋势完全符合上述批评的目标。这是可能的，因为批判性阅读实践已经包含了算法的要素。

列夫·马诺维奇是新媒体理论家，纽约大学研究生中心计算机科学教授，瑞士萨斯费的欧洲研究生院客座教授。他主要因其文化分析理论而闻名。[68] 他在 1998 年提出的"数据库作为一种象征性形式"的说法表明，相对于传统的叙事形式，数字化更倾向于多极的连接网络。他在 2007 年提出的"文化分析"一词是指使用计算方法分析大量文化数据集和数据流。与莫莱蒂和拉姆齐一样，他对人文计算更感兴趣，即把计算机技术应用于人文数据，而不是任何历史人文议程。因此，马诺维奇认为数据挖掘和其他计算机辅助分析程序的丰富可能性是人文科学未来的关键所在。他的"软件掌控"[69] 既指向了对传统人文工作的替代，也指向了语义网固有的可能性；在他 2011 年的文章《趋势》（"Trending"）[70] 中，他推测了大数据和深层数据带来的人文研究中的质的差异。

凯瑟琳·海尔斯在转行做英国文学研究之前是教授兼研究生部主任。转行之后，她一直关注科学、文学和技术之间的关系，尤其是她认为计算机和最终的语义网所带来的"后人类"。她坚持物质性和具体化仍然是启蒙主义人性观的核心，同时，她认为"实体存在和计算机模拟之间没有本质的区别或绝对的界限"，并试图在人类物质和网络之间的界限内研究文学。在《我们如何成为后人类：控制论中的虚拟体、文学与信息学》（*How We Became Posthuman:Virtual Bodies in Cybernetics, Literature and Informatics*）[71] 和《写作机器》（*Writing Machines*）[72] 等书中，她着重研究"当前文学理论和文本与当代科学模型之间的相似性"，正如计算研究[73] 中所展示的那样。

　　在这里，我们不可能对这种数字人文理论的广度和深度进行全面的调查，但这一小部分样本确实可以让我们对几种一致的理论张力窥见一斑。首先，数字理论几乎无一例外地只适用于所有人文学科中的一个：文学研究。很少有理论家考虑历史、古典和现代语言、艺术、建筑和城市研究、音乐、表演和仪式、宗教、民俗学、神话和哲学，即大多数领域的研究，或其他没有从根本上受到文学理论和其数字继承者影响的人文研究。从业者似乎都来自文学或计算机研究。其次，"数字人文"本身就是一门学科，只有少数理论精良的计算机与文学的倡导者从 20 世纪 80 年代和 90 年代新文学理论的革命胜利中走出来，对其进行了最好的实践。再次，主要的推动力不是来自于传统的人文学者的关注（尽管人文历史和修辞词汇常常是浓墨重彩的展示），而是来自机器的力量和希望。最后，人文计算背后的支撑来自人类的聪明才智，但人文探究和交流的实际工作似乎最好留给计算机及其技术人员来完成。

　　如果像我们所说的那样，人文科学现在与数字化密不可分，那么这就是数字人文科学的未来吗？或者这只是一个可能的未来吗？如果这样一个理论上的未来确实不可避免，那么谁将成为它的倡导者和代言人？这样一个未来对成千上万的当代人文学者和新出现的人文学者来说又意味着什么呢？正如凯西·戴维森[74]所言，"在一个范式转变、道德和政治背叛、历史失忆、精神动荡的时代，人文问题是核心。"她认为，只有这样的自我反省和公开辩论，才能继续保证人文科学在学术界和更大的文化范畴中占有一席之地。

第九章　元问题（二）：版权和其他权利、数字版权管理和开放获取

版权和其他权利

作家或艺术家对自己的作品宣布享有拥有权，这在西方是一种古老的做法，它超越了读写能力的限制，进入包括口头和书面传播[1]在内的文本团体。例如，公元前500年，位于卡拉布里亚的希腊城市西巴里斯的厨师们被授予了一年的烹饪发明垄断权。《伊利亚特》和《奥德赛》两本书在被转录成文字之前，它们的作者很早就被认为是荷马。在古罗马，像西塞罗这样的作家拥有能识字的奴隶，或者他们依靠朋友的奴隶把他们的作品制成多个副本分发给他们的文本共同体。作者对这一过程的直接监督将保证其文本的准确性和真实性。维吉尔和贺拉斯这样的作家在他们的有生之年[2]成为著名的作家。罗马诗人马修说他的作品在没有署名的情况下在背诵时被盗版。到了11世纪晚期，在中世纪的西方，随着各种史诗版本被认可，英雄史诗的口头传诵传统慢慢地呈现出作者身份。在中世纪晚期的赞助人制度下，将一位作家的书献给一位权贵，不仅保证了某种形式的收入或社会晋升，而且还是一种非正式的用王权保护作者身份的手段。

文艺复兴时期，佛罗伦萨的第一部可以定性为专利或版权的法律于1421年6月授予建筑师菲利波·布鲁内莱斯基版权。这可能并非巧合，针对版权概念的第一个讽刺作品来自安东尼奥·马内蒂虚构的一个故事

《胖子木工》(*The Fat Woodworker*，约 1450 年)。[3] 马内蒂讲述了在一场因社会的蔑视而进行的报复中，工匠是如何在布鲁内莱斯基和他的朋友们的恶搞中被欺骗的，相信他不过是他自己的复制品。虽然这个故事不是第一个强调原作和复制概念的语境，但佛罗伦萨艺术家和作家的社会处境无疑与美化个人作家和艺术家的人文主义相结合，让这一理念获得社会认可。也正是在这一时期，多纳泰罗和吉贝蒂等雕塑家开始在他们的作品上签名，这一做法在米开朗基罗时代达到了顶峰。[4]

到了 1474 年，威尼斯的一项法令保护了一项专利权，1486 年威尼斯颁布了目前已知的最早对印刷商或出版商的版权进行保护的法令。法国王室保护印刷商的特权制度始于 1498 年。1501 年，教皇亚历山大六世颁布了一项禁令，禁止未经许可印刷书籍。版权和权限制度在 16 世纪上半叶传遍了整个欧洲。随着古典学术的进步和新的批评版本的出现，人文学者也需要保护他们作为唯一作者的作品，它们在人文主义文化中处于一种被小心翼翼保护的地位。

在英国，版权与以下诸多事物有关：文本的多种复制、政府和教会的审查或内容控制、早期资本主义工业文化和行会制度。1518 年，第一个版权被授予理查德·品森，他是威廉·卡克斯顿①的继承人，是皇家印刷师。1557 年，玛丽一世成立了皇家特许出版公司，拥有注册出版的唯一权利。随后是 1662 年的《印刷（许可）法》(Printing [Licensing] Act) 和 1709/1710 年的《安妮女王法令》(Statute of Queen Anne，即《鼓励学习法案或版权法》[An Act for the Encouragement of Learning or Copyright Act])。该法案包含两个最重要的思想：保护作者和出版商垄断其作品传播的权利，以及"鼓励有学问的人编纂和撰写有用的书籍"。

美国宪法继承了这种双重意图，更加强调需要"通过在有限的时间

---

① 威廉·卡克斯顿（William Caxton，约 1422—1491）：英国第一个印刷商，是莎士比亚时代之前对英语影响深远的人之一。到 1491 年去世时，他出版了约 100 本书，最著名的有《坎特伯雷故事集》《特洛伊勒斯与克里希达》《罗宾汉故事小唱》和马洛礼的《亚瑟王之死》，还有 24 本是他自己的译作。

内确保作者和发明家对各自作品和发明的专有权，促进科学和实用艺术的进步"（第 1.8.8 条）。这代表了文艺复兴时期第一批出版许可限制背后的思想变化，但这也体现了人文学者希望尽可能广泛地传播他们复兴学问的愿望。因此，这种双重目的常常是造成巨大冲突的原因，而冲突的最终根源是自彼特拉克以来人文主义文化内部固有的冲突，这种冲突表现为人文学者既要传播知识，又要成为带来这些进步的有功之臣。

我们不必在这里回顾美国或国际版权法的历史。随着 1988 年《伯尔尼公约》（Berne Convention）和 1998 年《数字千年版权法》（Digital Millennium Copyright Act）的颁布，作者和出版者的格局发生了戏剧性的新变化。针对大众媒体的盛行、娱乐公司的力量和数字技术的兴起，作者和出版者的版权限制得到了加强和延长。在这本书的其他章节，我们注意到了许多涉及版权的问题。目前对版权概念的挑战，特别是在数字时代，涉及几个原则。当中包括学术和文化工作中的"非竞争性"性质，也就是说，这类工作可以不受限制地发表并且不减少原始内容；其次是围绕言论自由和思想表达自由的争论；最后，文本共同体的理论模型或创造文本的社会论证，即不仅作者和出版者，而且受众和评论员及其前辈也创造"文本"。因此，有理论认为，作者身份本身是一个有争议的概念，个人权利往往屈居大型的文本共同体之后，本质上，这又回到了个人作家的人文主义创作模式——中世纪创作的传统模式。战后的政治理论（例如，尤尔根·哈贝马斯的政治理论）在关于知识阶层和团体、"出版物"在创造公共领域中的作用，以及"公共场所"作为王室和其他傲慢权力的替代品等方面上强化了这种思维张力。最近的一个回应是 2001 年由劳伦斯·莱西格、哈尔·阿贝尔森和埃里克·埃尔德雷德创立的"创意共享"（Creative Commons）[5]组织。它致力于通过提供法律工具和共享数字资源来拓展创造力和知识。到 2011 年，超过 100 家"创意共享"的附属公司正在努力将这些原则[6]结合起来。

最近的许多发展趋势已经汇集在一起，在有关谷歌图书项目的诉讼中体现得最明显。2004 年秋天，谷歌推出了谷歌图书（Google Book）和谷歌图书馆（Google Library［Google Book Search］）计划。该计划最初与美国和英国的几个主要研究型图书馆合作，包括密歇根大学、哈佛大学、斯坦福大学、牛津大学博德利图书馆和纽约公共图书馆。该项目要求将这些图书馆馆藏的多达 1500 万册图书进行数字化处理，并将精选的内容作为搜索结果显示出来。这个想法是为了让人们充分利用数字搜索和访问来接触数以百万计的世界人文作品。许多书籍要么没有版权（主要是 19 世纪的书和系列丛书），要么就是无主作品——既无法确定，也无法定位版权持有人。这种模式可以提供"选择性退出"的机会，即除非作者或出版者利用机会窗口选择退出该计划，[7]否则图书将被纳入收藏。这些计划立即遭到代表大规模商业利益和作者的作家协会和美国出版者协会的法律挑战。但是，经过长时间的辩论和考虑，学术界几乎没有出现统一的抵制或支持。到 2008 年底，全世界有更多的图书馆系统加入了该联盟，并就法律挑战进行谈判。到 2010 年底，谷歌已经将这个项目转变为一个商业电子书项目，扫描了 1200 多万本图书，开发了一个设备来确定点击率，并向版权所有者支付版税。尽管与商业出版机构达成的一项初步协议被联邦法院驳回，但在合理使用的原则下，整个计划对谷歌都十分有利。到 2013 年底，超过 3000 万本书已被扫描。

尽管法律程序经历了许多曲折，以及最初的许多扫描件（尤其是 19 世纪的文本）质量低下，对收录作品的代表性存在理论争议，[8]作者对自己作品的控制权也受到了威胁，但谷歌图书是一个转折点，它标志着人们接受数字化，并把它作为人文研究的强大资源。现如今不仅是 19 世纪知名或不知名的文学作品可以被自由地逐本查阅或数据挖掘，文学研究的方法发生了巨大的变化，而且 18 世纪和 19 世纪学术编辑的巨大成就——档案和叙事资料、日记、书信等也开始免费提供给学者，他们可以从电脑桌面上访问世界上最好的图书馆的大量藏书。谷歌图书无论在版权和无主作品方面的激进立场，还是在全面综合的尝试方面，都提高了印刷书籍的数字聚合的门槛，并推动了国家图书馆、私人图书馆和博物馆以数字方式免费提供大量手稿书籍、图像、物品和其他视觉资源。谷歌成功地实现了其最大的战略目标之一：改变学术和大众阅读的习惯，使数字化完全能够真实地再现重要历史，这本身就是所有人文科学研究和写作的主要目标之一。然而，同样重要的是，在谷歌项目的创建和专利诉讼过程中，学术界几乎没有有效的投入，而是倾向于（以真正的人文模式）对企业发展进行反思或者"驾驭"企业发展，但对人文科学公共外延和整个学术界的资源却未能给出足够积极的评论。

也许谷歌的激进立场以及由此产生的商业倒退，为数字时代的版权保护提供了一个更加自觉和创造性的解决方案。结果之一是现在的公司如亚马逊（Amazon.com）的按需印刷（print-on-demand）程序CreateSpace 和其电子书子公司 Kindle，都会仔细监控程序中作品的版权状况，出版机构通常需要提供文档，比如合同，来支持版权声明。与此同时，像 Hathi Trust 数字图书馆（谷歌与密歇根大学签署原始内容协议的结果）、西文过刊全文库（JSTOR）和美国学术团体协会（ACLS）人文科学电子图书（HEB）这样的非营利聚合机构一直在谨慎地为其在线存储库明确版权，而其他项目则只能谨慎地对版权外的资料进行数字化。对大多数人文学者来说，这意味着现在印刷材料的处境比十年前明朗得多，学者们最初的抵抗是基于对版权限制和问题的描述，但现在至少在印刷方面已经克服了这些阻力。

然而，随着物质主义和视觉文化的新理论转向，图像在传统印刷作品中占据了首要地位，在数字作品中尤其如此。几乎每一件已知艺术作品的数字复制品，从最伟大的壁画系列到最小的珠宝，以及其他物质文化的例子，都与这些理论转向不谋而合，从而以前所未有的方式推动了视觉材料的使用。与此同时，出版模式——以前标准专著中仅包含约 20 幅图像，作为任何不具有艺术历史意义的文本的"插图"——现在因数字技术而发生了改变，无论是彩色还是黑白的图像，都没有数量限制。如今数字影印、数字化设备和高质量的数字摄影技术使得研究人员、作者及其同侪能够以最高分辨率为任何媒体和平台创作和发布从建筑、雕塑到铸币、纺织品、平面图和图表等一切事物的图像。

但是，与此同时，许多保守势力依旧反对数字技术所提供的种种可能。早期的数字学术出版延续了许多传统做法。作者们——尤其是艺术史学家和其他视觉领域的学者——继续坚称他们不仅必须获得使用历史建筑、雕塑、手稿页等图像的许可，还必须继续向图书馆和博物馆支付高额的许可费。就图书馆和博物馆而言，它们既看到了对其藏品完整性的威胁，也看到了对这些藏品发放许可以获得巨额资金收入的可能。出版者对数字技术所开辟的新的版权领域缺乏自信，他们往往由于谨慎而犯了错误。还有一个著名的案例，一家重点的大学出版社出版了一本关于美国历史的著作，同意了一家图书馆的要求，对《独立宣言》的数字图像进行再授权，并需要支付高额的复制费。许多长期任职于大学出版社的编辑们，受到数字技术冲击，对它产生怀疑。这种谨慎愈演愈烈，他们设置了越来越多的障碍，禁止使用数字复制品，哪怕是作者们已经在合同中同意保证所有的许可义务，并在某些情况下甚至可以消除新专著中的图像，或者在现有印刷专著的数字版本中屏蔽这些图像，但这些编辑们还是要求得到所有复制的许可。

许多学者，长期以来熟悉图像版权和费用，他们讲述了著名艺术品复制品价格不断攀升的可怕事实，这些作品长期处于公共领域，早已是世界文化遗产的一部分。与价格攀升相匹配的是，许多公司在修复项目中的作用日益增强，例如日本电视网络公司（Nippon Television Network Corporation）修复了梵蒂冈西斯廷教堂（Sistine Chapel），随后接管了教堂内世界遗产壁画的仿制品。当许多艺术史学家嘲笑和抗议这些发展时，很多其他人——有权势、有经验的人物——仍然避免行使合理的使用权。因为犹豫不决，他们令博物馆主办方或图书馆深感不悦，从而打乱了与馆长和收藏负责人之间的长期私人关系。此外，随着对数字版权费用的要求越来越高，艺术史学家和其他人文学者开始呼吁美国学术团体协会（ACLS）和梅隆基金会等基金会为这些权利买单，这实际上是将大笔资金从一家非营利机构转移到另一家机构，人文学者实际上是交易的信使。在许多博物馆和艺术历史会议上，自封的数字专家开始涌现，他们悄无声息地传播这样一条真理：钱——越来越多的钱——是解决数字时代出版视觉作品这一看似不可能完成的任务的解决方案。

渐渐地，几大非营利组织开始反对这种新的想法。西文过刊全文库（JSTOR）为其收藏的资料制定了一个合理的使用制度，该制度优先考虑了确定新的权利许可的需要。美国学术团体协会人文科学电子图书从一开始就采用了这种模式，艺术图片数据库[①]（ArtStor）积极地聚合了创作者的视觉作品内容。其行动促使许多大学和院系的图书馆也争先效仿。数万张来自私人收藏的幻灯片被聚合在一起，以及有一些软件问世，它们高效地为课堂和学术演讲提供幻灯片。2015 年 2 月，美国大学艺术学会（College Art Association）在其《视觉艺术合理使用最佳实践守则》中总结了这一经验。

由于这些聚合组织、出版机构和其他藏品合理地使用强大的应用程序所带来的压力越来越大，图书馆和博物馆开始重新考虑它们原来的政策。图书馆和博物馆并没有将数字版本视为对其藏品的威胁或是一项有利可图的新的收入来源。而且由于管理这些复杂的许可计划的成本通常不包含在它们所产生的收入中，所以图书馆和博物馆也开始意识到，数字版本实际上首先是作为原始版本的标记，其次是作为扩大其影响范围的教学和研究资源。它们发现，这两种用途实际上都把现有的和新的观众吸引到它们的实体中，观看原作中的艺术品和手工艺品。数字化的代表性在专业层面和大众层面都得到了充分的体现，数字传播的主要受益者是公众身后的博物馆和图书馆本身。到了 21 世纪初，博物馆和图书馆在网上免费提供其收藏的数十万幅图像 ——从绘画、雕塑到地图、纸莎草、手稿和硬币——全都附有最高质量的元数据。

正如我们将在下面更详细讨论的那样，作者和他们的机构在开放获取数据库中依然声明对项目享有所有权。在这些作者已经将他们的权利转让给出版机构之后，数字领域的所有权仍然是一个问题。在数字环境中，正被分配给机构知识库的论文权和获得政府资助的作品权问题仍未解决。成立"作者联盟组织"（Authors' Alliance）[9]是解决这个问题的一个尝试。它的任务是通过帮助作者把握数字时代的机遇和挑战，促进公众利益，使其能广泛地获取作品。它试图提供信息和工具，帮助作者

---

① 艺术图片数据库：提供超过130万张图片，来自世界著名的博物馆、机构、学会及个人，如芝加哥艺术中心、大都会博物馆、吉美国立亚洲艺术博物馆、大英博物馆等，涵盖艺术、人文社科、设计、建筑、历史等 23 个学科主题。

更好地理解和处理关键的法律、技术和体制问题，这些问题对于知识经济的丰富性至关重要。

插图本身的质量一直是人文研究和出版的关键问题。乔治·瓦萨里特别指出画家乔托"仿造和模仿自然"[10]的能力，他总结了文艺复兴时期人文主义看待世界的方式。这种方式对世界的精准再现成为新文本研究价值的关键所在，也是绘画和雕塑视觉艺术的关键。最好的建筑是反映了古代的习俗和价值观的建筑。从15世纪开始，各种形式的印刷技术逐渐提高了机器复制原图的能力；在20世纪，随着科技使模仿变得越来越精确，图像的自主性也变得越来越重要，[11]原作和复制品的问题也愈发重要。瓦尔特·本雅明1936年的文章[12]简要地概括了这些对再现和对各种副本的大众消费文化的文化焦虑。

在数字时代早期，低分辨率屏幕、低输出点阵和激光打印机上复制的低分辨率像素图像粗制滥造，在视觉学者中引起了强烈反响。出版者开始依赖数字技术进行文字工作，但因为第一代计算机排版的分辨率和设计能力有限，他们经常遭到嘲笑。渐渐地，技术和分辨率提高了，出版界的所有过程和生产步骤都可以由计算机来处理，尽管大多数学者甚至一些编辑都没有意识到这一点。到了20世纪90年代末和21世纪初，学术出版已经解决了所有这些问题，甚至是印刷质量最高的印刷厂也几乎普遍使用数字技术来复制各种媒体上的艺术作品。高分辨率扫描仪和照相机也捕捉到了大多数学者自己的可视化文档。这些很容易转化为生产质量。

为数不多的颇有争议的领域之一仍然是数字视觉材料的呈现质量：艺术史学家、考古学家、设计和建筑史学家继续看重高分辨率的图像以及越发能够真实再现色彩平衡、色调和其他形式的品质。然而，数字技术正在迅速超越人们的认知。例如，在2006年6月盖蒂研究所（Getty Research Institute）主办的一次会议上，美国宇航局资助的成像技术展示让艺术史学家、策展人和电脑高手大为震惊，因为它的视觉准确度和百万像素成像所独具的可能性让人叹为观止。随着博物馆和图书馆开始完善数字化和在线出版方法，通过网络发布的内容也得到了极大的改进。直至今天，研究人员可以找到数十万个视觉对象的在线数字呈现，分辨率达到了顶级，可供在线学习和下载各种分辨率[13]的版本。在整个过程中，复制技术的卓越之处使原作的重要性更加凸显。因此，视觉资料的学者们也开始意识到原始材料和数字拷贝之间的明显区别。这之所以成为可能，仅仅是因为数字技术提供了一个完全可行的替代方案，而不仅仅是嘲讽和排斥。

同样的发展也影响了人文研究的听觉和口头资料来源。受沃特·翁和其他人的开创性工作的引领，我们的文本共同体理论围绕口头语篇和书面语篇的相互作用而展开，口头传统和听觉来源的有效性在理论和实践中已经稳固确立。然而，这一趋势更多地体现在古代和中世纪的研究上，而不是从文艺复兴时期人文主义中继承下来的文献学、文本学的方法论，而且它从人类学、社会学和其他社会科学的显著贡献中汲取力量。但是，人文学科现在已经完全接受表演、仪式、声音、歌曲以及舞蹈和其他表演艺术的研究作为自己的核心。随着模拟录音和回放设备逐渐被数字设备所取代，从声音档案到 YouTube 视频，各种各样的原始资料都在网上得到了广泛的应用，这些视频记录了每一种能想到的社会实践和文化习俗。

同时，关于录音及其发行的争论已经减缓了新的听觉研究的发展，并威胁到围绕听觉和口头学科方法而采用的数字出版新形式。早期在网上分享音乐的尝试，例如使用 Napster①（1999）软件的做法，很快遭到了法律挑战和严厉的惩罚。在合理使用原则下，对学者使用此类材料的能力的限制，与意图对所有类型的录音保持密切控制的大型企业之间的冲突日益加剧。在线项目，包括包含声音文件的电子书，变得越来越难以出版。这是因为作者对材料进行自我审查，而且出版者一再地过于谨慎。因此，数字出版物的内容是由律师而非学者来确定的。作为对出版难度的回应，一些团体，尤其是"创意共享"（Creative Commons）组织，试图恢复对现有版权作品的合理使用和对公共领域作品的明确定义。同样

---

① Napster：一款可以在网络中下载自己想要的MP3文件的软件，同时能够让用户自己的设备也成为一台服务器，为其他用户提供下载。

重要的是，"创意共享"组织提供了法律指导和最佳实践，而且提供与音乐和其他听觉资源信息聚合网站的链接。同时，数字口述历史平台和档案，包括民间传说，可以从各种来源中免费获取，如"数字时代口述历史"（OHDA）项目[14]、"数字全能"（Digital Omnium）[15]、非物质遗产管理平台（Dédalo Platform for Intangible Heritage Management）[16]、新加坡国家档案馆口述历史中心（National Archives of Singapore Oral History Centre）[17]以及全球其他许多机构。

数字版权管理

数字版权管理（DRM）通常被认为是软件、技术和法律措施的结合，与印刷领域的第一批许可模式相似。它旨在限制数字材料的复制，包括软件数量以及使用这些材料或者用数字或打印格式复制内容的计算机数量。第一代数字版权管理通常控制媒体的复制，而第二代数字版权管理则限制内容的传播、复制或更改。虽然数字版权管理和版权在目的和实践上常有相当多的重合，但对二者必须加以明确区分：数字版权管理是为了保护发行，版权是为了保护所有权。一个人可以免费赠送自己的书籍或音乐作品，但如果有人将自己的作品据为己有而转赠他人，则会受到强烈反对。数字版权管理限制前者，而版权保护后者。数字版权管理制度可以应用于人文研究的大多数数字产品：书籍、图像和视频、电视和电影、音乐和其他声音演示以及与之相关的元数据。在对管制措施、消费者和维权团体进行了一些初步尝试后，1998年出台的《数字千年版权法》（Digital Millennium Copyright Act）将使用软件或其他手段来进行的数字版权管理计划定为非法行为，紧接着是2001年出台的《欧洲版权指令》（European Copyright Directive），这就使得数字版权管理问题在更高的法律层面上展开。自由信息基础设施基金会（Foundation for a Free Information Infrastructure）[18]和"创意共享"（Creative Commons）组织[19]一直是反对数字版权管理计划的主要组织，它们认为这些计划是反对竞争的，限制了个人和消费者权利，并且破坏了数字作品的合理使用。

数字版权管理曾被认为是数字出版的一个巨大问题。盗版者或消费者似乎可以侵入并进行任何软件复制，或者使用电子或打印的方法在未经授权的情况下复制产品，那么出版机构如何在数字环境中保护其产品？这个问题在很大程度上不如使用复印机和课程包对未经授权的书籍进行复制带来的问题那么令人大伤脑筋。一般来说，数字资料的定价、查找和访问的易操作性以及格式的便利性，使得盗版者不太愿意花大量精力去破译书籍。像 Adobe 和亚马逊网站，它们还在其分销机制内创建了数字版权管理计划，防止非法共享和发布数字材料。许多学者会选择在把自己的作品免费挂到诸如 Academia.edu 的网站上，其他学者还有各种各样可以选择的保护解决方案，甚至是使用带有密码保护的 PDF 文件。显然，由于从金融机构到国家安全局的诸多方面都有安全隐患，保护数字内容万无一失是不可能的。但是为了未被授权的复制而花费时间、金钱，甚至冒着可能被起诉的风险值得吗？

一些可靠的研究[20]表明，数字版本本身并没有妨碍纸质书籍和录音制品的销售，而且在许多情况下，这种数字发行促进了纸质书籍的销售。其他研究指出，和印刷品相比，[21]数字产品占据了绝大多数的销售数量，但 21% 的利润率仍然与印刷品有关。这主要是因为出版机构在计算图书盈亏因素时使用了平均定价公式函数。然而，未经授权通过 Napster 软件和其他文件共享的方式传播音乐，对音乐销售产生了重大影响，但这与合法数字下载对模拟信号制品的销售造成的破坏性影响完全不同。到了 2010 年末，包括比尔·盖茨和史蒂夫·乔布斯在内的数字团体的重要成员开始质疑数字版权管理的价值和有效性。苹果公司已经从 iTunes 商店中解除了对数字版权管理的控制。事实证明，个人私自复制远没有人们担心的那么泛滥，只要购买或租赁的价格门槛保持在较低水平，未经授权的传播也会一直处于较低水平。尽管并非所有出版机构都接受了 iTunes 模式，但显而易见的是，合理的电子书定价使人们更有可能真正购买电子书，而不是花时间试图私下复制和发布。

然而，这一动态引发了人文学者另一个更大的担忧：他们的学术著作的商业价值。如前所述，大多数学者认为他们的工作价值在于聘用、终身教职授予及晋升（HTP），而不是商业市场，他们非常愿意尽可能自由地发表他们的作品，而不需要任何形式的数字版权管理。当然，这与商业出版和大学出版社出版的现状相吻合，尤其是后者，在大学出版社中，针对个人作品的定价有一套经过仔细推敲的计算公式，这些公式考虑了从办公费用到仓储成本和版税的方方面面。利润微乎其微，而人们对通过 Kindle 和其他定价方案来降低平均零售价和利润率的担忧又非常现实。虽然以 95 美元的价格提供 PDF 或 Kindle 版本的人文专著似乎不是一个合理定价的模式，但市场和市场分析师尚未找到一个有效的或令人信服的数字版本价格点。数字版权管理（DRM）和非数字版权管理实验的分布正处在计划中，[22] 在尚未达成共识之前，数字版权管理计划可能会持续下去。

开放获取

自古希腊和古罗马时代以来，自由开放地获取人文科学的书籍和思想一直是我们文化遗产的一部分。据说雅典的庇西特拉图①（约公元前 600—前 527 年）建立了一个公共图书馆。在公元前 3 世纪，亚历山大图书馆拥有超过 40 万册图书。公共图书馆在公元 1 世纪出现在罗马，到公元 350 年，罗马共有 29 个公共图书馆。[23] 建立公共图书馆的想法是在人文学者及收藏文艺复兴时期大量手稿的人文主义支持者那里复兴起来的。人文学者把他们自己的学问与经院哲学（中世纪大学的哲学家和神学家）的学问和僧侣的学问做出鲜明对比。僧侣们的学问保存在那些据说已经破败不堪、尘封已久的古代手稿藏品之中，而人文学者声称重新发现了古人的学问，让它们重见天日。佛罗伦萨的美第奇家族、乌尔比诺的公爵、匈牙利国王马加什一世、那不勒斯的阿拉贡国王、威尼斯的红衣主教贝萨里翁，尤其是梵蒂冈的教皇们，都听从了他们的人文

---

① 庇西特拉图（Pisistratus）：古希腊雅典僭主。他统治的时代是雅典社会经济、文化发展的时代，荷马史诗当于此编成。

主义谋士的指导，建立了古代知识库，任何可以在那里阅读的人（诚然，这样的人甚至在说方言、有文化的人口当中占了很小一部分）都可以在现场自由地查阅这些书籍。几乎所有这些伟大的图书馆——以及个别人文学者的图书馆——都是建立在学术界围墙和惯例之外并为公众服务的。

　　因此，对于人文学者和人文研究来说，最基本的理念就是自由和开放的公共访问，这与人文主义研究的基本作用相一致，即传授知识和惠及公民。这一理念的核心是赞助人：无论是世俗的还是宗教的赞助人，通过经济奖励和职位来资助人文学者进行研究和写作，并在对人文学者著作的贡献中得到认可。我们有许多手稿和早期印刷书籍中的插图，展示了作者屈膝将他的作品献给有权有势的赞助人，以换取经济支持或职位的画面。也许最著名的要数梵蒂冈的梅洛佐·达·弗利的壁画，它描绘了当教皇任命人文学者巴托洛梅奥·普拉蒂纳为梵蒂冈图书馆的馆长时，他跪在教皇西克斯图斯四世面前的场景。因此，从一个重要方面来讲，开放获取总是带有精英资助和有限受众的概念。对于获取的资助也引发了人文学者在法庭上的激烈争论。例如，波焦·布拉乔利尼对特拉布宗的乔治[①]、巴托洛梅奥·法西奥和安东尼奥·贝卡德利的抨击，反映了人文主义历史和谄媚的人文学者中一些更令人生厌的部分。

　　同时，人文主义和代表公民利益的公共图书馆的启蒙理想成为新兴民族国家的中心焦点。法国、意大利、西班牙、德国和美国等国的大型国家图书馆都是围绕着这些人文主义目标而建立的，这些图书馆的宏伟外观上刻有铭文和象征性雕像，这些雕像本身就是仿照古代伟大的公共建筑而建造的。这些图书馆既成为联结文化遗产和国家历史（通常是新发明）的焦点，也成为致力于保护和传播知识的公益机构。因此，从一个由印刷品定义的世界到另一个由数字定义的世界，这种过渡将自然而

---

　　① 特拉布宗的乔治（George of Trebizond，1396—1486）：拜占庭人文学者，文艺复兴重要人物。他将亚里士多德的《修辞学》和《动物志》、柏拉图的《法律篇》和托勒密的《天文学大成》译成拉丁文，丰富了意大利人文主义思想和文艺复兴运动的内容。1471 年发表《修订本拉丁语法》时，采用公元 6 世纪拉丁语学家普里西安的"纯洁词形"说，大获成功。

然地成为图书馆、公众和大学关注的焦点。利用因特网的潜力来汇集资源、传播信息和知识是图书馆发展的自然阶段。

同时，印刷业作为一种兴起的工商业，展示了一种别样的未来。伊拉斯谟已经把他和阿尔杜斯的出版事业称为"没有墙的图书馆"（*Adagia* 2.1.1）。君主或宗教赞助人可以单独补贴高级手稿的制作成本，但是由于支付图书费用的能力不断提升，人们很快就不用从君主或宗教赞助人那里获取知识来源。为满足大学对多种教科书原稿副本的需求而设立的中世纪城市缮写室①也被弃置不用了。从 15 世纪末开始，一笔数目合理的现金就可以购买到采用飞速普适技术生产的书籍。到了 19 世纪和 20 世纪初，大规模的书籍生产几乎能够让新兴知识阶级的任何人都负担得起大众娱乐、文学和新闻。

因此，到 20 世纪末就有两种获取信息和知识的活跃模式：一种是由个人、机构或政府资源维持的赞助人模式，另一种是建立在能够为最广泛的市场生产大量廉价印刷品基础之上的商业模式。到了 20 世纪中叶，在被西方民主国家和社会主义世界普遍接受的高度民主的高等教育运动中，这两种模式简单地结合在一起。塞林格的《麦田里的守望者》（*Catcher in the Rye*）和保罗·奥斯卡·克里斯特勒的《文艺复兴思想》（*Renaissance Thought*）被印刷了成千上万本，平装书的价格还没有一顿曼哈顿的午餐价格高。在这个时候，知识"获取"不再成为一个问题。

20 世纪后期的文化冲击和人们达成共识的"中庸之道"在西方生活中的地位迅速缩小，20 世纪 60 年代以后，美国的高等教育背离了人文学科，图书产业被少数几家单一娱乐公司兼并，计算机和互联网时代开始，这些都开始改变了人们长期以来对获取知识所持有的观念。在 20 世纪 60 年代，一家大学出版社可能预期卖出 5000 本专著。从 1980 年到 2000 年，在重要的专著市场、图书馆里，一本书的平均销量急剧下降，从 1980 年的 2000 册左右，到 80 年代末下降到 1000 册，到

---

① 缮写室（scriptoria）：中世纪时欧洲修道院中专门供僧侣抄写手稿的房间。在印刷机发明之前，人们为了传播《圣经》和古代先贤的著作，只能由僧侣或者雇用的抄写员在羊皮或者纸张上进行缮写或誊写。

1990 年下降到 500 册，到了 2000 年下降到 200 册[24]——销量通常不足以支付出版机构的管理费用，而且数量比中世纪流行的手稿书籍还少。专著的价格——现在仅限于学术市场——有时会涨到 200 美元一本，远远超出了学生和大多数专家的承受能力。根据哈佛大学最近的一份人文学科报告[25]，包括古典文学、语言学、哲学和历史学在内的人文学科在 1966 年吸引了 14% 的"普通"大学的文科本科生，到 2010 年，这些数字总体下降到了 7%，而且这些院系正在被削减。[26] 在这种情况下，数字化的到来要么被视为拯救的源泉，要么被视为人文文化进一步迅速衰落的证据。随着所有利益相关方——学者、图书馆、出版机构——开始筹划自己的当务之急，数字时代的知识"获取"开始呈现出高度竞争的性质。

从这些发展中产生的一个更重要的元问题是，这些不同的数字人文团体如何在数字时代创建并保证获取（access），特别是在面对商业主导出版业的现状时。一小部分大型商业出版机构向大学和公共图书馆收取越来越高的学术期刊订阅费，尤其是在自然科学、工程技术和医学（science, technology and medical, STM）领域，这令人大为震惊——到了 20 世纪 90 年代末，围绕"开放获取"[27]的呼吁响起，一场围绕该理念的运动开始凝聚力量。支持者义正词严地谴责了图书馆采购预算中用于自然科学、工程技术和医学（STM）订阅的比例不断增加，这损害了期刊和专著的人文预算。他们说服期刊出版机构降低收费或扩大服务规模，但这种努力失败了。之后，图书馆员和其他信息专家开始考虑数字出版物的可能。如果数字出版淘汰了期刊和书籍的印刷、纸张、仓储、运输、接收和库存，那么开放获取（OA）的支持者便已开始大声疾呼为什么数字出版机构不大幅降低订阅费呢？1985 年，标志性的反文化组织"全地球目录"的创始人斯图尔特·布兰德发出了"信息要自由"的号召。[28] 随着这一理念逐渐进入图书馆和学术界，它有时会演变成这样一个短语："知识要自由"，而且很快上升为一种似乎常常把信息等同于知识的意识形态。

当开放获取（OA）应用于学术交流时，人们可能会争辩说，早期的开放获取（OA）思想大多建立在大量关于出版的错误假设之上：印刷成本、出版机构的附加值、学术的合作性质以及潜在读者的规模。开放获取（OA）思想指出印刷成本抬高了书籍的价格，而事实上，印刷成本远不及编辑、同行审议、文案编辑、校对、排版、销售、分销和营销的成本那么重要——所有这些都必须完成，无论最终产品是印刷品还是电子产品。这些理论家宣称，出版机构在履行这些职能时并没有创造任何价值，而且事实上，在不需要出版机构的情况下，学术团体愿意为其"免费"工作来增加这种价值。正如一位图书馆员所说，学术团体也在阻碍进步，他们利用出版物资助他们的"假期"，即他们的年度会议。[29] 最后，这样的想法是，只要不用付费，就有大量的读者在等待阅读最新的学术专著。事实上，在同一时期，美国的大学图书馆购买的所有专著中，在三年内由于从未被传阅，有 60% 被取消使用。2008 年，这些大学图书馆的平均用户借阅的书籍比 1995 年减少了 80%。[30]

　　然而，一旦批判分析、公众讨论和政府压力集中在开放获取（OA）运动上，一种成熟的方法、态度和期望也开始站稳脚跟。根据彼得·苏博的具有普遍性的定义，"开放获取（OA）文献是数字化的、在线的、免费的，并且不受大多数版权和许可限制。"[31] 开放获取（OA）并不适用于所有人，也不追求在大多数情况下取代传统的印刷出版。但苏博认为，对于像文艺复兴时期人文学者一样的学术作家来说，这无疑是有意义的，他们现在通过自己的教学职位和奖励制度就能获得补贴：晋升、补助金、奖金、旅行基金、宽敞的办公室、图书预算、职位、研究生助理、研究中心、研究所和类似的软性资金。尽管有 75% 以上的人文学科教师是临时性的，不太可能获得终身教职，甚至不可能得到全职的学术工作，但对于那些受到严格限制的终身教职阶层来说，像文艺复兴时期的人文学者一样，把自己的作品赠予出去是很有意义的，它使发行和读者准入变得容易了。这种奖励不是像出版本身或整个社会所固有的交易那样，立即兑现金钱报酬。这种奖励无疑是在学术奖励制度中由晋职和其他方面的提升而带来的诸多利益。

　　当开放获取（OA）监管上升到政府层面时，规则和强制遵守有时似乎令人无法容忍，从而引发众怒和抗议，最近英国学术界面对政府开放获取（OA）监管时就出现了这样的情况。作为对抗议的回应，各方立场也迅速变得强硬起来。一位欧盟委员会资金赞助者最近宣称："如果学术团体是向开放获取（OA）过渡的牺牲品，那就随它去吧。"[32] 在美国，类似的立法和授权现今正在强制执行公开获取。只要学校或个人接受政府资助，那么就可以公开获取从联邦政府资助的科学研究到中世纪艺术史上的学位论文。一些历史学家，比如罗伯特·达恩顿[33]，在其著作中就早期现代政府试图界定"什么是恰当的内容"所产生的影响以及政府对出版的干预发表了广泛的评论。面对意识形态的信念和政府的强制，人文科学能否蓬勃发展？伊拉斯谟是所有人文学者中最著名的一位，在宗教改革日益扩大的意识形态裂痕中受到天主教徒和新教徒双方的追捧。但他哪边都没选，而是寻求一个摆脱意识形态的、开放的道路，依靠理性和人文主义的话语，结果却是他在两个阵营的谩骂声中结束了自己的生命。

随着大学在企业和研究模式下的日益转型，教师的研究成果不再是作者的知识产权，而是企业制度的知识产权，类似于为制药公司进行的实验室研究。在这样的制度下，开放获取（OA）的授权被视为进一步削弱了人文学科教师的自主权以及他们在合适的时间和地点发表作品的权利。大学和政府的授权越发与开放获取（OA）运动的观点不谋而合，即个人学术工作没有经济价值。然而，它对公司的总价值持续增长起到作用，而且具有讽刺意味的是，学术出版又回到了最初被开放获取（OA）运动所谴责的境地：学者们免费产出他们的作品，而信息聚合企业则利用它来将其总价值货币化。如果信息聚合企业碰巧是研究型大学而不是企业出版机构，那么最终结果对人文学者个人来说是否更有利？

五花八门的解决方案，商业的、非营利的和政府的，现在都已经尝试过并取得了不同程度的成功。关于禁止传播论文和文章的问题，"谁付费"的问题及其涉及的学术工作一贯的等级划分、开放获取的创造者、开放获取模式的最终可持续性等问题，即使不像十年前那样引起激烈讨论或者在意识形态上的争辩，它们也仍在争论中。支持者们现在已经开始明确地区分两种类型的开放获取（OA）：金色的，代表用于期刊交付的开放获取（OA）文章，而不管其商业模式如何；绿色的，用于通过机构知识库提供的内容，即大学教师的作品和／或存放的论文。在这两大类型（开放获取支持者为了回应批评而开发的）中，仍然嵌套着各种各样的方案和模式，包括"自由"和"免费"、作者付费、机构付费、资助机构付费、读者机构付费（类似于封闭式访问）：最重要的考虑是商业市场不付费，因此遵循了久负盛名的文艺复兴赞助模式。新规则不断发布，旧规则不断得到更新和重申，以确保规范化。就像中世纪晚期和文艺复兴时期托勒密宇宙观的周期和本轮[①]一样，方案的复杂性、变化和范畴内的分化持续增长。

大多数开放获取（OA）模式认为应由作者、作者的机构、读者所在的机构或一些非营利性基金会支付，而不是由读者付费（读者付费被称为访问障碍）。然而，在向读者开放的尝试中，当出版物交给有兴趣推广自己品牌和明星产品的公司化机构时，这实际上可能关闭了作者的出版渠道。学院薪酬方案引发了一种批评：仅仅因为某人在一个资金充裕的机构任教，并不意味着这个人的想法应该发表，而其他人也不应该因为在资金不足的学校里工作，他们的观点就被束之高阁。因此，开放获取（OA）可以重新确认人文学术界长期存在的一种不言而喻的偏见：最好的学者是那些财力雄厚的机构聘用的学者。另一个结果是，富有的个人自己为出版买单。这同样有利于某些学术阶层：更高级和终身制的、在更加精英化的学校的、有全职职位的、那些资源不依赖于他们的学术薪水（通过个人因素或通过利润丰厚的商业出版或娱乐合同）的那些人。

开放获取（OA）运动也成功地催生了一批道德可疑的出版者，后者愿意接受报酬，在各种标识下出版几乎任何东西——主要是期刊——而且付款通常是按比例递减的。它还催生了一个同样令人警惕的网络监控组织，它们在网络空间里搜寻似是而非和具有欺诈性的出版者和期

---

① 本轮（epicenter）：在托勒密的宇宙模型里，行星遵循本轮（周转圆）的小圆运行。而本轮的中心遵循被称为均轮的大圆绕地球运行。这种模型可以定性地解释行星为什么会逆行。

刊，在定期出版的清单上把它们列出来，并向学者们传播这些他们应该会回避的字眼：数字版禁书目录（*Index Librorum Prohibitorum*, Index of Prohibited Books），相当于天主教宗教裁判所或大革命前的法国皇家审查机构。正如中世纪晚期的手稿文化一样，在慷慨的赞助人的庇护下，自由授予作品的绅士理想很快就消失了，这些就像早期的印刷品和大量未经授权及盗版的版本一样，在版权和其他知识产权还未得到牢固的确立和传播之前就消失了。修正主义历史[34]将此视为一个必要的实验阶段，也许就是在这一点上我们应该思考应该如何应用开放获取（OA）模式进行出版。

出版的自然科学和社会科学模式更容易采用这种开放获取（OA）模式，但考虑到研究的通用性、其较短的保存期和更多的公共资金来源，人文科学的开放获取（OA）模式也正处于尝试阶段。然而，这些都必须面对传统文化和人文科学的内在方法论：一种出版和接受模式——无论精英学术奖励制度如何——需要一直重视个人作者及其名望、报酬，这种出版和接受模式为期刊文章提供更长的生命，并且更依赖于专著。人文科学期刊和书籍的可持续性主要依赖于个人创办的学术出版社，其专业编辑和其他工作人员主要通过销售获得资金；也依赖于学术团体，这些学术团体的资金主要来自会员会费，会员现在大多是临时的、初级的或未享有终身职位的教师。

同样，人文主义运动创建公共图书馆的初衷是它相信古人的智慧经过适当的编辑、呈现和传授，可以改变个人的道德和整个社会。这种念头一直到 20 世纪末仍然是人文学院、教学和出版的基本核心。高等教育普及背后的民主冲动正是向广大公民灌输这些人文理想。总的来说，20 世纪末的冲击、新批判理论的影响（这一理论经常抨击人文主义启蒙议程）以及不断变化的高等教育和美国人口的经济状况，几乎消除了这种推动力。正如现任哈佛大学学术交流办公室主任彼得·苏博直言的那样，"开放获取（OA）主要并不是让外行读者接触到它。开放获取（OA）运动的重点是为那些依靠获取信息来发展职业生涯的专业研究人员提供机会。"[35]因此，开放获取（OA）运动是否可以被视为从西方人文知识理想的窠臼中又一步的撤退，转而为有见识的公民提供服务，并回到一个赞助体系的社会中呢？

也许最引人注目是美国历史学会（AHA）做出的人文学科开放获取（OA）出版实验。就其承担的对美国人民的宣传使命而言，美国历史学会本身也许是最具代表性的学术团体。第一次实验发生在 1999 年，[36] 当时《美国历史评论》（*American Historical Review*）通过历史合作数据库（History Cooperative）提供了开放的获取途径。在见证了一年当中订阅收入下降了 8.5%（这是该学会有史以来最大的一次年度降幅）之后，美国历史学会认定，尽管这种模式能够担负得起近期学术成果的大量获取，但它不是可持续的。2005 年，在时任研究部门负责人罗伊·罗森茨威格[37] 及其支持者的敦促下，美国历史学会决定免费开放查阅《美国历史评论》上发表的所有文章，同时在订阅后方可查书评。其理论认为这些内容不应以货币价值来衡量，而应仅仅以其学术价值来衡量。该团体及其工作人员和运营的可持续性问题是次要问题。在接下来的两年半里，订阅量进一步下降了 18%（在此期间，美国历史学会将《美国历史评论》的制作和发行转移到芝加哥大学出版社），之后学会改变了决定，恢复了订阅的全额付费模式，提供了移动墙用以访问过刊，用数字资源扩大会员服务，发起其他不太正式的学术交流。

越来越多的期刊进入开放获取（OA），而且英国政府颁布了严格的新规则来限制执行开放获取。但是在这之后，关于开放获取的争论仍在继续。2012 年 9 月 24 日，美国历史学会（AHA）发布了一份公开的《关于学术期刊出版的声明》[38]——该声明得到了美国历史学会管理委员会的一致批准——在声明中，它严厉指责了开放获取的热潮，提醒读者人文科学与自然科学、工程技术和医学（STM）领域有着天壤之别，编辑和同行审议的实际附加值和成本（46 万美元 / 年），以及一个新的、高度不公平的格局隐患，这种格局将有利于那些能够负担得起开放获取期刊收取的高额费用（2000 美元 / 篇）的学者。

最近对英国、美国和欧盟的学术团体进行的一项调查[39] 表明，大多数人（55%）对开放获取（OA）持支持态度，理由是开放获取能够降低获得当前文献的门槛，尤其是在南半球那些最无力支付订阅费的国家。然而，大多数接受调查的团体仍然对这些期刊订阅的收入损失表示担忧。此外，值得注意的是，只有 33 个团体参与调查，其中 75% 是以自然科学、工程技术和医学（STM）为重点的。虽然对开放获取（OA）的实验和异议仍在继续，但在人文科学的开放获取（OA）工作模式出现之前，共识的达成需要时间、测试和灵活的方法。与此同时，诸如谷歌图书和美国国会图书馆、大都会博物馆、纽约公共图书馆、法国国家图书馆、大英图书馆、瑞士国家财团和许多其他大型机构的资源数字化等庞大项目也在向前推进，它们提供了数以百万计的可视文本和口头文本的开放获取。

第十章　数字人文的演变风貌

引言

每一个景观都有两个角度：视角和其他外部视角，以及人类主体在其中游弋所获得的视角。"我们对最初无差别的空间有了更深入的了解，并赋予它价值。"[1] 当我们从景观研究和人文学者对乡村考古学等领域的研究中获得了新的见解，我们已经开始更充分地认识到人类对景观的影响：从农业到河流、沼泽和森林的治理，再到大规模的土地迁移。西蒙·沙玛的经典著作《风景与记忆》（*Landscape and Memory*）[2] 就是一个关于文学和历史研究如何追溯对风景的理解变化的例子——从古代和中世纪的敬畏到浪漫主义的理想化，再到工业功利主义。这些新的研究为我们如何理解周围的世界提供了深刻的见解——这个世界是我们游走的地方，也是我们工作和生活的地方。

同样地，在本书中，我们描述了数字化对人文科学的影响，以及它如何改变了研究和学科思想的许多方面；但在本章中，我们将首先简要讨论人文学者作为中间人对计算世界的影响。我们首先讨论罗伯托·布萨委托托马斯·沃森帮助建立一个搜索引擎，用以搜索托马斯·阿奎那的大量作品。这种合作仍然是人文学者在初始阶段踏足计算机领域的一种范例。

多年来，图书馆界一直致力于研发各种各样的计算机解决方案，来解决人文科学研究引起的问题：编目、文字和元数据的搜索、分类和报告格式。例如，在密歇根大学、加利福尼亚大学和弗吉尼亚大学，图书馆和计算机系设立了各种办公室，以满足人文学者的研究议程，我们在本书的许多地方已详细回顾了这些内容。

　　这些年来，人文科学对计算机技术和文化有何其他的影响？有几个涉及面较广的范畴，其中一个就需要另外的一整本书从这个角度详细介绍。这里我们只想强调，这是一个持续的过程，读者和研究人员都不应忽视也不应低估人文学者的研究议程，它们的积极投入对数字时代产生了深远的影响，而且对于数字时代施予公众的大部分影响也负有责任。

　　从文字处理软件 Microsoft Word 的脚注格式到印刷排版软件 InDesign 的索引，从文本编码倡议（TEI）在数字艺术书籍中的应用，到盖蒂图像公司[①]使用美国航空航天局的高光谱成像技术（NASA-style），再到利用数据挖掘技术来收集 19 世纪的文献，所有这些都反映了人文学者在计算机领域中的作用。现在，随着活跃的数字人文项目和一代熟悉计算机各个方面的人文学者的出现，这种影响已经变得持续、深刻和普遍。例如，人文学者对思维问题的兴趣[3]有助于认知科学领域的研究人员继续工作，并获得校内资助。事实上，许多人认为计算机系对人文信息处理技术的兴趣对于维持信息技术和计算机系具有战略意义，这也取决于人文学者同人和部门以洞察力和威望来巩固他们在校园中的地位。

　　过去的二十年里，数字人文学科的面貌发生了飞速的变化，但随着数字人文工作集中在棘手的问题上，发展的速度减慢了。1996 年，美国现代语言学会（MLA）的一项调查将数字景观视为一种文字处理应用程序、联机公共检索目录（OPAC）和书目数据库。调查指出，电子邮件、邮件列表、列表服务器和新闻群体的增长正在创造一种重大变化，关于"孤立学者的刻板印象"的变化。[4]这些因素都变得如此普遍——文森特·莫斯科所说的"平庸"[5]——以至于它们已经不再值得一提。到了 2005 年，人们谈论的都是数字工具，现在人们可以轻松地在线访问这些工具，甚至都不屑提及。还剩下什么需要完成的呢？

　　在现实中，数字人文科学面临着两个紧迫的挑战。第一个挑战是需要将已经创造出来的所有不同的优秀资源整合到一个全面的学术交流系

---

　　① 盖蒂图像公司：总部位于美国西雅图的图片交易公司。成立于1995年，目前拥有8千多万张图片和插画。

统中，即建立一个网络基础设施，[6]以便促进个人、出版机构、学术团体和所有高校的人文科学工作，并对从最专业的研究重点到最广泛的公众利益问题进行调查和回答。第二个挑战是提供一个框架，允许所有学者利用其研究领域中可用的工具。

数字人文中心和研究所通常设立在研究型大学里，为数字研究项目提供信息处理技术、工具和应用程序、技术咨询和廉价援助（第六章讨论），而其他的数字人文组织为探索未来方向提供了一个论坛。这些组织机构经常举办各种会议和研讨会，邀请有经验的数字人文学者介绍他们的经验，同时试图从全球的视角看待高等教育和人文学科中不断变化的重要问题。数字人文组织专注于让其成员了解最新的技术并跟踪尖端技术的发展，因为前沿正迅速走向"平庸"，所有的数字化都将成为人文科学研究的正常组成部分。但是，数字人文的问题离不开一般的人文学科尤其是学院派的人文学科的当前现状。

学院派的人文学科

最近，学院派的人文学科状况常常被定性为"危机状态"，这与人文学科的影响范围、与公众的接触程度直接相关。人文科学的危机不仅仅是本科生入学的问题，它与一个广为人知的且早已过时的模因"学术交流危机"有关。这场危机——如果可以把跨越 50 年的情况称为"危机"的话——已经被反复分析，它涉及四个要素：印刷专著的受众和命运、它在专业评估和发展中的作用、大学出版社的未来，以及图书馆在馆藏开发、获取和学术保存中所起的作用。

这场讨论只集中在这些问题中的一个核心问题上：大学出版社作为人文科学研究——专著的主要载体，其影响力、营利能力和反应能力不断下降。对此原因的解释经常被重复，凯西·戴维森（当时就职杜克大学）在 2003 年美国学术团体协会（ACLS）年会上简洁地阐述了这些原因。[7]在学术出版危机中，以下几方面话题的任意组合带来了问题：印刷品制造成本高，科学期刊成本高，出版机构的贪婪和低效，图书馆在人文学科方面的预算下降，大学出版社经费的削减，学术人文学者的关注范围缩小到越来越深奥的专业，缺乏对作者的出版补贴或者对出版文化的广泛普及。所有这些话题几乎每周都会在《高等教育纪事》(*Chronicle of Higher Education*)或《学术厨房》(The Scholarly Kitchen)[8]等期刊中报道，它们仍然是猜测、辩论、大量轶事描述和分类对策的对象。

到了 90 年代末，人们认识到必须采取措施。像中世纪史专家和《词语的化身》(*Avatars of the Word*)的作者詹姆斯·奥唐奈、罗伯特·达恩顿(美国历史学会主席)、杰罗姆·麦甘("罗塞蒂档案"的发起人)和爱德华·艾尔斯("暗影之谷"的创始人)等学者为推崇的电子媒体的成熟发展似乎提供了一个解决方案。因此，到 1999 年底，"古登堡电子图书计划"(Gutenberg E-Book Project)和美国学术团体协会人文科学电子图书(HEB)都看成是美国学术团体协会(ACLS)、美国历史学会(AHA)、梅隆基金会以及由重点大学图书馆、其他学术团体和大学出版社组成的小型联合体的合资企业，它们期望通过数字媒体扭转专著出版的经济形势就可以解决许多问题。与此同时，其他项目，如加州数字图书馆、"缪斯项目"(Project MUSE)和西文过刊全文库(JSTOR)，已经大幅度扩大了此类出版计划的范围。

在 2000 年至 2010 年的十年间，电子出版的大部分领域都取得了实质性的进展，梅隆基金会继续通过大学出版社和财团联盟[9]资助各种实验，许多大学出版社继续只关注一种电子书模式：以印刷为主的专著的衍生电子版。与此同时，大多数的大学院系或院长、教务长仍然坚持认为，聘用、终身教职授予及晋升(HTP)的唯一通行证就是印刷专著，而且是由少数一线大学出版社出版的。与此同时，图书馆继续面临预算捉襟见肘、读者人数下降、任务受挫的困难。

百慕大三角

我们又该如何解释如下情形？在一次又一次的会议上，在一次又一次的出版物中，人文学者听到并读到，学术交流的问题实际上是出版机构和图书馆之间平衡转移的问题。这一系列的事情是这样的：如果我们能用电子出版来改变出版机构的制造系统的经济状况，事情就会变得更好。如果我们能说服出版机构让它们的书更便宜、发行范围更广，事情就会回到原来的状态。如果我们能把图书馆从贪婪的大型国家期刊发行机构手中解放出来，我们就可以松绑它们的预算，让它们有机会再次购买我们的专著。如果我们能资助首版、再版、系列出版物、个别的大学出版社，以及整个美国大学出版社协会（AAUP）的出版网络，"它们"将会再次出版"我们"需要它们出版的专著。如果我们能让出版机构走出这种境地，把它们剔除，我们就可以自己动手，然后获取、编辑、安排时间表、明确权利、排版和设计、编辑文案、校对、出版、估价、定价和储存、发行，为我们的专著做广告、开账单和支付版税，然后我们将恢复"它们"所破坏的系统。或者更好的是，如果图书馆能为我们接管这项工作，管理图书馆及其不断增长的藏书和资料类型，它们一定会为我们解决这个问题。如果"它们"能为"我们"解决这个问题就好了。

人文学者在学术交流中的问题不是"我们"而是"它们"，这个问题已经一而再，再而三地重复。尽管有多年收集的统计数据和调查、深刻的分析、出版者和编辑的建议和警告、出版项目的改变和取消，甚至是一些大学出版社的消失，但学者和他们的院长、教务长们仍然几乎全部对学术交流的基本事实三缄其口，这一事实就是：人文主义学者既是人文主义的生产者，也是它的市场、它的作者和读者，对于人文科学支离破碎的学术交流体系的成败，学者们承担着至少与出版机构和图书馆同样多的责任。

多年来，学术交流的动力显然不是出版机构和图书馆之间的紧张或对立，而是一个必须包括学者在内的三角关系——"学术交流的百慕大三角"，这个文化空间失去机会、失去责任，拥有无法解释的惯性，很像 20 世纪 50 年代和 60 年代，在西大西洋的一个地区发生的各种运输工具神秘失踪并无法解释的现象。人文学科学术交流有三个主要节点：学者、大学出版社和图书馆，他们之间的三角关系仍然是一个不断变化、不确定且常常是危险的力量场，他们之间存在着联盟和摩擦。我们在这里的讨论忽略了资助机构，因为它们在传统上扮演着重要但不太明显的角色，以各种形式和程度支持每一方。要了解这一现状，就必须简要分析这个三角关系中的三方及其动态，讨论目前由此造成的学术交流僵局，并尝试打破三角关系，就可能的前进方向提出建议。

对这个三角形的不同分析包括以下方面。第一，问题出在学者身上：写作内容太狭窄太密集，写作和出版只满足聘用、终身教职授予及晋升委员会的需要。第二，问题出在出版者身上：目光短浅又不能专注任务，同时又寻求高额利润，被不断变化的环境和颠覆性的技术所束缚，故步自封。最后，问题出在图书馆上：为了取悦自然科学和社会科学而削减人文科学预算，在后者有机会融入教学大纲和研究议程之前取消对它们的使用权，设计出像赞助人驱动的收购计划，自行成为"出版机构"，提供开放获取，开放同行审议和大型档案计划，从真正的大学出版社那里捞取好处。

梅隆基金会（Mellon Foundation）利用约翰森·舒尔[10]等人的前沿网络理论，经常将这种局面描述为一种"生态"走入歧途，基金会的大规模资助或政策干预可能会挽救这种局面。这样的分析为这样一个系统提供了一个当前的、绿色的、表面上是良性的社会科学视角：这个系统大概是由一系列自然规律和物理动力学所支配的。这些规律和动态可以被理解和操纵从而达到良好的效果：人类学家或经济学家提出的模型源自社会科学，而不是先前的人文科学。

然而，另一个随着数字技术的崛起而发生变化的模式几乎是意识形态化的、得失相抵的或摩尼教①式的学术交流方式。有人认为，在这里，一个数字化的临界点终于到来了，它将三角形三个节点中的一个推到前面：学者将成为新的出版者（有网站、博客、院系收藏）；或者，图书馆将成为新的出版机构（有 XML、大量的归档策略、大规模数字

---

　　① 摩尼教（Manichaeism）：旧译"明教"等，伊朗古代宗教之一，在公元3世纪中叶由波斯人摩尼（Mani）创立。在欧亚大陆上广泛传播过程中，使用过叙利亚文、中古波斯文、帕提亚文、粟特文、汉文、回鹘文、希腊文、拉丁文、科普特文等十余种文字，与其他主要宗教发生了深入的思想对话。

化和数据挖掘、开放获取，与大学出版社结盟或收购）；甚至是一个更
具远见卓识的设想：大学出版社实际上将成为一个数字出版机构。这是
一种基于信念的方法，而不是一种以生态、科学为基础的控制环境的方
法，它建立在迄今为止不受支持的希望之上，希望这三种力量中的一种
或另一种最终战胜其他力量。一方面，人文学者的研究表明，这种末世
般的期望很少令人愉快或富有成效，另一方面，许多人文学者对社会科
学的公正持怀疑态度。

摒除这种"生态学"方式或者基于信仰的个人救赎的冲动，人文学
者可以借鉴尤尔根·哈贝马斯或皮埃尔·布尔迪厄等理论家的观点，来
更好地强调这三方中每一方的独特作用，并尝试将这种模式改为公共契
约和社会契约。[11] 当面临将人文学术带入数字时代并保持质量、范围和
可持续性等问题时，这就承认了在一个共同努力的范围内，自治与代理
之间的权力和利益平衡在不断变化。

根据这一替代模式，目前在学术交流中暴露出来的但不是由数字化
造成的危机并不是混乱的"生态系统"，也不是得失相抵的竞赛，而是
一个已经崩溃的社会契约，一块"公地"。这种崩溃是具有正当自我利
益和理性动机的积极主体有意识的决策和计算的结果，而不是自然力和
无意识平衡系统的后果。只有通过尝试重新建立社会契约——考虑到所
有相互竞争或重叠的利益——人文社会才能有希望朝着共同的解决方案
而努力。即使它在探索和开发新的数字出版工具，这依然意味着它必须
在这些社会契约的平衡中重新引入一个似乎容易被分析所忽略的因素：
学者在遵守社会契约或试图负责重建社会契约方面的作用。因此，解决
办法不在于关注这个三角形的任何一个节点，因为无论是学者、图书馆
还是大学出版社都不能单独解决这个问题。因此，另一种选择就是关注
新数字时代大学本身的结构。

大学

越来越多的人开始达成共识，认为这些众所周知的问题可以通过大

学最高管理层——院长、教务长、副校长和校长办公室制定的政策来解决。毕竟，最高管理层最终要为被大学出版社出版和图书馆收购了著作的学者的聘用、终身教职授予及晋升（HTP）以及决定此类问题的部门制定标准，还要为这三个竞争对手制定政策目标和预算。

实际上，任何形式的学术交流，无论是印刷还是数字化，无论是策展、合成还是分析，它的最终成功都将取决于政策决定，即将这三种参与者视为某一学术方法的一部分，并考虑以下因素：高质量的学术、与主题和学科方法相适应的最佳技术、同行评审和更广泛的验证、可复制性（技术和学术性）、可扩展性及通过一致的标准和出版方法进行的广泛传播，以及可获得性和保存性。但是，尽管人们对需要做的事情达成了越来越多的共识，但大学最高管理层迄今为止还很少有这样的举措。

学术团体

最近关注的焦点集中在学术团体——独立的学者协会——是否能提供一种方法来打破百慕大三角关系式的学术交流。毕竟众所周知，学术团体集合了最好的力量以解决许多与人文科学有关的问题。美国政治科学协会（APSA）前执行主任迈克尔·布林特纳尔曾指出，由于学术团体在整个社会中扮演着至关重要的角色，他们被赋予了自主权和自由来成就并管理自己。作为学者，人文学者享有一种特权，他们可以创建自己的团体来换取更大的服务：知识的进步和评价，知识的有用性将日久弥坚。为了实现这一目标，学术社会拥有大量宝贵的资产：自我管理和自我可持续性，以及长期的专家同行评审传统。学术团体独立于大学院系、图书馆和大学出版社，通过会费和捐赠、学术成果、可靠的编辑系统和稳固的学院联盟，融合了自筹资金，获得了可持续性，寻求学术交流的创新途径。

与大学出版社和图书馆迄今陷入僵局的局面不同，在学术团体中，学术交流的概念在不断变化、发展，以满足不断变化的成员需求和构成。学术团体提供此类广泛的交流：从会议小组和论文到文章、在线博客、非公开出版物、会员数据库、书目、图片集、列表服务器、时事通讯、推特和脸书的群组，这些都反映了学术交流的真实和核心形式。这些形式大多不在大学系统及其预算和管理限制范围内，而是完全属于学术团体及其成员的权限范围。

但就学术团体的使命而言，数字化实际上仍然是一个未知领域。有明显的先例，其中许多我们已经在前几章中讨论过，如网站、期刊和时事通讯的在线提交、维基、博客、社交网络、在线会员名录、在线书籍、书目和其他在线资源的链接。这些都是很好的开始，但是在定位其履行的关于会员资格的学术角色方面，数字时代的学术团体又该何去何从？他们目前的系统如何服务于人文学者现在的学术工作方式？学术团体仍然会出版一些书籍和文章，但是一个学术团体如何应对这个领域里如此巨大的数字化改变呢？学术团体是否该让其他组织介入以完成自己的使命？或者，学术团体是否需要从数字化转向中获得力量，开发新的方法来管理数字图景，构建它并与成员沟通？他们能否为人文科学和人文资源，包括从数字档案馆到图像合集，从 HTML 网站到数字文章和专著的任何口头、视觉和物质材料，提供成形的网络基础设施？

学术团体能否建立一个工具、出版选择和交流场所的框架，使自己成为每个学科或领域的数字化中心？有效地组织和利用其能力，使现有的不同数字资源取得最高标准的专业知识和同行评审，仍然是学术团体的主要潜力之一。

但是学术团体做好应对一切的准备了吗？除了通常的惯性和资源匮乏之外，人文社会面临的两大问题已经开始显现。首先，尤其是在美国历史学会（AHA）、美国大学艺术学会（CAA）和美国现代语言学会（MLA）等更大型的专业团体中，更专业的群体如社会历史学家、建筑历史学家、雕塑家或文学理论家开始分裂，这既降低了学术团体的整体效力和影响力，又将数字化工作集中到下属或附属团体中。在一个团体中，数字创新步伐受挫可能促使一个小群体形成一个数字组织，并在更大的背景下申请政府或私人基金会的资助，从而进一步减缓了创新的步伐，并从数字项目中转移了所需的资金和人力资源。

学术团体的另一个主要趋势是将期刊和图书出版业务转移到大型实体中，通常是重点大学或商业出版社。牛津、剑桥、加利福尼亚、海威、芝加哥、霍普金斯、劳特利奇等许多出版机构现在占据了越来越多的学术期刊。虽然这可以为学术团体节省许多员工和规模上的开支，扩大订阅基础，同时平衡风险周期，但事实证明，大多数大型出版机构（大学出版社或商业出版社）对数字出版的创新形式具有高度的趋利避害的敏锐性，原因已在前几章中讨论过。因此，曾经策划过创新性数字文章的作者和编辑，常常只能得到一个简单的、增强版的 PDF 或功能最少的 HTML 版本的数字文章，这些版本适合于简化的编码系统和大公司最不常见的出版策略。出于资金、人员配置、技能水平和结构限制等许多明显原因，许多团体认为这种出版方式很值得权衡。因此，其他新兴组织是否有能力履行数字化时代中学术团体的使命？

学术界之外

很难忽视这样一个事实：在线学术资源的组织依赖于学院控制之外的实体机构。最好的例子是谷歌和其他搜索引擎，它们基于算法过滤和传递结果，而很少或根本没有获得来自学术界本身的投入。同样明显的是，建构工具（见第五章）也转移到了学术界之外，那些致力于软件开发的公司可以将技能、人员、经验和经过验证的代码应用到多个问题上。这些公司有时会将这些工具免费供学术使用，而不会对产品开发或企业利润产生负面影响。而在学术界，同样为小规模工具开发提供资金所做出的努力常常导致重复工作，然后弃用不能在新系统上发挥作用的项目或产品。

许多庞大的内容项目在学术界之外都取得了成功。有一个例子足以说明。始于 2001 年的维基百科在英文版网站上有 470 多万篇文章，是287 种语言版本中的一个，有 7.3 万名活跃编辑，180 亿次页面浏览量，每月有 5 亿名访问者。维基百科是免费的，它被审查和编辑，并向所有人开放。学者、科学家、专家、业余爱好者和粉丝们都贡献了自己的力量。在寻找有关伽利略的信息时，一个学生更可能从维基百科开始，而不是从莱斯大学的"伽利略项目"[12]开始。但是维基百科的文章会把用户带到该网站和大约 25 个其他网站，以及近 100 个印刷版的资源。所以很难忽视这些统计数据或与之争论、竞争。最近，在学术界的积极参与下，一系列的"马拉松式的编辑"[13]利用众包和其他协作方式在维基百科网站上创建、编辑和策划新内容。他们还着手纠正主题和撰稿人之间的性别不平等及其他方面的不平衡。这些努力弥合了学术界和公众在创作和接受方面的差距，并可能指向一种打破陈旧壁垒的方法。

更广泛地说，随着学院派的人文学者越来越多地转向自己和少数其他人文学者（以及终身教职授予委员会）感兴趣的问题上，人文学科作为一个整体是否已经开始超越学院？当人们通过电影、电视、网站、通俗小说和非虚构类书籍对过去进行最深刻和广泛讨论的反思时，人文学术是否已经失去了对公众的吸引力？同时，数字化是否使人文学科从学术界的垄断中解放出来？数字人文仅仅是学术界之外已经发生的巨大变革中的一小部分吗？学院派的人文学科是对信息大规模数字化（通常伴随着商品化）的一个微不足道的注脚吗？

除了为数字学术交流建立网络基础设施的挑战外，还有一个重要的机遇，这是人文科学新的数字化转变可能带来的最深远的成果之一。数字化给人文学者提供一个机会，使他们重新接触更广泛的公众，共同理解我们的过去，并指引我们的未来。大多数从事学术研究的人文学者准备好接受它了吗？或者，历史人文学科作为我们文化和学术生活中的一股力量，它的生存是否会要求它与学术界脱离？数字化已经开启这场分离了吗？

后记：智慧半生

在沃纳·赫尔佐格的电影《忘梦洞》（*Cave of Forgotten Dreams*）[1]中，调查人员考察了法国南部的洞穴，在那里发现了被证明是已知的最古老的洞穴艺术，可以追溯到三万两千年前。大约两万年前，山洞的洞口因山体滑坡而被迫关闭；因此，画有马、犀牛、野山羊、野牛、乳齿象、狮子和熊的精美画作在数千年来一直保持着原始状态。这个洞穴随即对公众关闭，以便考古学家、古生物学家、艺术史学家和计算机科学家进行科学分析。详细的 3D 数字地图覆盖了洞穴的每一个点，而且已经成为所有开展进一步调研的人员的标准参考点。无线电碳分析追踪了洞穴在长期使用过程中的各种绘画活动，调查人员又采用了细致又传统的视觉分析确定了洞穴壁画的其中一位画家：6 英尺（约 1.83 米）高，可能是男性，小指弯曲，在洞穴的各个洞室里留下了正手印。

影片中最吸引人的一个情节是一段对一组图画的简单讨论，内容是一组图画是如何被重新绘制，如何通过用另一组图画来增强第一组图画以达到透视效果。第二位画家在同一地点使用了同样的技法，但时间却在五千年以后。这个简单的讨论令人震惊：在自然回溯、地图绘制、秘密分享、仪式启动、艺术传统、歌曲、舞蹈或其他文化的参照物中，是什么样的文化记忆被铭记于心，让人们得以追溯远古祖先的脚步？而那个时代，大多数人的寿命仅仅稍高于一代人。我们知道澳大利亚土著把相似的记忆和艺术传统传承了下去，我们对这种深刻的文化记忆在精神和身体记忆中传递的方式也有一些了解。

但是，把这些与我们自己文明的文化记忆对比时，我们就要重新思考一下。当然，我们确实收集并保存着古老的、被摧毁已久的文明的深刻记录。这是历史学家、考古学家和艺术史学家的工作。记录长期被摧毁的文明遗迹，收集过去的碎片恰恰是他们的工作重点。但这些洞穴画家的文化事业与此迥然不同，他们保存了一种超越传统的生命形式，使过去活在当下，当下成为过去的延续。正如一位土著艺术家对一位调查人员所言，不是他在润饰祖先日渐衰落的艺术，而是祖先们自己的灵魂通过他来积极地起着作用。

在我们的文明中，智慧的文化半衰期是什么？当下主义、为就业市场而开展的教育，以及由技术、金融和理论驱动的生命力越发短暂的当代艺术，使得新的和不断变化的艺术更为优越，就像我们被商业、消费驱动的生活一样。我们的艺术和我们的思想反映了我们的物质文化，正如三万两千年前不变的艺术模式反映出的世界一样。在那个世界里，循环取代了变化，智慧通过各族人民的集体传统得以延续，并在个人的身体——心、手和眼睛——中得以体现。

最早写下自己的人文学者——彼特拉克和他的追随者们——分享着同样的感觉：通过他们的笔、画笔和建筑，过去又重新活了起来。当彼特拉克通过书信与西塞罗交谈时，或者后来马基雅维里与其他古人进行同样的谈话时，他们独自在研究里思考着世界的权力和政治，他们创造了一种高度自觉的文学隐喻。对他们而言，这是一种与鲜活传统的真正接触。"生命"的意义并不是我们嘴里那种种漫不经心的陈词滥调，而是在某种意义上更接近第二个洞穴艺术家或土著人的理解：过去的精神实际上的的确确通过我们而活着。第一代人把人文主义带到西方文化的前沿，保留了过去那种鲜活的娱乐。在他们的拉丁风格以及他们的新作和新版本中，人文学者把记载和弘扬过去的精神作为己任，视过去为现在，并致力于揭示过去的痕迹，以便他们也可以追溯、透视祖先们的活生生的作品。尽管我们喜欢宣称彼特拉克是"第一个现代作家"，但他也许是前现代主义者中的最后一个，他完全意识到了古代的文化记忆和现在的文化记忆是同一类型，这些记忆使肖维岩洞[①]的绘画活了上千年。

当人文主义建筑师在他们的新教堂、宫殿和公共建筑中重新发现并再利用古罗马的形式和材料时，他们有意识地开始重建，不仅仅在形式风格上进行重建，而且通过无声的石头诉说过去的精神。文艺复兴时期的游行队伍穿过圣彼得大教堂庆祝胜利的地方，队列不仅承载着古老的宗教传统，也再现了罗马皇帝和宗教的胜利。拉斐尔将他的画作《雅典学派》的哲学家和宗教领袖置于与新圣彼得大教堂完全相同的建筑架构中，这不仅仅是对文艺复兴书籍装帧的沿袭或改进，他也为自己的主张提供了石头和空间的元数据，即与他同时代的思想家和艺术家们正在重温和复兴的古代精神和智慧。人文科学就是从这种意义上诞生的，不仅是为了重现过去，而且是为了让过去重生，重获它的形式和道德内容。他们把文学、历史和艺术做成过去的虚拟复制品，以便让现在的公民像古人一样真实地感受和思考。高雅和意志可以跨越几个世纪的黑暗，跨越将现代世界与远古先辈的世界分开的黑暗。

那么数字时代的人文学科又能做什么呢？我们已经积累并能够分析数以百万计被我们称之为知识的信息。但是，当我们所有的作品穿梭苍穹，抛弃了物质性和形态时，当个体性和内在形态从我们的话语、交流方法中消失时，智慧的半衰期还剩下了什么呢？当我们记录数字梦想的方法在十年内变得过时，当我们的文字、图像和歌曲离开时间和空间的限制，当我们把洞穴画家手印中可识别的手指——他扭曲的小指——完全换成电脑数位的"0"和"1"时，我们最深的文化记忆中还剩下什么？生活在过去的一代人渴望通过自己的身体（手、眼睛、呼吸）创造人文科学，那么人文科学如何才能保持真正的人性？

在我们这个时代，创造一个彼特拉克和第一批人文学者口中的"重生的人"意味着什么？通过严格应用我们古老的、继承下来的知识和智慧，我们的后现代精神复兴会是什么样子？我们现在仅仅是一些前沿的

---

① 肖维岩洞（Grotte Chauvet）：位于法国东南部阿尔代什省的一个洞穴，因洞壁上绘有上千幅史前壁画而闻名。岩画经证实可追溯至距今 36000 年前，为人类已知最早的史前艺术。

数字理论家宣称的信息猎手和信息采集者吗？还是，我们人文学者采用一种新的公民身份模式——对世界和创造的精神开放，借此来寻求一种理想？在我们这个数字饱和的文化中，有没有对应这些历史模式的现代模式？人文科学和这样的问题难道不是息息相关吗？

我们现在生活在语义网的开始阶段，数字化不仅取代了出版机构和图书馆，而且还会将作者本人从我们所看到的人文主义话语的动态中移除。数字人文科学是否会成为一些专家长期以来所希望和计划的样子，一个经过各种计算机过程分析、为计算研究和思维定式挖掘和收集的没有生命力的语料库？如果我们的答案是"是的"，数字人文科学不过是一套狭隘的学术专业和方法论。那么学术生活和人文科学是否仍然是一种有用的、创造性的结合？然而，如果人文科学，即使在数字时代，仍然是一条解放和更新精神的道路，那么也许彼特拉克自己对"院派学者"的蔑视势必引导 21 世纪新人文主义运动，而这一运动必须得到大学之外的新数字技术以及日益自我指涉的奖励制度的支持和推广。

人文主义研究会不会变得像散落在肖维岩洞地面上死去无声的骨头：栖息在神圣时空中的遥远的生命记忆，现在被小心翼翼地从环境中撬出来作为文物来研究？还是，我们希望这些干枯的骨头能活下来，我们祖先的灵魂会再次通过我们开口，引导我们的手、眼睛和呼吸，重新发现过去的智慧，让它重新活起来？人文科学从人类的过去中诞生，它向我们解释了什么是现在的人，并引导着我们去想象在未来成为更完整的人意味着什么。

附录：数字工具

正如我们在本书中所强调的，大多数人文学者在他们的学科和研究议程中继续使用有限的数字工具的工具包。随着数字作品的不断增长，人们不断具备新的潜能，有了新的期待，本节中许多数字工具的重要性将越来越得到认可。以下列表并不能穷尽所有工具，也不代表作者的任何建议。然而，这是一个在撰写本书时可用并提供帮助的详细选录。在测试方面，在大多数情况下，我们只验证了仍在运行的网站和可用产品。这些描述取自网上的产品信息。Dirt（数字研究工具）[1]、TAPoR（研究文本分析门户）[2]和 SPARC（学术出版和学术资源联盟）[3]是识别这些工具的主要资源。虽然列出的大多数工具都被归为一个类别，但除了此处指明的功能外，许多工具还执行多种功能。

1. 3D 建模与打印

3DCrafter（http://amabilis.com/products）是一个实时 3D 建模和动画的工具，它结合了直观的拖放方法来进行 3D 建模。

After Effects（http://www.adobe.com/products/aftereffects.html）是 Adobe 的数字运动图形和合成软件，允许用户使用各种内置工具和第三方插件在 2D 和 3D 空间中制作动画、改变和合成媒体。

Amira（http://www.vsg3d.com/amira/overview）是一个多功能工具，允许集成、操作和可视化大型数据集。自动和交互式分割工具支持 3D 图像数据的处理。

Art of Illusion（http://www.artofillusion.org）是一个免费、开源的 3D 建模

和渲染工作室。

Autodesk 3ds Max（以前称为 3D Studio Max，http://www.autodesk.com/ products/autodesk-3ds-max/overview) 是一个用于建模和动画项目的开源图形软件工具。

Blender（http://www.blender.org）是一个免费的开源 3D 动画套件。它支持整个 3D 制作的流水线：建模、装配、动画、模拟、渲染、合成和运动跟踪，甚至是视频编辑和游戏创建。

BRL-CAD（http://brlcad.org）是一个跨平台、开源的实体建模系统，包括交互式几何编辑、用于渲染和几何分析的高性能光线跟踪、图像和信号处理工具、系统性能分析基准套件和稳健的几何再现库。

netfabb 基础版和专业版（http://www.netfabb.com）为 3D 打印数据提供网格编辑、修复和分析功能。

OpenSCAD（http://www.openscad.org）是一个可用于 Linux/UNIX、Windows 和 Mac OS X 系统的免费软件应用程序，用于创建实体 3D CAD（3D 电脑辅助设计）模型。

SketchUp（http://www.sketchup.com）是一个免费的 3D 建模和图像编辑软件工具。

Tinkercad（https://www.tinkercad.com）是一种用于创建数字设计的工具，可将 3D 打印用于实物。

TurnTool（http://www.turntool.com）是一套基于网络的工具，可以在低带宽环境中创建和查看 3D 模型。

Wings 3D（http://www.wings3d.com）是一套免费的开源建模工具，可自定义界面，支持灯光和材质，具有内置的自动紫外线（AutoUV）映射功能。

2. 音视频处理

Advene（http://liris.cnrs.fr/advene）是里昂大学图像信息与信息系统（LIRIS）实验室的一个免费的跨平台应用程序。通过定义时间对齐标注，并将其移动到自动生成或用户编写的评论视图（HTML 文档）中，来创建对视频文档的评论和分析。

Anvil（http://www.anvil-software.org）是一个免费的视频注释工具。

EchoDamp（http://echodamp.com）是一个免费、多平台、多声道的音频混频器和回声控制器，主要为高带宽音乐视频会议环境而设计。

ELAN（http://tla.mpi.nl/tools/tla-tools/elan）是由马克斯·普朗克心理语言学研究所开发的一款免费多平台工具，用于在音频和视频资源的多层上创建注释。

Final Cut Pro（http://www.apple.com/final-cut-pro）是一款 Mac 系统的应用程序，用于组织和处理视频。

Pro Tools（http://www.avid.com/US/products/family/Pro-Tools）是一个专有软件包的集合，用于创作、录制、编辑和混合用于图片和视频的音乐或声音。

ScreenFlow（http://www.telestream.net/screenflow/overview.htm）是 Mac 操作系统的屏幕录制和编辑软件，方便录制、编辑和共享音频和视频。

Screenr（http://www.screenr.com）是一个免费的基于网络的屏幕录制程序，用于在网络上创建和共享屏幕录制。

Snagit（http://www.techsmith.com/snagit.html）是一个屏幕录制和图像捕捉工具。

Vertov（http://digitalhistory.concordia.ca/vertov），由康考迪亚大学数字历史实验室开发，是一个免费的多平台媒体注释插件，它允许将音频和视频文件剪切成片段，对片段进行注释，并将注释与存储在文献管理工具（Zotero）中的其他研究源和注释集成在一起。

VideoANT（http://ant.umn.edu）由明尼苏达大学开发，是一个免费的在线环境，可以同步网络视频与基于时间轴的批注。

3. 博客

Blogger（https://www.blogger.com）是一个免费的博客发表软件，由谷歌（Google）开发。

Edublogs（http://edublogs.org）是免费的云托管教育博客系统（WordPress）网站，具有简化的界面选项。

LiveJournal（http://www.livejournal.com）是一个免费的博客和个人期刊平台。

Open Attribute (http://wordpress.org/plugins/openattribute-for-wordpress and

https://chrome.google.com/webstore/search/openattribute) 是一套用于向博客系统
（WordPress）网站和谷歌博客添加许可信息的工具。

Open Salon（http://open.salon.com/cover）是由萨隆公司（Salon）开发的一
个简易博客服务，侧重内容，而不是设计和功能。

Squarespace（http://www.squarespace.com/stories）是一个基于云的博客平
台，用于建立一个博客或一个完整的网站，用户通过界面进行远程管理，以设
计、定制和个性化博客，而不需要编程语言。

Tumblr（https://www.tumblr.com）是一个免费的博客 / 微博平台，侧重个
人博客之间的数据共享。

Tweetster（http://corybohon.com/tweester）是一个为来源管理系统（Omeka）
和博客系统（WordPress）提供的免费、基于网络的插件，允许自动向 Omeka
档案或 WordPress 类博客中添加新内容。

Twitter（https://twitter.com）是一款免费的基于网络的微博软件，用于发送
不超过 140 个字符的信息。

TypePad（http://www.typepad.com）是一个商业微博平台。

WordPress（http://wordpress.com/website）是一个免费的网络发布平台，最
初是围绕博客设计的，有许多主题和插件来实现其他功能。

Zotpress（http://wordpress.org/plugins/zotpress）是一个免费的基于网络的应
用程序，用于将 Zotero 引文添加到使用文本引用和书目的博客中。

4. 头脑风暴

Aeon Timeline（http://www.scribblecode.com）是一个多平台、时间实体管
理程序，它使用可视化时间线进行头脑风暴，并通过输入和输出进行收集。

Basecamp（https://basecamp.com）是一个多平台的项目管理软件，用于
共享文件、消息和任务管理，包括提供每日更新电子邮件和实时文档编辑的
选项。

bubbl.us（https://bubbl.us）是一个免费的基于网络的思维导图 / 头脑风暴
软件应用程序。

CMAP（http://cmap.ihmc.us）是一个免费的基于网络的应用程序，用于创
建、导航和共享概念图，可以使用超文本标记语言（HTML）和 Java 描述语言

（JavaScript）在线显示。

Coggle（http://coggle.it）是一个免费的基于网络的应用程序，用于构建实时协作信息。

Exploratree（http://www.exploratree.org.uk）是一个免费的基于网络的数据库，包含可下载和编辑的头脑风暴模板。

FreeMind（http://freemind.sourceforge.net/wiki/index.php/Main_Page）是一个用于头脑风暴和思维导图的免费软件应用程序。

Instaviz（http://instaviz.com）是一个 iOS 操作系统的思维导图 / 头脑风暴应用程序，可以将草图转换为图表。

Mindjet MindManager（http://www.mindjet.com/mindmanager）是一个基于 Windows 操作系统的可视化头脑风暴软件应用程序。

MindMeister（http://www.mindmeister.com）是一个低成本、基于网络的头脑风暴和思维导图工具。

MindMup（http://www.mindmup.com）是一个免费的基于浏览器的头脑风暴工具，用于创建思维导图。

NovaMind（http://www.novamind.com）是一个多平台思维导图软件。

Padlet（http://padlet.com）是一个免费的在线便笺工具，用于协作、头脑风暴、计划和组织项目。

Popplet（http://popplet.com）是一个免费的网络和 iOS 操作系统的思维导图和协作头脑风暴工具。

VUE（Visual Understanding Environment［视觉理解环境］, http://vue.tufts.edu）由塔夫茨大学开发的一款免费的基于网络的应用程序。它提供了一个建构、呈现和共享数字信息的可视化环境。

5. 字符识别（另参见"音乐识别"）

ABBYY Fine Reader（http://fineereader.abbyy.com）是一个商用光学字符识别（OCR）引擎，创建包括扫描的文档、PDF 文件和数字照片在内的电子文件。它在 Mac 和 Windows 系统上运行，也可以在线使用，并作为移动应用程序使用。

DocScanner（http://www.docscannerapp.com）是一款低成本的 Android 和

iOS 系统应用程序。它使用手持设备的内置摄像头扫描文档、优化图像、执行光学字符识别（OCR）以及创建和发送 PDF、文本文件和 JPEG 格式的图像。

OmniPage（http://www.nuance.co.uk/for-individuals/byproduct/omnipage/index.htm）是一个专有的光学字符识别（OCR）软件，可以扫描、处理实物上的文本并将其导出为文档文件格式。它可以在 Mac 和 Windows 系统上运行。

Tesseract（https://code.google.com/p/tesseract-ocr）是一个谷歌赞助的开源光学字符识别（OCR）引擎，可以在 Linux、Windows 和 Mac OSX 操作系统上运行。它可以读取各种图像格式，并将其转换成 60 多种语言的文本。

6. 协作

Co-ment Pro（http://www.co-ment.com）是一个免费的在线文本注释和协作写作工具。

Conference Maker（http://editorialexpress.com/conference/confmaker.html）是一个基于网络的软件，用于为国际会议创建程序，以分散化方式处理提交过程。

ConfTool（http://www.conftool.net）是由汉堡大学开发的一套会议管理系统（对 150 人以下的非商业性活动免费），帮助用户注册参与者、提交和审核稿件以及安排会议计划。

Edit Flow（http://editflow.org）是一个在博客系统（WordPress）中组织协作的免费工具。

Github（社交编程及代码托管网站，https://github.com）是一个用于公共软件代码存储、协作者管理、问题跟踪、维基百科、下载、代码评审和图形的免费环境。私人存储库也可以通过按月付费的方式来使用。

Google Docs（http://docs.google.com）是一个免费的在线环境，用于编辑和共享文档、电子表格、演示文稿、表单、绘图和表格。

LaTeX Editor（https://www.sharelatex.com）是一个用于协作共享文档的文本编辑工具。

nb（http://nb.mit.edu）是麻省理工学院的 Haystack 项目组研发的免费在线环境，用于协作注释 PDF 文档。

Open Conference Systems（OCS［开放式会议系统］，http://pkp.sfu.ca/ocs）

是一个由公共知识项目开发的基于网络的免费工具，用于创建会议网站、发送论文征集、接受论文和摘要的提交、发布会议记录和数据集、注册与会者，并支持会后在线讨论。

Participad（http://participad.org）是一个免费的基于网络的插件，由罗伊·罗森茨威格历史与新媒体中心开发，允许多人同时编辑相同的博客系统（WordPress）内容。

Pundit（http://www.thepund.it）是一个免费的基于网络的语义注释和扩充工具，用于共享注释和协作创建结构化知识。

Sched（http://sched.org）是一款基于网络的软件应用程序，用于组织会议。

SepiaTown（http://sepiatown.com）是一个免费的、基于网络的文化历史平台，融合了摄影、地理和技术，并为机构和个人提供了一个分享和绘制历史图像的论坛。

Snapzen（https://snapzen.com）是一个免费的，基于 Google Chrome（谷歌浏览器）的工具，用于在任何网页上对信息进行协作处理。

Trello（https://trello.com）是一个免费的基于网络的项目组织工具。

Yutzu（http://www.yutz.com）是一个基于网络的免费工具，允许协作收集、共享和发布多媒体内容。

7. 通信

Doodle（http://www.doodle.com）是一个免费的在线日程安排工具，用于帮助安排会议。

Google+（https://plus.google.com）是一个免费的基于网络的社交网络平台，可以与谷歌的其他服务进行交互。

GoToMeeting（https://www4.gotomeeting.com）是一款专属的基于网络的软件，用于在线会议、桌面共享和视频会议。

Piazza（https://piazza.com）是一个免费的基于网络的讨论工具，专用于课程交流。

Skype（skype.com http://www.skype.com）是一个网络应用程序，实现免费的电脑间语音和视频呼叫（拨打电话号码要付费）。

Wiggio（http://wiggio.com）是一个基于网络的免费服务，允许用户创建组、主持虚拟会议和电话会议、管理事件、创建待办事项列表、调查成员、发送消息以及上传和管理文件夹。

8. 数据分析

ANTHROPAC（http://www.analytictech.com/anthropac/apacdesc.htm）是一个免费的磁盘操作系统（DOS）程序，用于收集和分析文化领域的数据。该项目协助收集和分析结构化的定性和定量数据，并提供分析和多元工具。

ATLAS.ti（定性资料分析软件，http://www.atlasti.com/index.html）是一个用于分析文本和多媒体数据的软件应用程序。

Bookworm（http://bookworm.cultureomics.org）是一个基于网络的应用程序，由哈佛大学开发，将数字化文本库的动态进行可视化处理。它已用于几个备受瞩目的项目，包括美国国会图书馆的美国历史报纸汇编（http://chroniclingamerica.loc.gov）。

CATMA（http://www.catma.de）是由汉堡大学开的发一个免费的文本分析工具，用于文学研究，便于运用互联网对分析结果进行合作交流。

Collin's Parser（http://people.csail.mit.edu/mcollins/code.html）是一个免费的用于 Windows、Mac 和 Linux 操作系统的统计自然语言分析器，用于分析文本以确定其语法结构。

cue.language（https://github.com/jdf/cue.language）是一个免费的 Java 库应用程序，用于数据分析和语言研究，具有自然语言处理能力。

CulturalAnalytics（http://r-forge.r-project.org/projects/rca）是一个免费的基于 R 环境的软件包，具备数据分析和可视化的功能。

Cytoscape（http://www.cytoscape.org）是一个应用于 Windows、Mac、Linux 操作系统的免费平台，用来进行复杂网络分析、可视化和注释的免费平台。

Data Desk（http://www.datadesk.com/products/data_analysis/datadesk）是一个用于 Mac 和 Windows 系统的数据可视化和分析工具。

Dataplot（http://www.itl.nist.gov/div898/software/dataplot/homepage.htm）是一个免费的、属于公共领域的多平台软件系统，用于统计分析和非线性建模（用于 Unix、Linux、Mac OS X、Windows XP/VISTA/7/8 操作系统）。

Dataverse（http://thedata.org）是一个由哈佛大学开发的免费开源应用程序，用于发布、共享、参考、提取和分析研究数据。该程序由社会科学数据保存联盟（Data PASS，http://www.data-pass.org）和其他组织合作使用，这些组织负责归档、编目和保存社会科学研究数据，如民意调查、投票记录、家庭成长和收入调查、政府统计和指数以及地理信息系统（GIS）测量人类活动的数据。

Dedoose（http://app.dedoose.com）是一个跨平台的应用程序，用于定量和定性分析文本、视频和电子表格数据（如分析定性、定量和混合方法研究等）。

E-Net（https://sites.google.com/site/enetsoftware1）是一个免费的 Windows 系统应用程序，用于分析存在于个人、团体、组织或整个社会中的自我中心网络数据。

Ethno Event Structure Analysis（民族事件结构分析，http://www.indiana.edu/~socpsy/ESA）是一个免费的 Java 数据分析程序，用于处理涉及主体、动作、对象等事件特征的连续事件。例如，约翰·理查森的《磨坊主与工人联盟：1916 年埃弗雷特大屠杀的事件结构》（"Mill Owners and Wobblies: The Event Structure of the Everett Massacre of 1916", *Social Science History* 33 (2009)：183-215）中就使用了该软件。

GeoParser（http://edina.ac.uk/projects/geoxwalk/geoparser.html）是一个免费的基于网络的文本分析工具，由爱丁堡大学开发。它允许用户上传网页、文本文件、元数据记录、可扩展标记语言（XML）等，并解析这些文件的地理名称。它已在约克大学用作考古数据服务的一部分（http://archesydataservice.ac.uk）。

MATLAB（http://www.mathworks.com/products/matlab）是一个用于数值计算和可视化的交互式环境。

MAXQDA（http://www.maxqda.com）是一个用于定性数据分析、评价和文本分析的工具。

Minitab（http://www.minitab.com/en-US/products/minitab）是一套用于统计分析和可视化的统计软件包。

Observer XT（http://www.noldus.com/human-behaviorresearch/products/the-observer-xt）是一个基于 Windows 平台的事件记录软件应用程序，用于收集、分析和显示观测数据。

Philologic（https://sites.google.com/site/phillogic3）是一个免费的全文搜索、检索和分析工具，支持 TEI-Lite XML/SGML 语言、Unicode 编码、纯文本、都柏林核心集（Dublin Core）或超本文标记语言（HTML）和 DocBook 文档。它由芝加哥大学罗曼语语言文学系的美国和法国法语宝库研究项目（ARTFL）制作。

Publish or Perish（http://www.harzing.com/pop.htm）是一个免费软件程序，用于检索和分析学术引文。

QDA Miner（http://provalisresearch.com/products/qualitical-data-analysis 软件）是一个用于定性数据分析的商业软件包，用于编码、注释、检索和分析文本和图像集合。

Science of Science Tool（Sci^2, https://sci2.cns.iu.edu/user/index.php）是一个免费的模块化工具集，支持时间、地理空间、主题和网络分析以及微观（个体）、中观（局部）和宏观（全局）层面的数据集可视化。它由印第安纳大学图书馆和信息科学学院开发。虽然作为科学研究的工具开发，但它也可以用于人文科学。

Siena（http://www.stats.ox.ac.uk/~snijders/siena）是一个免费的网络数据统计分析软件包，主要用于社交网络，而不是自我中心网络，包括纵向网络数据、网络和行为的纵向数据以及横截面网络数据。RSiena 是一个 R 语言包。两者都是由牛津大学统计系开发的。

SPSS Statistics（http://www01.ibm.com/software/analytics/spss/products/statistics）由美国国际商业机器公司（IBM）开发，一款用于数据收集、分析、报告和部署的软件产品的商业软件包。

StatCrunch（http://www.statcrunch.com）是培生教育出版社开发的基于网络的统计分析和数据共享软件。

SwiftRiver（http://www.ushahidi.com/contribution/swiftrever）是一个免费、开源的基于网络的应用程序，用于对社交媒体进行实时过滤、监管和定性分析。

VassarStats（http://vassarstats.net）是一个免费的基于网络的工具，最初由瓦萨学院开发，用于统计计算，可以与 Firefox、Safari 和 Chrome 等浏览器配合使用。

9. 数据库管理系统

FileMaker Pro（http://www.filemaker.com）是一个专属跨平台的关系数据库应用程序。

IBM DB2（http://www-01.ibm.com/software/data/db2）是美国国际商业机器公司（IBM）开发的一个专属跨平台的数据库服务器产品系列。它支持关系模型，其中一些产品扩展可以为支持对象关系特性和非关系结构，如可扩展标记语言（XML）。

LibreOffice Base（https://www.libreoffice.org）是一个免费、跨平台的开源办公套件，由文档基金会（The Document Foundation）开发。除了一个数据库，它还包括文字处理、电子表格、幻灯片、图表和数学公式的程序。可用于110种语言。

MDID（Madison Digital Image Databse［麦迪逊数字图像数据库］，http://sites.jmu.edu/mdidhelp）是一个自由分布、开源的数字媒体管理系统，由詹姆斯·麦迪逊大学开发，提供可在各种学习空间中发现、聚合和呈现数字媒体的工具。

MySQL（http://www.mysql.com）是由 Sun Microsystems 开发的一个免费、开源、跨平台的关系数据库管理系统。

Oracle（http://www.oracle.com/us/products/database/overview/index.html）是一个专有的、对象关系型数据库管理系统。

PostgreSQL 或 Postgres（http://www.postgresql.org）是一个免费、开源的对象关系型数据库管理系统（ORDBMS），可用于多种不同的操作系统。它强调可扩展性和标准遵从性。

SQLite（http://sqlite.org）是一个免费的、属于公共领域的关系数据库管理系统，包含在一个小型的 C 编程库中。

SQL Server（http://www.microsoft.com/en-us/sqlserver/default.aspx）是微软为 Windows 平台开发的一个专用关系数据库管理系统，主要用于存储和检索其他软件应用程序所需的数据。

10. 数据收集

Altmetric（http://www.altmetric.com）是一个收费的网络应用程序，它可以

追踪学术文献的在线活动。

Blog Analysis Toolkit（http://www.ibridgenetwork.org/university-ofpitsburgh/blog-analysis-toolkit）是一个免费的基于网络的系统，由匹兹堡大学开发，用于捕获、归档和共享博客文章。

CoCoCo（http://projects.oucs.ox.ac.uk/runcoco/resources/cococo.html）是一个基于 Ruby on Rails 框架的网络应用程序，用于收集、编目和评估用户提交的文本或上传的文件的质量。"'一战'档案"（The Great War Archive，http://www.oucs.ox.ac.uk/ww1lit/gwa）是牛津大学用这个软件组装的。

Constant Contact（http://www.constantcontact.com）是最出名的一个通信和营销包，它还具有一个易于使用的调查平台。

Data for Research（DFR，http://dfr.jstor.org）是一个免费的基于网络的文本挖掘工具，用于西文过刊全文库（Journal Storage，JSTOR）的研究。

KORA（http://sourceforge.net/projects/kora）是一个数据库驱动的在线数字资源库，允许机构接收、管理和传送数字对象及相应的元数据。

LimeService（https://www.limeservice.com）是一款基于网络的免费应用程序，用户可以用 50 种语言准备、运行和评估在线调查。

LimeSurvey（http://www.limesurvey.org）是一个免费的基于网络的调查应用程序。电子艺术中心（Ars Electronica, http://www.aec.at/festival）使用该软件收集游客对其年度节日的反馈。

Pdf-extract（PDF 文件提取工具，https://github.com/CrossRef/pdfextract）是一组由 CrossRef 开发的开放源代码工具和库，用于识别和提取学术期刊文章或会议进程的语义重要区域，格式为 PDF。

Polldaddy（https://pollddaddy.com）是一个基于网络的民意测验和调查应用程序。它免费提供一个基础版的软件包，以及其他价格低廉且有附加选项的软件包。

Sample Size Calculator（http://www.macorr.com/sample-size-calculator.htm）是一个免费的在线工具，用于根据不同变量计算样本量。

Survey Monkey（https://www.surveymonkey.com）是一个基于网络的调查软件应用程序，它有助于调查的设计、收集和分析。它提供一个免费的基础版软件包，以及其他价格低廉且有附加选项的软件包。

11. 数据管理（包括数据迁移和数据存储）

Asset Bank（http://www.assetbank.co.uk）是一个数字资产管理系统，用于存储、管理和传送光栅图像、视听内容、文档和其他资源。

DSpace（http://www.dspace.org）是一个免费的开源软件应用程序，用于构建开放的数字存储库。

Dundas（http://www.dundas.com/dashboard）是一个基于网络、用于开发自定义交互式仪表板的平台。

Fedora Commons（灵活的可扩展数字对象存储库体系结构，http://fedora-commons.org）是一套免费的创造性知识共享许可软件工具，用于迁移、接收、管理和传送数字对象。

FieldWorks Data Notebook（http://fieldworks.sil.org）是一个免费的数据管理工具，主要用于管理语言和文化实地调查中的观察、文本和相似类型的数据。

Google Scholar Citations（http://scholar.google.com/citations）是一个免费的基于网络的应用程序，对用户引用的出版物进行跟踪、绘图和计算。

MicrOsiris（http://www.microsiris.com）是一个免费的基于 Windows 平台的统计和数据管理软件包，可以接受 Excel 表格中的数据。它来自于密歇根大学开发的一个软件包。

Netvibes（http://www.netvibes.com）是一个网络仪表板，用于连接、比较和自动化数据，并提供分析、标记、监管、警报、情绪分析和搜索选项。它提供免费和付费两个版本。

Open Harvester Systems（OHS，http://pkp.sfu.ca/ohs）是一个由公共知识项目开发的免费元数据索引系统，它有助于从符合开放档案计划（Open Archives Initiative，OAI）的档案中创建可搜索的元数据索引。

Qualrus（http://www.ideaworks.com/qualrus）是一个用于管理非结构化数据的商用定性数据分析工具。

Subversion（SVN，http://subversion.apache.org）是一个免费的多平台版本控制系统，用于控制和管理数据对象的多个版本。

TerraSurveyor（http://www.dwconsulting.nl/TerraSurveyor.html）是一个软件包，用于下载、组装、增强、发布和保存从各种工具中得到的地球物理数据。

它最初被设计为考古勘察仪，以满足考古学家的需要。

12. 数据可视化

ANNIS3（http://annis-tools.org）是一个基于开源网络浏览器的搜索和可视化的体系结构，用于具有多种注释类型的复杂多级语言语料库。

Circos（http://circos.ca）是一个免费、基于网络、可下载（用于 Mac、Windows 和 Linux 平台）的软件应用程序，用于在圆形布局中可视化数据和信息，并创建符合出版物质量标准的信息图表和插图。

Gephi（https://gephi.github.io）是一款适用于 Windows、Mac 和 Linux 平台的免费开源绘图软件，为各种网络和复杂系统以及动态分层图形提供一个交互式的可视化和探索平台。

Graphviz（http://www.graphviz.org）是一个免费、开源的图形可视化软件，将结构信息表示为抽象图形和网络的图表。

myHistro（http://www.myhistro.com）是一个基于网络的免费工具，用于 iOS 操作系统，用于将地图和时间轴组合成演示文稿、PDF 文件、谷歌地图（Google Earth）格式、博客和网站。

NetDraw（https://sites.google.com/site/netdrawsoftware/home）是一个用于可视化社交网络数据的免费 Windows 程序。

NewRadial INKE（Implementing New Knowledge Environments，http://inke.acadiau.ca/newradial）是一个基于网络的协同可视化工具，用于注释性评论和讨论。它是一个原型学术版开发环境，用于创建和共享与初级文本数据库和档案有关的二级学术成果。

NodeXL（http://nodexl.codeplex.com）是一个来自微软（Microsoft）的免费、开源的 Windows 模板，可与 Microsoft Excel 一起使用创建网络图。

Processing（http://processing.org）是一个免费、开源的编程语言和环境，用于创建图像、动画和互动。

Project Quincy（http://projectquincy.org）是一个免费的应用程序，对关于人群、场所和组织的信息进行可视化处理，以跟踪社会网络和机构如何随着时间和空间的推移而发展。它被用于早期美国外交数据库（EAFSD，http://www.eafsd.org）。它追溯了从美国独立战争（1775 年）到美国驻南美洲大使馆（1825

年）的美国外交事务。

Ptolemaic（http://ptolemaic.lander.edu）是兰德大学开发的一个免费的 Java 应用程序，用于对所有类型的西方音乐进行可视化和分析，包括音调功能分析、音级集合、层次线性分析、音高空间分析和变换分析。

Quadrigram（http://www.quadragram.com）是一个用于数据可视化的工具，它允许用户在一系列不同类型的实时数据上创建自定义的交互式可视化。

Silk（http://www.silk.co）是一个可视化和过滤网站数据的免费平台。

Statistical Lab（http://www.statistiklabor.de/en）是一个由柏林自由大学和维也纳大学为 R 环境设计的用于统计分析和可视化的免费用户界面。

Statwing（https://www.statwing.com）是一个免费的基于网络的数据分析和可视化应用程序。

TimeRime（http://www.timerome.com）是一个用于创建、查看和比较交互式时间轴的免费网络应用程序。

Viewshare（http://viewshare.org）是一个由美国国会图书馆开发的免费网络应用程序，用于创建文化遗产收藏的界面和可视化效果（如地图、时间轴、刻面、标记云、柱状图和图像库）。

VisualEyes（http://www.viseyes.org）是一个免费的基于网络的工具，由弗吉尼亚大学开发，用于将图像、地图、图表、视频和数据整合到动态可视化中。

Visual.ly（http://visual.ly）是一个免费的基于网络的软件，用于创建和共享信息图形和数据可视化。

Weave（http://oicweave.org）是由麻省大学洛厄尔分校开发的一个免费的可视化平台。

13. 手写识别

Evernote（http://evernote.com）是一款基于云的免费笔记软件，它使用内置的 OCR，允许用户记录文本笔记并将上传的文件附加到笔记中。其他功能包括离线笔记本、额外的存储、嵌入式 PDF 搜索以及私人和共享笔记本。

14. 图像创建

Adobe Illustrator（http://www.adobe.com/products/illustrator.html）是一个商业矢量绘图环境。

OmniGraffle（http://www.omnigroup.com）是一个基于 Mac 操作系统的图形编辑和样式化程序，用于创建流程图、图表、用户界面和用户体验交互。

Painter 2015（http://www.painterartist.com/us/product/paint-program）由科亿尔（Corel）公司开发的一款设计软件，用于在 Mac 和 Windows 操作系统中绘图，包括各种工具、纹理和媒体。

15. 图像处理，包括编辑、注释和标记

Aperture（https://www.apple.com/aperture）是一个用于 Mac 操作系统的图像处理软件应用程序，用于组织、编辑和共享照片。

Clarify（http://www.clarify-it.com）是一个免费的用于 Mac 操作系统的工具，用于获取多个屏幕截图，并对它们进行注释，组成一个文档。

Clipping Magic（http://clippingmagic.com）是一个免费的图像编辑和标记软件应用程序。

digilib（http://digilib.sourceforge.net/index.html）是一个免费、开源的互联网图像浏览环境。它具有精细的查看功能，可以对图像进行非常详细的操作。

DM（http://schoenberginstitute.org/dm-tools-for-digital-annotation-andlinking）是一个研究和注释图像和文本的环境，包括一套基于数字化资源的收集和组织证据的工具，由宾夕法尼亚大学勋伯格手稿研究所开发。

FotoFlexer（http://fotoflexer.com）是一个免费的基于网络的图像编辑应用程序。

GIMP（http://www.gimp.org）是一款自由发布软件，用于照片润饰、图像合成和图像创作等任务。它可以在多种操作系统上使用多种语言。

Greenshot（http://getgreenshot.org）是一个用于 Windows 操作系统的屏幕截图软件工具，允许编辑和注释。

HyperImage（http://www.unilueneburg.de/hyperimage/hyperimage/idee_E.htm）是一个由柏林洪堡大学和吕内堡卢芬娜大学开发的免费平台，它可以捕获数字

对象、添加层、链接、编辑元数据和编辑注释。

ImageJ（http://rsb.info.nih.gov/ij/index.html）是一个免费的图像处理程序，可以显示、编辑和分析图像，并执行简单的转换，如缩放和旋转。它以在线小程序或可下载应用程序的形式运行。

ImageMagick（http://www.imagemagick.org/script/index.php）是一个免费的软件套件，用于创建、编辑、合成或转换位图图像。它可以读写各种格式的图像。

iPhoto（http://www.apple.com/mac/iphoto）是一个支持图像编辑、标记、显示和发布的应用程序，用于 Mac 操作系统。

Irfanview（http://www.irfanview.com）是一个免费的基于 Windows 操作系统的图像查看器和转换器，具有简单的编辑功能。

iShowU Studio（http://www.shinywhitebox.com）是一系列用于 Mac 操作系统的屏幕和摄像头图像捕获和编辑的录屏软件工具。

Kaleidoscope（http://www.kaleidoscopeapp.com）是一个检测和比较文本和图像差异的 Mac 操作系统工具。

Mediathread（http://mediashread.ccnmtl.columbia.edu）是哥伦比亚新媒体教学中心（CCNMTL）开发的免费开源平台，用于探索、分析、注释和组织基于网络的多媒体内容。

Photoshop（http://www.adobe.com/products/photoshopfamily.html）是一款 Adobe 的数字成像软件。

Picasa（http://picasa.google.com）是一款免费易操作的图片编辑软件，结合在线 Picasa 网络相册，用于图片共享。

Skitch（http://evernote.com/skitch）是一个基于 Mac 操作系统的软件工具，用于注释、编辑和共享图像。

SumoPaint（http://www.sumopaint.com）是一个基于网络的图像编辑器，具有图片编辑和绘图功能。专业版 Sumo（SumoPaint Pro）是一个可下载的订阅版本。

UVic Image Markup Tool（http://tapor.uvic.ca/~mholmes/image_markup/index.php）是一个免费图像标记工具，用于描述和注释图像，并将结果数据存储在 TEI XML 文件中。主要在 Windows 系统上运行，也可以在 Linux 系统上运行。

XnViewMP（http://www.xnview.com/en/index.php）是一套免费用于 Windows、Mac 和 Linux 操作系统多平台图片查看工具，可以查看和转换多种图像格式。

Zoomify（http://www.zoomify.com）是一套适配 Windows、Mac 和 Linux 操作系统的工具，用于将大图像转换为可缩放和平移的格式。

16. 地图制作

ArcGIS（http://www.esri.com/software/arcgis）是一套用于构建地理信息系统（GIS）的软件。它提供在桌面上创建、编辑和分析地理数据的工具，并将数据、地图、地球仪和模型发布到地理信息系统（GIS）服务器或在线共享。

BatchGeo（http://batchgeo.com）是一个基于网络的专有工具，用于将地址转换为坐标并映射结果。

Crowdmap（https://crowdmap.com/welcome）是一个简单、免费的地图制作工具，构建在具有云存储的开放应用程序编程接口（API）上。

ERDAS Imagine（http://geospatial.intergraph.com/products/ERDASIMAGINE/ERDASIMA GINE/Details.aspx）是一套免费的地理空间创作工具，可以执行高级遥感分析和空间建模，还可以将结果以 2D、3D 和电影的形式进行可视化，以及在符合制图质量的地图编绘上进行可视化呈现。

GapVis（http://nrabinowitz.github.io/gapvis/#index）是一个免费的基于网络的接口，用于探索和阅读一组特定的上传文本，包括地图和数据的可视化，其中这类文本引用了古代地点。

GeoCommons（http://geocommons.com）是一个免费的基于网络的开放式数据和地图存储库，其中包含大量功能，可以方便地访问、可视化和分析数据。

GeoNames（http://www.geonames.org）是一个免费的基于网络的工具，用于识别和标记地理位置查询。它包含了 800 多万个条目，包括各种语言的地理名称、纬度、经度、海拔、人口、行政区划、邮政编码和含有独特特征的信息。

Google Maps（https://maps.google.com）是一个免费的基于网络的地图应用程序，可帮助在线标记、发布和共享地图。

GPS Visualizer（http://www.gpsvisualizer.com）是一个免费的易于使用的在线实用程序，从全球定位系统（GPS）数据中创建地图和剖面图。

GRASS GIS（http://grass.osgeo.org）一般称为 GRASS（Geographic Resources Analysis Support System），是一款免费、多平台的地理信息系统（GIS）软件，用于地理空间数据管理和分析、图像处理、图形 / 地图制作、空间建模和可视化。

Kartograph（http://kartograph.org）是一个免费的基于网络的框架，用于构建交互式地图应用程序。Kartograph.py 是一个 Python 库，用于生成便于 Illustrator 展示的可缩放矢量图形（SVG 地图）。Kartograph.js 是一个 JavaScript 库，用于创建基于 Kartograph.py 的 SVG 地图。

Leaflet（http://leafletjs.com）是一个免费的基于网络的开源 JavaScript 库，用于创建可移动交互式地图。

Map Box（https://www.mapbox.com）是一个需要订阅使用的开源地图构建工具。

Maphub（http://maphub.github.io）是康奈尔信息科学公司开发的一个免费的基于网络的应用程序，用于探索和注释数字化、高分辨率的历史地图。

Mapline（http://mapline.com）是一个免费的在线服务平台，用于从电子表格中获取空间数据并进行地理编码，创建点、区域和热图。这个平台还有一个收费版本。

Mapstraction（http://mapstraction.com）是一个免费的基于网络的 JavaScript 映射抽象库，支持映射提供者从一个地图的应用程序编程接口（API）动态切换到另一个的应用程序编程接口（API），可以显示标记、点、线和多边形，并添加图像覆盖和基本地图分幅。

Map Warper（http://mapwarper.net）是一套免费、开源、基于网络的服务，用于进行地图扭曲和地理校正，由纽约公共图书馆提供服务支持。

Modest Maps（http://modestmaps.com）是一个免费、可扩展的小型工具库，由加利福尼亚大学开发，用于创建交互式地图。

OpendTect（http://opendtect.org/index.php）是一个专用的多平台软件应用程序，用于分析和可视化海量地震数据。该程序有免费版本和商用版本。

OpenLayers（http://openlayers.org）是一款免费的基于网络的 JavaScript 库，

用于显示任何来源的地图分幅和标记。

ORBIS（http://orbis.stanford.edu）是在线斯坦福地理空间的罗马世界网络模型，它包括一个免费的工具，用于重建关于远古时代不同类型旅行的时间和费用。

Polymaps（http://polymaps.org）是一个免费的基于网络的 JavaScript 库，用于在网络浏览器中制作交互式地图，提供在地图上显示多缩放数据集，并支持平铺矢量数据的各种可视化表现。

QGIS（http://www.qgis.org）是一个免费的基于网络的开源地理信息系统（GIS），已由开源地理空间基金会（OSGeo）的 GNU 通用公共许可授权。

RivEX（http://www.rivex.co.uk）是一个专属地理信息系统（GIS）工具，用来处理矢量河网。

TileMill（https://www.mapbox.com/tilemill）是一个专属、多平台、开源地图设计工作室，用于创建使用 MapBox 数据自定义的网络平铺地图。

timemap（https://code.google.com/p/timemap）是一款免费的基于网络的 JavaScript 库，用于生成带有时间线并以网络为基础的地图。

*Time*Map（http://sourceforge.net/projects/timemap）是一个用于生成交互式地图的免费地图应用程序，由悉尼大学考古计算实验室开发。

UMapper（http://www.umapper.com）是一个免费或付费的、基于网络的工具，用于在浏览器中创建可嵌入的交互式 Flash 地图和地理游戏。

Ushahidi（http://ushahidi.com/products/ushahidi）是一个免费的基于网络的 Android/iOS 平台，用于收集和显示带有地理组件的信息。另请参见"Crowdmap"词条。

WorldMap（http://worldmap.harvard.edu）是一个免费并基于网络的地图工具，由哈佛大学开发的 GeoNode 的定制版本，允许用户可视化、编辑、协作和发布地理空间信息，信息可以来自上传或现有的信息库。

ZeeMaps（http://www.zeemaps.com）是一个免费并基于网络的工具，用于创建自定义的交互式地图，带有可嵌入到网站中的自定义标记。

17. 音乐识别

Aruspix（http://www.aruspix.net）是一个作为早期音乐印刷品的音乐扫

描软件。它得到了美国国家人文学科基金会的资助，并与音乐编码倡议组织（MEI，http://www.music-encoding.org/home）合作。它具有网络叠印和整理的特点，便于比较早期音乐版本与再版，以便汇编成全面的现代批评版本。它的一个主要项目是创建马伦齐奥在线数字版（MODE，http://www.marenzio.org），这是欧洲文艺复兴时期最重要的作曲家之一卢卡·马伦齐奥（Luca Marenzio，约 1553—1599）世俗音乐的完整批评版。

capella-scan（http://www.capella.de/us/index.cfm/products/capella-scan/info-capella-scan）是一款扫描软件，它有助于对 PDF 或常见图像格式的音乐乐谱进行光学字符识别（OCR），并将结果输出到 MusicXML 中，以便与普通音乐编辑软件一起使用。

SharpEye（http://www.visiv.co.uk）是一款音乐扫描或光学字符识别（OCR）软件，可以将乐谱图像转换为可编辑格式，如 MusicXML。

SmartScore（http://www.musitek.com）是一个适用于 Mac 和 Windows 的商业软件应用程序，它将乐谱图像转换为包括 MusicXML 在内的可编辑格式。

18. 组织

Durationator（http://www.durationator.com）是一款免费的基于网络的工具，提供涉及任何文化作品版权条款的信息。

Mendeley（http://www.mendeley.com）是一个免费参考文献管理工具，用于生成书目、查找并导入论文、在线访问论文以及与其他研究人员在线协作。它有一款可在 iPhone 上使用的应用程序。

Notational Velocity（http://notational.net）是一个 Mac 开源软件应用程序，可以跨记录进行搜索，或者创建和编辑记录。

OneNote（http://office.microsoft.com/en-us/onenote）是一个基于 Windows 的数字笔记本，用于在中心环境中收集记录和信息，并在共享笔记本上进行搜索。

Pear Note（http://www.usefulfruit.com/pearnote）是一个在时间轴上录制音频、视频、键入笔记和幻灯片的应用程序。

Pliny（http://pliny.cch.kcl.ac.uk/index.html）由伦敦国王学院人文科学计算中心开发，是一款免费开源软件，提供工具用于记录笔记和注释，并将其纳入不断发展的解释框架中。

Projects（https://projects.ac）是一个 Mac 应用程序，用于以结构化的方式组织和管理研究成果。

Qiqqa（http://www.qiqqa.com）是一款研究管理软件，用于组织大量论文、寻找新的可读论文、审查材料和创建注释报告。

Scribe（http://echo.gmu.edu/toolcenter-wiki/indexphp?title=Scribe）是由罗伊·罗森茨威格历史与新媒体中心（Roy Rosenzweig Center for History and New Media）提供的一个免费的跨平台笔记程序，用于创建、组织、索引、搜索、链接和交叉引用研究笔记、引文、思想、联系方式、出版和存档来源、数字图像、大纲、时间线和词汇表条目。

VoodooPad（https://plausible.coop/voodoopad）是一个用于 Mac iOS 操作系统的注释和组织工具，适用于文件夹、PDF 文件、应用程序和 URL，具有全屏编辑、导出和搜索功能。

Zotero（http://www.zotero.org）由罗伊·罗森茨威格历史与新媒体中心提供，是一个免费、多平台的工具，用于收集、组织、引用和共享研究资源。

19. 出版和共享，包括网址开发

Academia.edu（https://www.academia.edu）是一个面向学者的社交网络网站，方便用户分享论文、监测论文影响和跟踪特定领域的研究。

Annotum（http://annotum.org）是一个基于 WordPress 的平台，它提供免费、基于网络、开源、开放过程和开放获取的学术创作和出版。

Anthologize（http://anthologize.org）是一个免费的基于网络的 WordPress 插件，由罗伊·罗森茨威格历史与新媒体中心开发，可以把内容通过概述、排序和编辑放到一个卷集中，并以 PDF、TEI 或 EPUB 格式导出。

Bluefish（http://bluefish.openoffice.nl）是一个免费、多平台编辑工具，为程序员和网页设计师提供动态和交互式网站。

Bricolage（http://bricolagecms.org）是一款用于创建、管理和发布内容的开源内容管理、工作流程和发布系统。

chronam（https://github.com/libraryofcongress/chronam）是一个免费的基于网络的公共领域 Django 开源网络应用程序，由美国国会图书馆开发，该馆根据一套技术指南为报纸数据建模，以方便在线出版。

Drupal（https://drupal.org）是一个面向网站和应用程序的开源内容管理平台。

EPrints（http://www.eprints.org）是一个免费的数字存储库软件包，由南安普顿大学开发，可用于接受、管理和发布数字产品。作为一个管理学术论文、电子论文和其他独特数字资源的系统，它在学术界得到了广泛的应用。

ExpressionEngine（http://ellislab.com/expressionengine）是一个模块化的内容管理系统，由 EllisLab 公司开发，是一个免费的"核心"版本，可供个人和非营利网站使用。

Figshare（http://figshare.com）是一个免费的基于网络的工具，以可引用、可共享和可发现的方式发布研究成果，包括视频和数据集。

Flickr（http://www.flickr.com）是一个由雅虎开发的在线服务，允许注册用户上传、标记、分组、评论、分享和评价照片、艺术品、插图、屏幕截图和视频。

HUBzero（http://hubzero.org）是一个由普渡大学为研究软件和教育材料开发的网络出版平台，包括一个内置的软件运行环境和一个工具开发区。

InDesign（http://www.adobe.com/products/indesign.html）是一个来自 Adobe 的桌面出版软件应用程序，用于创建期刊出版物、海报、传单、小册子、杂志和书籍。文件可以导出为 EPUB、XML、HTML、Flash 和带有插件的 Kindle 格式。

Jing（http://www.techsmith.com/jing.html）是一个免费的 Windows 和 Mac 应用程序，用于录制和共享屏幕截图和截图。

Joomla（http://www.joomla.org）是一个开源的免费内容管理系统，用于构建网站和在线应用程序。

Legend Maker（http://www.zapptek.com/legendmaker）是一个用于创建 EPUB、MOBI 和其他电子书格式的 Mac 工具。

Movable Type（http://www.movabletype.com）是一个用于网站和博客的创建和内容管理系统。

Omeka（http://www.omeka.org）是一个免费的开源网络出版平台，用于展示图书馆、博物馆、档案馆的藏品以及学术藏品和展览。

OpenETD（http://rucore.libraries.rutgers.edu/open/projects/openetd）由罗格斯

大学开发，是一个开源的基于网络的软件应用程序，用于管理电子论文和博士论文的提交、批准和分发。

Open Journal Systems（OJS, http://pkp.sfu.ca/ojs）是一个期刊管理和出版系统，由公共知识项目（Public Knowledge Project）开发，并获得英联邦资助，以扩大和改善研究使用渠道。

Open Monograph Press（OMP, http://pkp.sfu.ca/omp）是一个免费的开源软件平台，由公共知识项目（Public Knowledge Project）开发，通过内部和外部的审查、编辑、编目、生产和出版来管理专著、编辑卷和学术版的编辑工作流程。OMP 也可以作为一个拥有目录、分销和销售能力的新闻网站来运作。

PressBooks（http://pressbooks.com）是一个免费的基于网络的工具，用于创作和制作多种格式的书籍，包括 EPUB、Kindle、按需打印的 PDF、HTML 和 InDesign-ready XML。

Prezi（http://prezi.com）是一款基于云的免费演示软件。

QuarkXPress（http://www.quark.com）是一款桌面出版软件，常用于为各种印刷和数字出版物（如书籍、报纸、杂志、海报和小册子等）创建页面布局。

Recollection（http://sourceforge.net/projects/loc-recollect）是一个为美国国会图书馆开发的免费网络应用程序，允许用户创建和共享通向数字文化遗产收藏的嵌入式接口。

ReDBox（ResearchDataBox, https://sites.google.com/a/redboxresearchdata.com.au/public）能够描述研究数据并将这些描述（元数据）提供给国家或全球注册机构。这些机构允许世界各地的研究人员定位和访问研究数据。

Roambi Flow（http://www.roambi.com/flow）是一项在移动环境中发布和分发数据的在线服务。

Scalar（http://scalar.usc.edu/scalar）是一个免费且基于网络的创作和出版平台，由网络视觉文化联盟开发，用于在线撰写较长篇幅的学术作品。

Scholastica（https://scholasticahq.com）是一个基于网络的期刊协作、管理和出版工具。

Sigil（https://github.com/user-none/Sigil）是一个免费、所见即所得、开源、基于 XML 的多平台 EPUB 编辑器，用于创建电子书。

Sophie（http://sophie2.org/trac）是未来之书研究所（Institute for the Future of the Book）研发的一个电子工具，用于在网络环境中创作、协作、阅读和发布富媒体文档。

　　Storify（http://storify.com）是一个基于网络的免费应用程序，用于收集、整理和编辑社交媒体，以创建故事。

　　StoryKit（https://itunes.apple.com/us/app/storykit/id329374595）是由国际儿童数字图书馆提供的免费 iOS 应用程序，用于制作电子故事书。

　　Substance Composer（http://substance.io/composer）是一个免费且基于网络的文档创作和发布平台。

　　Tackk（http://tackk.com）是一项基于网络的免费服务，用于在网络上发布内容。

　　WebSlides（http://slides.diigo.com/help.html）是一个基于网络的免费应用程序，用于转换书签和提要，以交互式幻灯片的形式呈现实时网页。

　　Wink（http://www.debugmode.com/wink）是一个免费的用于 Windows 和 Linux 系统的创建教程和演示的应用程序，可以捕获屏幕截图、鼠标移动和附带的音频。

　　Yana（https://osc.hul.harvard.edu/yana）由哈佛大学创建，它提供一个免费的开源模板，开放获取的期刊可以把它作为其多平台移动应用程序基础。

20. 同行评审

　　BenchPress（http://highwire.org/publishers/benchpress.dtl）来自 HighWire，是一个在线手稿管理系统，便于同行评审。它可以为每个期刊量身定制，生成编辑过程的报告和统计，也可以为印刷或在线出版物准备手稿。

　　Commentpress Core（http://wordpress.org/plugins/commentpress-core）是一个基于网络的开源免费插件，用于 WordPress 博客平台，由未来之书研究所（Institute for the Future of the Book）开发。它允许对文本进行细粒度的公共评论。

　　Digress.it（http://digress.it）是用于 WordPress 博客平台的一个免费插件，用于在文本的空白处进行段落级别的评论，并且可以协作使用，把各个段落的博客式评论串成一线。

　　EdiKit（http://www.bepress.com/aboutbepress.html）是一个基于网络的管理系统，由伯克利电子出版社开发，用于印刷品或在线期刊、论文、专著和会议记录的编辑过程中的诸多方面。它处理从提交到电子出版的各种事务，包括审稿人识别和跟踪、信函管理和提醒、修订和重新提交、出版物排版和多种问题的监督。

Editorial Manager（http://www.editorialmanager.com/homepage/home.htm）是一个在线稿件提交和跟踪系统。它为作者、审稿人、编辑和期刊办公室工作人员提供了可定制的从论文提交到同行评审和制作的一套手稿跟踪和报告工具。

EPRESS（http://www.epress.ac.uk）由萨里大学开发，联合监委会（JISC）的电子图书馆项目资助。它是一个在线的手稿跟踪和期刊制作系统，提供了获取过程报告的途径。

Open Journal Systems（http://pkp.sfu.ca/ojs）是一个开源的期刊管理和出版软件系统，由公共知识项目为审阅出版过程的每个阶段而开发。

PaperCritic（http://www.papercritic.com）是一个免费的基于网络的开放式同行审议工具，为 Mendeley（文献编纂器及学术社交网络软件）的用户开发。

Scholarly Exchange（http://www.scholarlyexchange.org）是一个免费电子出版平台，它将开放期刊系统（Open Journal Systems）公共领域软件与托管及支持结合起来，以生成有标价的学术期刊来促进开放获取。它依托屏幕广告来抵消成本。

ScholarOne（http://scholarone.com）为期刊、书籍和会议提供全面的工作流管理。

Scholastica（https://scholasticahq.com）是一个基于云的期刊管理平台，包括内置分析、文件版本控制、集成电子邮件、可定制的审阅者反馈表单、客户支持和单人或双人同行盲审。

21. 搜索（包括视觉搜索）

Bing（http://www.bing.com）是一个免费的微软搜索引擎。

Carrot2（http://search.carrot2.org）是一个免费、开源的搜索结果聚类引擎，它自动将小文档集合组织成不同类别。

Cluuz（http://www.cluuz.com）是一个免费搜索引擎，它显示相关页面的链接，以及从搜索结果中提取的实体（entity）和图像，并显示返回结果中最相关的实体的标记云，以及一组术语的语义图视图。

Gnod（http://www.gnod.net）是一个免费的文化搜索工具，在浮动标签云中为书籍、音乐、电影和人物生成搜索结果。

Google（https://www.google.com）是主导美国市场的免费网络浏览器。

Kartoo（http://www.kartoo.com）是一个可以跨多种语言工作的免费搜索引擎。

Yahoo!（http://search.yahoo.com）是美国市场仅次于谷歌的免费网络浏览器。

22. 语音识别

Dragon Dictate（http://www.nuance.com/for-individuals/by-product/dragon-for-mac/index.htm）支持多种音频文件格式，允许自动 Mac、iPhone 和数字录音机上录制的基于语音识别的录音。

Voxcribe（http://www.voxcribe.com）使用语音识别软件提供可编辑的音频或视频文件的基本文本。它是在 Windows 平台上运行的商用产品。

23. 语音到文本的转录

EXMARaLDA（Extensible Markup Language for Discourse Annotation［用于语篇注释的可扩展标记语言］，http://www.exmaralda.org/en_index.html），它包括一套将口语进行计算机辅助转录和注释以及构建和分析口语语料库的工具。

Express Scribe Transcription Software（快速抄写软件，http://www.nch.com.au/scribe/index.html）方便多种音频和视频文件格式（mp3、.mov 或 .wav）的转录，且无须在音频播放器和文本编辑器之间交替使用。它可以在 Mac 和 Windows 平台上运行，具有变速播放、多通道控制、播放视频和文件管理功能。

F4（http://www.audiotranskription.de/f4.htm）是一种用于录制音频或视频的商业转录工具。

InqScribe（http://www.inqscribe.com）是一款用于 Mac 和 Windows 的商业转录和字幕软件。

Scripto（http://scripto.org）融合了众包与转录，允许多个用户转录文件。程序是开源的，并且可以免费下载。"1784—1800 年作战部的报纸"档案（Papers of the War Department 1784—1800，http://wardepartmentpapers.org/transcribe.php）就是使用 Scripto 作为其众包转录工作的基础。

Soundscriber（http://www-personal.umich.edu/~ebreck/code/sscriber）是一款基于 Windows 系统的免费软件应用程序，用于转录数字化声音文件。它最初是为密歇根大学英语口语语料库（MICASE）项目开发的。

Transana（http://www.transana.org/about/index.htm）是威斯康星大学麦迪逊分校的一个付费计算机程序，用于转录和分析大量的视频和音频数据。

Transcribe（https://transcribe.wreally.com）是一个基于浏览器的编写环境，它与音频播放器紧密集成，允许用户在单个屏幕上转录音频，而无须在媒体播放器和文本编辑器之间切换。它与 Google Chrome 协同工作。

Transcriber（http://sourceforge.net/projects/trans/files）是一款用于音频和视频的转录和定性分析的开源软件。

Transcriva（http://www.bartastechnologies.com/products/transcriva）是一款付费的转录软件，用于在 Mac 操作系统上播放音频和视频文件。

VoiceWalker（http://www.linguistics.ucsb.edu/projects/transcription/tools）可以免费下载，仅适用于 Windows 系统，以可控方式播放声音。其优点是能够在转录时系统地逐句播放或"漫游"录音。这是加州大学圣巴巴拉分校语言学系的一个项目。

关于文本分析，参见第 27 节"文本挖掘"

24. 文本注释

AGTK（Annotation Graph Toolkit，http://agtk.sourceforge.net）是一个表示时间序列数据中语言注释的免费工具箱。

A.nnotate.com（http://a.notate.com）是一个免费的基于网络的文档和图像注释工具。

Annotator（http://annotatorjs.org）是一个免费、开源的 JavaScript 库，帮助网站开发人员对页面内容进行注释。

Brat Rapid Annotation Tool（快速注释工具，http://brat.nlplab.org）是一个

免费的在线协作文本注释环境，包括实体检索检测、事件提取、共指消解、分块、依赖语法、元知识和语料库注释。

Domeo Annotation Toolkit（注释工具包，http://swan.mindinformatics.org）是一个可扩展的免费网络应用程序，用于在 HTML 或 XML 文档目标上创建和共享基于本体的分离式注释。

iAnnotate（http://www.branchfire.com/iannotate）是一个 iOS 工具，用于阅读、标记和共享 PDF、Word 文档、PowerPoint 文件和图像。

Skim（http://skim-app.sourceforge.net）是一款用于 Mac OSX 操作系统的 PDF 阅读器和笔记软件。

TILE（Text-Image Linking Environment［文本图像链接环境］，http://mith.umd.edu/tile）是一个基于网络的工具，用于创建和编辑基于图像的人文学科文本的电子版本和数字档案。这是马里兰人文科技学院（MITH）和印第安纳大学的一个合作项目。

UAM CorpusTool（语料库工具，http://www.wagsoft.com/CorpusTool/contact.html）是一个免费的多平台工具，用于注释语言学研究的语料库。

WebLicht（http://clarin-d.net/index.php/en/language-resources/weblicht-en）是一个基于网络的工具，由德国联邦教育与研究部为语言学和人文学科研究开发，该工具用于半自动注释文本。

Wmatrix（http://ucrel.lancs.ac.uk/wmatrix）是一个基于网络的语料库分析和比较软件，为其他语料库注释工具和标准语料库语言方法（如频率列表和索引）提供了一个网络接口。

WordFreak（http://sourceforge.net/projects/wordfreak）是一个多平台的、基于 Java 的免费语言注释工具，用于支持语言数据的人工注释和自动注释。

Word Hoard（http://wordhoard.northwestern.edu/userman/index.html）是西北大学开发的一个免费的文本注释软件工具。

25. 文本转换和编码

Abbot（https://github.com/CDRH/abbot）是一个用于进行 XML 文档集合的大规模转换工具，以使它们具有互操作性。

Markdown（http://daringfireball.net/projects/markdown）是一个从文本到

XHTML 或从文本到 HTML 的免费转换工具。

Online-Convert（http://document.online-convert.com）是一个将文档转换成 PDF 格式的免费在线转换器。

TEI Boilerplate（http://dcl.slis.indiana.edu/teibp）由印第安纳大学开发的一款免费转换应用程序，它通过使用浏览器内置的 XSLT 功能将样式化的 TEI P5 材料转换成简化的文档，以便在 HTML5 外壳文档中嵌入 TEI XML，只需稍加修改。它被用于"阿尔加依查尔斯·斯温伯恩项目"（http://webapp1.dlib.indiana.edu/swinburne）。它可以在 Windows、Mac 和 Linux 操作系统上运行，并且在 Firefox、Chrome、Safari 以及 Internet Explorer 9 浏览器中使用。

Text Fixer（http://www.textfixer.com）是一款免费、基于网络、实现从 .doc 或 .docx 文件到 HTML 的转换器。

TextPipe（http://www.datamystic.com/textpipe.html）是一个来自 Datamystic 的商业应用程序，它可以在一个工作台上以多种文本格式从大型文档中快速转变、转换、清理和提取数据。

Word2cleanHTML（http://word2cleanhtml.com）是一个免费、基于网络、将 Word 文件转换到 HTML 的转换器。它还包括一些用于清理 HTML 的自动编辑功能。

26. 文本编辑和处理

Classical Text Editor（http://cte.oeaw.ac.at）是一个付费的 Windows 文字处理器，用于处理批评版本、评论和平行文本，由萨尔茨堡大学的 CSEL（Corpus Scriptorum Ecclesiasticorum Latinorum）开发。它通过生成完稿复本或电子文件来促进出版。

Editors' Notes（http://editorsnotes.org）来自加州大学伯克利分校的"电子文化地图集"项目（Electronic Cultural Atlas Initiative），是一个开源的基于网络的工具，用于记录、组织、保存研究笔记并开放其访问权限。

elaborate（https://www.elaborate.huygens.knaw.nl/login）是一个免费的在线工具，由荷兰皇家艺术科学院惠更斯研究所开发，用于在 Google Chrome 和 Mozilla Firefox 浏览器上编写数字版文本。

GATE（General Architecture for Text Engineering, https://gate.ac.uk）由谢菲

尔德大学开发，是一个用于文本处理和注释的免费多平台框架。

Mellel（https://itunes.apple.com/us/app/mellel/id415467848）是一个基于 Mac 操作系统的文字处理器，用于处理长而复杂的文档，如书籍、手稿及论文等。

NoodleTools（http://www.noodletools.com）是一套用于笔记、大纲、引文、文件归档或注释以及协作研究与写作的集成工具。

OpenOffice（http://www.openoffice.org/product/index.html）是一款多平台、开源的免费办公软件套件，用于文字处理、电子表格、演示文稿、图形和数据库。

Scrivener（http://www.literatureandlatte.com/scrivener.php）是一种用于编写长而复杂文档的软件，包括虚拟索引卡、大纲、版本控制、导入或导出选项和脚本编写功能。

TextExpander（http://smilesoftware.com/TextExpander/index.html）是一个 Mac 系统应用程序，用于自定义缩写，并为常用的文本字符串或图像插入"代码段"。

VARD 2（http://ucrel.lancs.ac.uk/vard/about）是一款免费的多平台的应用程序，用于有拼写变化的历史语料库，特别是早期现代英语文本。它是作为其他语料库语言工具的预处理程序而设计的。

WorkTop（http://cs.brown.edu/research/ptc/worktop/about.html）是一个由布朗大学开发的免费集成环境，用于捕获、显示和链接异构文档或文档片段，包括图像、视频、笔记、PDF 和网页等。

WriteRoom（http://www.hogbaysoftware.com/products/writeroom）是一个适用于 Mac 系统的全屏书写环境。

关于文本编码，参见第 25 节"文本转换和编码"

27. 文本挖掘、文本数据挖掘或文本分析

Claws Tagger（http://ucrel.lancs.ac.uk/claws）是一款多平台词性标注软件，由兰卡斯特大学计算机语料库研究中心（UCREL）开发。

Collation Works（http://interedition-tools.appspot.com）是一个基于网络的免费文本排序工具。

Concordance（http://www.concordancesoftware.co.uk）是一款用于执行文本

分析和一致性的 Windows 专用软件。

DocumentCloud（http://www.documentcloud.org/home）是一个免费、多平台、基于网络的服务，用于搜索和分析主要来源，具有突出显示、注释及文档共享的功能。

Juxta（http://juxtacommons.org）是一个免费在线工具，用于比较和整理同一文本的不同版本。它由弗吉尼亚大学的"19 世纪学术在线"（NINES）开发。

Lexomics（http://wheatoncollege.edu/lexomics）是惠顿学院开发的一个免费的可下载工具，用于分析大规模模式中单词的频率、分布和排列。这个工具最适用于古代英语和拉丁语文本，但也可以用于其他文本。在线工具 Lexos 有助于文本管理。

LIWC Linguistic Inquiry and Word Count（语言查询与词数统计，http://www.liwc.net/index.php）是一个文本分析软件程序，它计算人们在不同类型的文本（包括电子邮件、演讲、诗歌或抄写的日常讲话）中使用不同类别的单词的程度。

MALLET（http://mallet.cs.umass.edu/index.php）是马萨诸塞大学阿默斯特分校开发的免费开源软件，用于统计自然语言处理、文档分类、聚类、主题建模、信息提取及其他文本机器学习应用。

Meld（http://meldmerge.org）是一个用在 Mac 和 Windows 系统上的免费工具，通过双向和三向比较来对比文件、目录和版本控制的项目。

Pattern（http://www.clips.ua.ac.be/pages/pattern）是一个免费用于 Windows、Mac 和 Linux 操作系统中使用 Python 的网络挖掘模块，包含从 CLiPS（计算语言学和心理语言学）中进行数据检索、文本分析和数据可视化的工具。CLiPS 研究中心与安特卫普大学文学院语言学系建立联系。

PDFMiner（http://www.unixuser.org/~euske/python/pdfminer/index.html）是一个免费的 Python 工具，用于从 PDF 中提取有关文本、字体、编码和布局的信息。

Prism（http://prism.scholarslab.org）是一个免费的在线工具，用于众包校勘阅读的解释和可视化。

SAS Analytics（http://www.sas.com/technologies/analytics）是一个用于预测和描述建模、数据挖掘、文本分析、预测、优化、模拟、实验设计及其他统计功能的环境。

SEASR（http://www.seasr.org）是一款免费的开源挖掘软件，由伊利诺伊大学开发，支持文本和数据的可视化、调整、查询及验证。

TAPoR Portal（http://tada.mcmaster.ca/Main/TAPoR）是一个由麦克马斯特大学开发，用于文本分析的在线环境。

Tesserae（http://tesserae.caset.buffalo.edu/index.php）由布法罗大学古典文学系和语言学系以及科罗拉多大学科罗拉多斯普林斯分校的视觉与安全技术实验室（VAST Lab）开发。它提供一个免费的网络界面来探索互文的相似性。

Textalyser（http://textalyser.net）是一个免费在线文本工具，提供文本的详细统计信息，包括词组分析、关键字密度以及单词或表达式的突显程度。

textpresso（http://www.textpresso.org）是一个免费的文本挖掘系统，由加州理工学院开发，用于科学文献设计。

Text Variation Explorer（TVE,http://www.uta.fi/sis/tauchi/virg/projects/dammoc/tve.html）是坦佩雷大学开发的一个免费的交互式 Java 工具，用于探索语言度量。

Topic Modeling Tool（http://code.google.com/p/topic-modeling-tool）是一个用于主题建模的图形用户界面工具。

TXM（http://sourceforge.net/projects/txm）是一个开源、跨平台、基于 Unicode-XML-TEI 的免费文本或语料库分析环境。

Voyant（http://voyeurtools.org）是一个免费的基于网络的用于用户上传文本的文本分析环境。

Weka（http://www.cs.waikato.ac.nz/ml/weka）是一个免费的基于网络的机器学习算法的集合。由怀卡托大学开发，用于数据挖掘任务。它包括数据预处理、分类、回归、聚类、关联规则及可视化工具。

28. 文本到文本的转录

Crowdcrafting（http://crowdcrafting.org）是一个免费的开源平台，用于创建和运行用于图像分类、转录、地理编码等众包应用程序。

FromThePage（http://beta.fromthepage.com）是一款免费软件，用于在线手写文档的众包转录。美国西南大学正在使用此应用程序转录泽纳斯·马修斯的墨西哥战争日记（Mexican War Diary of Zenas Matthews，http://beta.fromthepage.

com/ZenasMatthews）。

Proofread Page（https://www.mediawiki.org/wiki/Extension:Proofread_Page）是 MediaWiki 程序的一个免费扩展功能，用于编辑光学字符识别（OCR）文本和原始页面图像。

T-PEN（Transcription for Paleographical and Editorial Notation［古文字转录和编辑注释］, http://t- pen.org/TPEN）是一套广泛基于网络的工具，允许以 TEI 兼容的 XML 来协作转录手稿页面。它现在有 4000 多份手稿。圣路易斯大学的数字神学中心免费提供工具使用。例如，目前哈佛大学霍顿图书馆（Houghton Library）有近 450 本中世纪手稿可进行 T-PEN 转录。

Transcript 2.4（http://www.jacobboerema.nl/en/Freeware.htm）是一个 Windows 程序，用于将文本转录到文档的数字图像上。它对个人免费开放使用，限非商业用途。

29. 文本可视化

Leximancer（https://www.leximancer.com）是一款文本分析软件，可以创建基于主题和概念的网络可视化。它包括一个情感分析仪。

Lexipedia（http://www.lexipedia.com）是一个免费的在线元词典，显示与查询词相关的词性语义图。

Neatline（http://neatline.wordpress.com）由弗吉尼亚大学学者实验室开发，是一个免费的在线工具。它用于创建相互关联的时间线和地图，作为对档案馆藏的文学或历史内容的解释性表达。

NewRadial（INKE, http://inke.acadiau.ca/newradial）是一个免费的基于网络的交互式可视化环境，用于显示和组合来自远程服务或本地数据库的内容。

Orange（http://orange.biolab.si）是一个免费、开源、用在 Windows 和 Mac 系统中的数据可视化和分析应用程序。它还提供数据挖掘、文本挖掘以及机器学习。

TagCrowd（http://www.tagcrowd.com）是一款基于网络的免费词云生成器，可接受 URL、文本或上传的纯文本文件。

Text 2 Mind Map（https://www.text2mindmap.com）是一款基于网络的免费应用程序，可以将结构化的单词或句子列表转换为思维导图。

　　Textexture（http://textexture.com）是一个基于网络的免费工具，用于将文本可视化为网络形式。

　　TokenX（http://tokenx.unl.edu）是一个免费的基于网络的环境，由内布拉斯加大学林肯分校开发，用于可视化、分析和操作文本。

　　VisuWords（http://www.visuwords.com）是一个免费的思维导图语言工具，它用相应的定义在交互式地图中显示所查询单词和相关单词之间的关系。

　　Wordle（http://www.wordle.net）是一个免费、基于网络、可自定义字体和颜色选项的词云生成器。

关于网址开发，参见第 19 节"出版和共享"

注　释

前言

1　参阅 Eileen Gardiner and Ronald G. Musto, "The Electronic Book," in *The Oxford Companion to the Book*, ed. Michael F. Suarez, SJ and H. R. Woudhuysen (Oxford: Oxford University Press, 2010), 165.

2　Cambridge, MA: Harvard Business School Press, 1997.

3　例如，关于人文学科在数字时代的影响，可参阅本杰明·阿尔珀斯（Benjamin Alpers）对彼得·布鲁克斯（Peter Brooks）的评论, *The Humanities and Public Life*, in "Word's Worth," The Chronicle Review, *The Chronicle of Higher Education* (April 28, 2014): http://chronicle.com/article/Word-s- Worth/146149.

4　*The Digital Sublime: Myth, Power, and Cyberspace* (Cambridge, MA: MIT Press, 2004).

5　Cambridge: Polity Press, 2005.

第一章

1　Roberto Busa, SJ, "The Annals of Humanities Computing: The *Index Thomisticus*," *Computers and the Humanities* 14 (1980): 83–90.

2　"Day of DH: Defining the Digital Humanities," in *Debates in the Digital Humanities*, ed. Matthew K. Gold (Minneapolis: University of Minnesota Press, 2012), 69–71.

3　http://en.wikipedia.org/wiki/Digital_humanities.

4　Cambridge, MA: MIT Press, 2012, p. vii. Henry M. Glazdney, "Long-Term

Digital Preservation: A Digital Humanities Topic?" *Historical Social Research/ Historische Sozialforschung* 37.3 (2012): 201–17, 在第 202–203 页，也强调了当前定义的模糊性、"模糊理解"和"模糊边界"，并列举了几个类似的尝试定义的例子。

5　*Avatars of the Word: From Papyrus to Cyberspace* (Cambridge, MA: Harvard University Press, 1998).

6　例如 "Humanist Learning in the Italian Renaissance," in *Renaissance Thought and the Arts* (Princeton, NJ: Princeton University Press, 1990), 1–19.

7　关于大学内外的人文学者，参阅 Paul F. Grendler, *The Universities of the Italian Renaissance* (Baltimore, MD: The Johns Hopkins University Press, 2002), 199–248.

8　https://www.nsf.gov/od/lpa/nsf50/vbush1945.htm.

9　http://content.cdlib.org/ark:/13030/hb9c6008sn.

10　https://www.acls.org/uploadedFiles/Publications/NEH/1964_Commission_o n_ the_Humanities.pdf.

第二章

1　http://darwin-online.org.uk.

2　http://darwin-online.org.uk/Introduction.html.

3　"全球互联计算机网络系统，使用标准的互联网协议套件（TCP/IP）连接全球数十亿台设备。"见 https://en.wikipedia.org/wiki/Internet.

4　"通过互联网访网的互联超文本文档系"，见 https://en.wikipedia.org/wiki/ World_Wide_Web.

5　"用于检索、显示和浏览万维网信息来源的软件应用程序"，见 https:// en.wikipedia.org/wiki/Web_browser.

6　http://www.worldcat.org.

7　http://www.gutenberg.org.

8　http://archive.org/index.php.

9　http://www.hathitrust.org/home.

10　http://books.google.com.

11　http://www.pcworld.com/article/202803/google_129_million_different_book s_ have_been_published.html.

12　http://www.oac.cdlib.org.

13　https://en.wikipedia.org/wiki/List_of_digital_library_projects.

14　http://imslp.org.

15　http://www.perseus.tufts.edu/hopper.

16　http://archives.nyphil.org.

17　http://www.jfklibrary.org.

18　https://projects.gnome.org/gnumeric.

19　https://docs.google.com/spreadsheet.

20　有关数据库应用程序的信息，请参阅附录第 9 节。

21　http://www.marenzio.org.

22　http://www.aruspix.net.

23　http://www.lazarusprojectimaging.com and http://www.honors.olemiss.edu/
lazarus-project. 这些特别的手稿藏于意大利韦尔切利的牧师会档案室
（Archivio Capitolare）。

24　Raymond G. Siemens and Susan Schreibman, eds., *A Companion to Digital
Literary Studies* (Oxford: Blackwell, 2008).

25　http://www.booktraces.org.

26　http://valley.lib.virginia.edu.

27　*American Historical Review* 108.5 (2003): 1299–1307.

28　我们的初次探讨载于 "The 7 Digital Arts: Approaching Electronic Publishing," Art
History and the Digital World Conference, The Getty Research Center, June 9, 2006.
见 https://www.getty.edu/research/exhibitions_events/events/digital_world/pdf/
egardiner_rmusto.pdf.

29　http://www.vcdh.virginia.edu.

第三章

1　http://www.rossettiarchive.org.

2　麦甘（McGann）提到了这门学问的统一理论，见 *A New Republic of Letters:
Memory and Scholarship in the Digital Age* (Cambridge, MA: Harvard University

Press, 2014).

3 http://digital.lib.ucdavis.edu/projects/bwrp.

4 http://www.nines.org.

5 http://www.18thconnect.org.

6 Suzanne Briet, Ronald E. Day, Laurent Martinet, and Hermina G. B. Anghelescu, *What Is Documentation?: English Translation of the Classic French Text* (Lanham, MD: Scarecrow Press, 2006); Roswitha Skare, Niels Windfeld Lund, and Andreas Varheim, *A Document (Re)Turn: Contributions from a Research Field in Transition* (Frankfurt am Main: Peter Lang, 2007).

7 Michael Buckland, "What Is a Digital Document?" 参见 http://people.ischool.berkeley.edu/~buckland/digdoc.html. "What Is a Digital Document?" 的预印本载于 *Document Numérique* (Paris) 2.2 (1998): 221–30; 以及 "What Is a 'Document'?" 的 缩 减 版 载 于 *Journal of the American Society for Information Science* 48.9 (September 1997): 804–9, 转载于 *Historical Studies in Information Science*, ed. T. B. Hahn and M. Buckland, (Medford, NJ: Information Today, 1998), 215–20.

8 http://chnm.gmu.edu/probateinventory/index.php.

9 http://chnm.gmu.edu.

10 http://digitalcollections.missouristate.edu/cdm4/browse.php? CISOROOT=/ UnionCharter.

11 http://www.aschart.kcl.ac.uk/index.html.

12 http://www.kemble.asnc.cam.ac.uk.

13 http://www.atlanticlibrary.org/digitized_wills.

14 https://probatesearch.service.gov.uk.

15 http://www.mdlandrec.net/main.

16 http://homepages.rootsweb.ancestry.com/~surreal/NSWW/Leases/index. html#HL.

17 http://www.territorialkansasonline.org/~imlskto/cgi-bin/index.php? SCREEN=show_document&document_id=101321.

18 http://www.londonlives.org.

19 http://www.londonlives.org/static/Project.jsp.

20 http://www.lazarusprojectimaging.com, 亦请参阅 http://www.honors.olemiss.edu/lazarus-project/projects. 韦尔切利团体由肯·博伊斯顿（Ken Boydston）、罗杰·伊斯顿（Roger Easton）、基恩·诺克斯（Keith Knox）和雷戈里·海沃思（Gregory Heyworth）组成。

第四章

1   Walter Benjamin, "The Work of Art in the Age of Mechanical Reproduction," in *Illuminations*, ed. Hannah Arendt (New York: Schocken Books, 1968), 214–18. 在线版本见 https://www.marxists.org/reference/subject/philosophy/works/ge/benjamin.ht m.

2   Anthony Hudek, ed., *The Object* (Cambridge, MA: MIT Press, 2014).

3   http://humanorigins.si.edu/evidence/3d-collection/fossil.

4   http://www.ucl.ac.uk/3dpetriemuseum.

5   http://www.vam.ac.uk.

6   http://www.doaks.org.

7   http://visionarycross.org.

8   http://cdli.ucla.edu.

9   "Ibbi-Suen, / god of his land, / strong king, / king of Ur, / king of the four quarters: / Dān-ilī, / scribe, / is your servant."（"伊比善 / 他的土地之神 / 强壮的国王 / 乌尔之王 / 四方之王 / 德恩－伊尔 / 抄书吏 / 是你的仆人。"）

10 https://www.english.cam.ac.uk/cmt.

11 例如可见 Marita Sturken and Lisa Cartwright, *Practices of Looking: An Introduction to Visual Culture* (Oxford: Oxford University Press, 2001); 另见 Edward W. Said, *Orientalism* (New York: Vintage, 1978); John Berger, *Ways of Seeing* (London: Penguin, 2008); Griselda Pollock, *Vision and Difference: Femininity, Feminism and Histories of Art* (London: Routledge, 1988).

12 正如伯纳德·弗里舍尔（Bernard Frischer）所写的，见 *The Sculpted Word: Epicureanism and Philosophical Recruitment in Ancient Greece* (Berkeley: University of California Press, 2006). 数字版本见美国学术团体协会人文科学电子图书：http://hdl.handle.net/2027/heb.90022.0001.001.

13　http://parkerweb.stanford.edu.

14　http://www.charm.rhul.ac.uk/about/about.html.

15　http://www.charm.rhul.ac.uk/index.html.

16　http://sounds.bl.uk.

17　http://www.lib.berkeley.edu/MRC/onlinemedia.html.

18　http://www.ucd.ie/irishfolklore/en/audio.

19　https://library.usu.edu/folklo/northernutahspeaks.php.

20　http://www.eviada.org/default.cfm.

21　http://library.duke.edu/digitalcollections/adviews.

22　http://www.nmnh.si.edu/naa/guide/film_toc.htm.

23　http://www.chgs.umn.edu.

24　http://www.ushmm.org/research/research-in-collections/overview/film- and-video.

25　*Space and Place: The Perspective of Experience* (Minneapolis: University of Minnesota Press, 1977), 3.

26　http://dhinitiative.org/projects/digitalmesopotamia.

27　http://bulldog2.redlands.edu/fac/wesley_bernardini/hopi.

28　http://romereborn.frischerconsulting.com.

29　http://formaurbis.stanford.edu.

30　http://www.learningsites.com.

31　http://www.metmuseum.org/exhibitions/listings/2014/assyria-to-iberia.

32　http://vwhl.clas.virginia.edu/villa.

33　http://www.cdh.ucla.edu/index.php.

34　http://www.iath.virginia.edu.

35　http://vwhl.clas.virginia.edu.

36　http://etc.ucla.edu.

37　http://paris.3ds.com/en-index.html#Heritage.

38　例如，《可视化威尼斯》(*Visualizing Venice*, http://visualizingvenice.org) 以及《文艺复兴时期佛罗伦萨的 DECIMA 数字地图》(*DECIMA Digital Map of Renaissance Florence*, http://decima.chass.utoronto.ca)。

39 http://www.routledgeperformancearchive.com.

40 http://www.kennedy-center.org/programs/millennium/archive.html.

41 http://128.97.165.17/africa/yra.

42 见第四章注释 1。

43 http://www.metmuseum.org/exhibitions/listings/2004/byzantium-faith-and-power.

44 例如，可参阅其随笔，汇编于 *The Fiction of Narrative: Essays on History, Literature, and Theory, 1957–2007*, ed. Robert Doran (Baltimore, MD: The Johns Hopkins University Press, 2010).

45 詹姆斯·J. 奥唐奈（James J. O'Donnell）很早以前便在其《词语的化身》（*Avatars of the Word*）中指出数字技术的这一方面。

46 例如，见卡罗琳·布鲁泽利乌斯（Caroline Bruzelius）与翁贝托·普拉贾（Umberto Plaja）的视频《变迁的视觉化》（"Visualizing Change"），它演示了那不勒斯圣洛伦佐教堂的空间年代（500—1324 年），http://vimeo.com/111031024。

47 感谢威廉特伦佐（William Tronzo）的视觉对比，见 *Petrarch's Two Gardens: Landscape and the Image of Movement* (New York: Italica Press, 2014), 164–5.

48 http://secondlife.com. 参见 Menachem Wecker, "What Ever Happened to Second Life?," Vitae, *The Chronicle of Higher Education* (April 22, 2014), https://chroniclevitae.com/news/456-what-ever-happened-to-second-life.

49 http://romereborn.frischerconsulting.com. 见上文第 58–59 页（原著第 57–58 页）。

50 http://www.cmrs.ucla.edu/projects/st_gall.html.

51 Stiftsbibliothek Sankt Gallen, MS 1092.

52 http://www.sundance.org/blogs/news/finding-meaning-in-virtual-reality--a-closer-look-at-new-frontier.

53 这是未来之书研究所（Institute for the Future of the Book）的罗伯特·斯坦因（Robert Stein）在很久以前提出的问题。http://www.futureofthebook.org.

54 http://www.bbc.co.uk/history/interactive/games.

55 http://www.gamesforchange.org/play/the-redistricting-game.

第五章

1　Bamboo 数字研究工具（digital research tools，DiRT），一个由梅隆基金会资助的重大项目（2008—2012 年），作为"学术使用的数字研究工具的馆藏登记册"，它提供了重要的基础设施。它在本章和附录中被广泛使用。对于可用的最新工具以及许可证和平台信息，我们鼓励读者查询"DiRT"，它现在是一个独立项目，http://dirtdirectory.org。另一个登记册 TaPOR（http://tapor.ca) 位于阿尔伯塔大学，专用于文本分析和检索的工具。

2　参见第一章第 3、5 页（原著第 3、5 页）。

3　"As We May Think," *Atlantic Monthly*, http://www.theatlantic.com/magazine/archive/1945/07/as-we-may- think/303881.

4　http://www.youtube.com.

5　http://www.lynda.com.

6　http://menus.nypl.org.

7　http://peasoup.typepad.com/peasoup.

第六章

1　http://www.archdaily.com/84524/ad-classics-villa-savoye-le-corbusier.

2　这一著名的文艺复兴时期的比喻最近被杰罗姆·麦甘（Jerome McGann）在他的《文学共和国》（*Republic of Letters*）一书中重新应用到数字时代。

3　人文艺术科技高级合作实验室（HASTAC）公布了一份有用的研究中心和研究所名单，尽管不是完全最新的，http://www.hastac.org/content/listing-digital-humanities-centers-and-institutes.

4　参见第 65 页（原著第 64 页）的简要讨论。

5　我们将在第九章详细讨论这个问题。

6　我们将更详细地探讨此动态，见第 137-139 页（原著第 132-134 页）。

7　例如，美国人类学学会（AAA）的网络人类学资源 (http://www.aaanet.org/resources)、印刷和电子出版未来委员会 (http://www.aaanet.org/cmtes/CFPEP.cfm) 以及数字书评计划 (http://www.aaanet.org/issues/press/upload/SloanBook-Review-Prototype.pdf); 美国历史学会（AHA）发行的如何在世界历史和

美洲历史概论课程中使用数字化原始资源的模型 (http://www.historian.org/teaching-and-learning/classroomcontent/resources/teaching-and-learning-in-the-digital-age)；美国大学艺术学会（CAA）的新闻报道，从《消除数字鸿沟》（"Bridging the Digital Divide"）中的数字主题 (http://www.collegeart.org/news/2013/02/05/bridgeing-the-digital-divide-andso-more-) 到《通过数字人文中心反思人文研究生教育》（"Rethinking Humanities Graduate Education with Digital Humanities Centers"，http://www.collegeart.org/news/2013/04/08/rething-humanities-graduate-education-with-digital-humanities-centers)；美国现代语言学会（MLA）关于数字人文和数字媒体的评估工作指南 (http://www.mla.org/guidelines_evaluation_ digital)，评估工作对书目、档案或数字项目进行一年两次的奖励。

8   http://www.humanitiesindicators.org/binaries/pdf/HI_FundingReport2014.pdf, p.6.

第七章

1   http://opencontext.org.

2   中世纪意大利拉丁语档案（Archivio della Latinità Italiana del Medioevo），http://alim.dfll.univr.it.

3   http://valley.lib.virginia.edu.

4   http://www.oucs.ox.ac.uk/ww1lit/gwa.

5   http://www.medici.org.

6   http://rulersofvenice.org.

7   http://plato.stanford.edu.

8   http://www.iep.utm.edu.

9   http://www.mountvernon.org/encyclopedia.

10   https://www.wikipedia.org.

11   最近一项研究表明，维基百科（Wikipedia）大英百科全书（Britannica）更准确，见 http://en.wikipedia.org/wiki/Reliability_of_Wikipedia.

12   http://www.oxfordbibliographies.com.

13   http://www.getty.edu/research/tools/bha.

14   http://www.proquest.com/products-services/iba.html.

15　http://www.fordham.edu/Halsall.

16　http://www.the-orb.net.

17　http://www.hnoc.org/collections/bibliographies.html，http://historicaltextarchive.com/index.php.

18　http://www.worldcat.org.

19　http://ccat.sas.upenn.edu/nets/edition.

20　http://www.rc.umd.edu/editions/index.html.

21　http://www.nbol-19.org.

22　http://apaclassics.org/publications-and-research/digital-latin-library-project.

23　http://www.rossettiarchive.org.

24　http://etcweb.princeton.edu/dante/index.html.

25　http://www.perseus.tufts.edu/hopper.

26　http://www.jstor.org.

27　http://www.humanitiesebook.org.

28　http://muse.jhu.edu.

29　http://www.nybooks.com/articles/archives/1999/mar/18/the-new-age-of-the-book.

30　http://www.historians.org/about-aha-and-membership/aha-history-and-archives/presidential-addresses/robert-darnton.

31　*American Historical Review* 108.5 (December 2003): 1299–1307.

32　http://www2.vcdh.virginia.edu/AHR.

33　几家新兴杂志擅长在线提供传统书评。例如 *CAA Reviews* (http://www.caareviews.org)、*Bryn Mawr Classical Review* (BMCR, http://bmcr.brynmawr.edu)、*H-NET* (http://www.h-net.org), *Reviews in History* (http://www.history.ac.uk/reviews) 和 *The Medieval Review or TMR* (https://scholarworks.iu.edu/dspace/handle/2022/3631). 但在推进同行评议的数字文章方面却鲜有作为。

34　http://rup.rice.edu.

35　http://www.publishing.umich.edu/publications/#digital-projects.

36　http://about.jstor.org/content-on-jstor-books.

37　http://about.jstor.org/content/participating-publishers-1.

38　https://www.humanitiesebook.org.

39　http://hdl.handle.net/2027/heb.90034.0001.001.

40　http://cds.library.brown.edu/projects/florentine_gazetteer.

41　http://cds.library.brown.edu/projects/catasto.

42　http://www.gutenberg-e.org/index.html.

43　http://romereborn.frischerconsulting.com.

44　http://paris.3ds.com/en-experience.html.

45　http://dlib.etc.ucla.edu/projects/Karnak/experience.

第八章

1　这并不是亚伯拉罕·马斯洛（Abraham Maslow）、卡尔·罗杰斯（Carl Rogers）和马尔科姆·诺尔斯（Malcolm Knowles）等人在 20 世纪 60 年代提出的"人本主义教育"（humanistic education）。

2　想了解一些基础文本，参阅 William Harrison Woodward, *Vittorino da Feltre and Other Humanist Educators* (New York: Columbia University Teachers College, 1964); idem, *Desiderius Erasmus Concerning the Aim and Method of Education*, foreword Craig R. Thompson (New York: Columbia University Teachers College, 1964); Marian Leona Tobriner, SNJM, *Vives' Introduction to Wisdom: A Renaissance Textbook* (New York: Columbia University Teachers College, 1968); 以及 Pietro Paolo Vergerio, Leonardo Bruni, Aeneas Silvius Piccolomini, and Battista Guarini, *Humanist Educational Treatises*, ed. Craig Kallendorf, I Tatti Renaissance Library (Cambridge, MA: Harvard University Press, 2002) .

3　"Long-Term Digital Preservation: A Digital Humanities Topic?" *Historical Social Research/Historische Sozialforschung* 37.3 (2012): 201–17, at 202.

4　同上书，第 202–203 页。

5　Amanda Gailey and Dot Porter, "Credential Creep in the Digital Humanities," #alt-academy (May 6, 2011) , http://mediacommons.futureofthebook.org/alt-ac/pieces/credential-creep- digital-humanities.

6　http://rulersofvenice.org.

7　http://valley.lib.virginia.edu.

8　http://www.medici.org.

9　2007 年，在所有高等教育机构中，27.3% 的教师是终身制，比 1997 年的 33.1% 有所下降，见 Scott Jaschik, "The Disappearing Tenure-Track Job," *Inside Higher Education* (May 12, 2009)，http://www.insidehighered.com/news/2009/05/12/workforce#sthash.8cJW6l4E.dpbs. 从 1999—2000 学年到 2011—2012 学年，拥有终身教职的全职教师的比例在公立机构下降了 5%，在私立非营利机构下降了 4%，在私立营利机构下降了 46%，见 "Digest of Education Statistics," National Center for Education Statistics (http://nces.ed.gov/programs/digest/d12/tables/dt12_305.asp).

10　最近关于聘用、终身教职授予及晋升（HTP）实践的研究证实了这一趋势。例如可见 Leonard Cassuto, "The Rise of the Mini-Monograph," *Chronicle of Higher Education* (August 12, 2013)，http://chronicle.com/article/The-Rise-of-the-Mini-Monograph/141007.

11　http://www.jstor.org.

12　http://muse.jhu.edu.

13　https://www.worldcat.org.

14　https://www.google.com/maps.

15　http://www.youtube.com.

16　https://www.flickr.com.

17　https://www.tumblr.com.

18　http://vimeo.com.

19　https://wordpress.org.

20　http://en.wikipedia.org/wiki/Reliability_of_Wikipedia.

21　https://www.academia.edu/about.

22　例外情况确实存在。加州大学出版社近期宣布一种新的数字化开放获取模式，既可用于专著（Luminos），也可用于文章（Collabra）。参见 Rick Anderson, "University of California Press Introduces New Open Access Publishing Programs," in *The Scholarly Kitchen* (January 21, 2015)，http://scholarlykitchen.sspnet.org/2015/01/21/university-of-california-press-introduces-new-open-access-publishing-programs.

23 这一点首次在 2003 年美国文艺复兴学会年会上的《美国学术团体协会人文科学电子图书》报告中提出，随后的修订版载于 William R. Bowen and Raymond G. Siemens, eds., *New Technologies and Renaissance Studies* (Tempe, AZ: ACMRS, 2008), 110–43. 另见 Sergey Brin and Lawrence Page, "The Anatomy of a Large-Scale Hypertextual Web Search Engine," Computer Science Department, Stanford University, at http://infolab.stanford.edu/~backrub/google.html.

24 对谷歌及其用户的期望进行分析，包括对"锤炼……无批判的信仰"的需求和质疑"精确的幻觉"，请见 Siva Vaidhyanathan, *The Googlization of Everything: (And Why We Should Worry)* (Berkeley: University of California Press, 2011), p. 3 *et passim*.

25 2006 年 4 月，托马斯·班德（Thomas Bender）在《纪事评论》（*Chronicle Review*）中调查了此趋势：http://chronicle.com/article/No-Borders-Beyond-the/34180.

26 http://www.hathitrust.org.

27 https://archive.org/index.php.

28 http://www.gutenberg.org.

29 http://books.google.com.

30 无主作品受版权保护，但是当前的版权持有者没有明确身份或无法确定归属地。

31 关于波焦·布拉乔利尼在瑞士修道院发现伊壁鸠鲁作品及其复本以及作品的后续经历，斯蒂芬·格林布拉特（Stephen Greenblatt）在《转向：世界如何变得现代》（*The Sweeve: How The World Best Modern*, New York: W.W.Norton,2011）中对这一努力进行了通俗易懂的描述。

32 Basel: Froben.

33 参见美国国会图书馆关于数字保存的新闻档案，http://www.digitalpreservation.gov/news/index.html.

34 www.dpconline.org.

35 www.digitalpreservation.gov.

36 http://dp.la.

37 http://www.portico.org/digital-preservation.

38 http://chnm.gmu.edu/revolution/imaging/home.html.

39 http://peasoup.typepad.com.

40 http://www.neh.gov/grants/odh/digital-humanities-start-grants.

41 http://www.sloan.org/major-program-areas/digital-information- technology.

42 https://www.acls.org/programs/digital.

43 参阅 Jennifer Howard, "At Mellon, Signs of Change," *The Chronicle of Higher Education* (June 29, 2014), http://chronicle.com/article/At-Mellon-Signs-of-Change/147363.

44 http://www.mla.org/guidelines_evaluation_digital.

45 https://www.historians.org/publications-and-directories/perspectives-on- history/october-2001/suggested-guidelines-for-evaluating-digital-media- activities-in-tenure-review-and-promotion-an-aahc-document.

46 参阅 Steve Kolowich, "The Promotion that Matters," *Inside Higher Ed* (January 4, 2012), http://www.insidehighered.com/news/2012/01/04/evaluating-digital-humanities-enthusiasm-may-outpace-best-practices#sthash.gvCZTgQF.dpbs.

47 http://valley.lib.virginia.edu.

48 http://rulersofvenice.org.

49 http://cds.library.brown.edu/projects/florentine_gazetteer.

50 http://rotunda.upress.virginia.edu/dmde.

51 http://chnm.gmu.edu/revolution/imaging/home.html.

52 http://www.rossettiarchive.org.

53 http://mediacommons.futureofthebook.org/alt-ac.

54 例如可参阅他们的论文，载于 *Debates in the Digital Humanities*, ed. Matthew K. Gold (Minneapolis: University of Minnesota Press, 2012), 特别是第三部分："Critiquing the Digital Humanities," 139–248.

55 这些评论基于我们的观察，载于 "Electronic Publishing and Theological Research: Some Considerations of Gender," Boston Theological Institute, Boston University, October 6, 2004.

56 Bonnie G. Smith, *The Gender of History: Men, Women and Historical Practice* (Cambridge, MA: Harvard University Press, 1998).

57 同上书，第 197 页。

58 London: T. Fisher Unwin, 1885, 10–23.

59 Smith, *Gender of History*, 171.

60 同上书，第 184 页。

61 *Chronicle of Higher Education* (January 30, 2004)，http://chronicle.com/article/
The-Next-Wave-Liberation/9698.

62 Smith, *Gender of History*, 25.

63 http://en.wikipedia.org/wiki/Massive_open_online_course.

64 *Distant Reading* (London: Verso, 2013).

65 *Graphs, Maps, Trees: Abstract Models for a Literary History* (London: Verso,
2005).

66 *Computation into Criticism: A Study of Jane Austen's Novels* (Oxford: Oxford
University Press, 1987).

67 *A Companion to Digital Literary Studies*, ed. Raymond George Siemens and Susan
Schreibman (Oxford: Blackwell, 2008) 的第 26 章 , http://www.digitalhumanities.
org/companionDLS. 这本随笔集是一本重要的理论方法的入门书籍。

68 http://manovich.net/index.php/projects/cultural-analytics-visualizing- cultural-
patterns.

69 softwarestudies.com/softbook/manovich_softbook_11_20_2008.pdf 以及 Software
Takes Command (New York: Bloomsbury, 2013).

70 "Trending: The Promises and the Challenges of Big Social Data," in Gold,
Debates, 460–75; http://manovich.net/index.php/projects/trending-the-promises-
and-the-challenges-of-big-social-data.

71 Chicago: University of Chicago Press, 1999.

72 Cambridge, MA: MIT Press, 2002.

73 http://nkhayles.com.

74 例如，参见 "Humanities 2.0: Promise, Perils, Predictions," in Gold, *Debates*, 476–89.

第九章

1 详细介绍请见 Adam D. Moore, "Concepts of Intellectual Property and Copyright,"

in *The Book: A Global History*, ed. Michael F. Suarez, SJ and H.R. Woudhuysen (New York: Oxford University Press, 2013), 183–96.

2　参见 Craig Kallendorf, "The Ancient Book," in Suarez and Woudhuysen, *The Book*, 39–53, at 44–50.

3　Translated and edited by Robert L. Martone and Valerie Martone (New York: Italica Press, 1991).

4　参见 David Boffa, "Sculptors' Signatures and the Construction of Identity in the Italian Renaissance," in *A Scarlet Renaissance: Essays in Honor of Sarah Blake McHam*, ed. Arnold Victor Coonin (New York: Italica Press, 2013), 35–56.

5　https://creativecommons.org.

6　参见 Moore, "Concepts," 193–5.

7　http://en.wikipedia.org/wiki/Google_Book_Search_Settlement_Agreement.

8　Ronald G. Musto, "Google Books Mutilates the Printed Past," The Chronicle Review, *The Chronicle of Higher Education* (June 12, 2009): B4– 5，http://chronicle.com/article/Google-Books-Mutilates-the-/44463.

9　https://authorsalliance.org/intro.html.

10　*Lives of the Painters, Sculptors and Architects*, trans. Gaston du C. de Vere (London: Everyman's Library, 1996), 1:96.

11　例如参阅 William M. Ivans, Jr., Prints and Visual Communication (Cambridge, MA: MIT Press, 1969).

12　"The Work of Art in the Age of Mechanical Reproduction."

13　例如，参见盖蒂博物馆的开放内容项目，https://www.getty.edu/about/opencontent.html.

14　http://ohda.matrix.msu.edu.

15　http://digitalomnium.com/about.

16　http://www.fmomo.org/dedalo/pg/about.php.

17　http://www.nas.gov.sg/archivesonline/oral_history_interviews.

18　http://www.ffii.org.

19　https://creativecommons.org.

20　http://authorearnings.com/what-writers-leave-on-the-table.

21　Claire Cain Miller and Julie Bosman, "E-Books Outsell Print Books at Amazon," *New York Times* (May 19, 2011), http://www.nytimes.com/2011/05/20/technology/20amazon.html. 另见 Naomi Baron, *Words Onscreen: The Fate of Reading in a Digital World.* (New York: Oxford University Press, 2015).

22　Joseph Esposito, "The Digital Publishing Revolution Is Over," *The Scholarly Kitchen* (March 4, 2013), http://scholarlykitchen.sspnet.org/2013/03/04/the-digital-publishing- revolution-is-over.

23　Craig Kallendorf, "Ancient Book," 44–9.

24　载于罗伯特·汤森德（Robtrt Townsend）在美国历史学会（AHA）期刊《观点》（*Perspectives*）中的报道：http://www.historians.org/Documents/History%20and%20the%20Future%2 0of%20Scholarly%20Publishing.pdf.

25　James Simpson and Sean Kelly, "The Teaching of the Arts and Humanities at Harvard College: Mapping the Future" (June 2013), 7. http://artsandhumanities.fas.harvard.edu/humanities-project.

26　这些数据是有争议的，参见 http://chronicle.com/article/The-Humanities-Declining-Not/140093.

27　最好的指南参见 Peter Suber, *Open Access* (Cambridge, MA: MIT Press, 2012), http://mitpress.mit.edu/sites/default/files/titles/content/9780262517638_Ope n_Access_PDF_Version.pdf.

28　*Whole Earth Review* (May 1985): 49, http://www.wholeearth.com/issue-electronic-edition.php?iss=2046.

29　Alice Meadows, "What Societies Really Think about Open Access," *The Scholarly Kitchen* (June 25, 2014) , http://scholarlykitchen.sspnet.org/2014/06/25/what-societies-really-think- about-open-access.

30　Rick Anderson, "Print on the Margins," *Library Journal* (June 15, 2011): 38, http://content.lib.utah.edu/cdm/ref/collection/uspace/id/7570.

31　Suber, *Open Access*, http://mitpress.mit.edu/sites/default/files/titles/content/openaccess/Suber_08_chap1.html#chap1.

32　Meadows, "What Societies Really Think."

33　例如参见 *The Literary Underground of the Old Regime* (Cambridge, MA: Harvard

University Press, 1982); 以及 Daniel Roche, *Revolution in Print: The Press in France, 1775–1800* (Berkeley: University of California Press, New York Public Library, 1989); Robert Darnton, *The Forbidden Best-Sellers of Pre-Revolutionary France* (New York: W. W. Norton, 1995).

34　例如，参见 Adrian Johns, *The Nature of the Book: Print and Knowledge in the Making* (Chicago: University of Chicago Press, 1998) 的序言，第 1–57 页。

35　Suber, *Open Access*, 25.

36　美国历史学会（AHA）前副主任罗伯特·汤森德（Robert Townsend）对 AHA 历程进行的叙述和分析，见 "From Publishing to Communication: The AHA's Online Journey," http://www.historians.org/publications-and- directories/ perspectives-on-history/may-2013/from-publishing-to- communication.

37　http://www.historians.org/publications-and-directories/perspectives-on-history/ april-2005/should-historical-scholarship-be-free.

38　http://blog.historians.org/2012/09/aha-statement-on-scholarly-journal- publishing.

39　再参 Meadows, "What Societies Really Think."

第十章

1　Yi-Fu Tuan, *Space and Place: The Perspective of Experience* (Minneapolis: University of Minnesota Press, 1977), 25.

2　Simon Schama, *Landscape and Memory* (New York: A. A. Knopf, 1995).

3　例如，在谷歌学术（Google Scholar）上搜索自 2011 年以来关于"语言学与神经科学"的文章，会得到"约 14900"条结果，其中包括 David Poeppel and David Embick, "Defining the Relation between Linguistics and Neuroscience," in *Twenty-first Century Psycholinguistics: Four Cornerstones*, ed. Anne Culter (Mahwah, NJ: Lawrence Erlbaum Associates, 2005; rpt. London Routledge, 2013), 103–18.

4　D. Shaw and C. H. Davis, "The Modern Language Association: Electronic and Paper Surveys of Computer-Based Tool Use," *Journal of the American Society for Information Science* 47.12 (1996): 932–40.

5 换言之，爱迪生发明的电灯泡的产出数以百万计，这对社会的改变远远超过其独特的电气奇观表演。参见 Mosco, *The Digital Sublime*, pp.121–6.

6 American Council of Learned Societies, "Our Cultural Commonwealth: The Report of the ACLS Commission on Cyberinfrastructure for the Humanities and Social Sciences," 2006，http://www.acls.org/cyberinfrastructure/ourculturalcommonwealth.pdf.

7 http://www.acls.org/about/Default.aspx?id=598.

8 http://scholarlykitchen.sspnet.org.

9 参阅第八章，第 132，137–139 页（原著第 127，132–134 页）。

10 "A Framework for the E-publishing Ecology," September 25, 2000, https://www.academia.edu/174631/A_framework_for_the_e- publishing_ecology.

11 作者们于2006年6月9日首次讨论了与学术交流生态相反的社会契约观念："The 7 Digital Arts: Approaching Electronic Publishing," Art History and the Digital World Conference, The Getty Research Center, Los Angeles. 这一论题的变体出现在2010年，请见 Daniel J. Cohen, "The Social Contract of Scholarly Publishing," reprinted in Gold, *Debates*, 319–21.

12 http://galileo.rice.edu.

13 http://en.wikipedia.org/wiki/Wikipedia:How_to_run_an_edit-a-thon.

后记

1 http://en.wikipedia.org/wiki/Cave_of_Forgotten_Dreams.

附录

1 原网址 http://dirt.projectbamboo.org, 现网址 http://dirtdirectory.org.

2 http://tapor.ca.

3 http://www.sparc.arl.org.

术语汇编

本术语汇编中的定义基于能够在网络上尤其是维基百科中找到的现行标准定义。它们主要限于计算机和数字人文科学领域使用的术语。

网络（.NET）：一个主要在微软视窗上运行的软件框架，它包括一个大型库存，提供多种编程语言之间的语言互操作性。

3D 建模（3D modeling）：使用专门软件开发任何 3D 表面或实物（无生命或有生命的）的数学表示过程。

3D 打印或增材制造（3D printing or additive manufacturing，AM）：通过计算机控制铺设连续的材料层，从 3D 模型或其他电子数据中制作 3D 物体的过程。

3D 渲染（3D rendering）：将线框模型自动转换为二维图像的过程。

A

动作脚本语言（ActionScript）：一种面向对象的语言，最初由 Macromedia 公司（现已被 Adobe Systems 收购）开发。

模拟（analog）：一种传输信息的方法，它把信息转换成在连续范围内产生振幅变化的电脉冲，而数字技术则把信息转换成二进制格式（"0"或"1"）。

安卓（Android）：一种基于 Linux 的操作系统，主要用于触摸屏移动设备，如智能手机和平板电脑。

动画（animation）：通过快速显示一系列彼此差别最小的静态图像来创造连续运动或形状变化的错觉的过程。

注释（annotation）：附加到文本、图像或其他数据的元数据。注释通常引用原始数据的特定部分。参见"标记"（markup）。

API，参见"应用程序编程接口"（application programming interface）。

应用程序编程接口（application programming interface, API）：指定某些软件组件应如何交互的接口。

人工智能（artificial intelligence, AI）：机器或软件的智能；智能代理的设计和研究。

数字音频（audio, digital）：通过对音频信号进行数字编码，而不是采用模拟、形式等方式来记录、存储和再现声音的技术。

录音（audio recording），参见"数字录制"（digital recording）。

B

批处理（batch processing）：在计算机上执行一系列程序（"工作"）而不需要人工干预。

书目管理工具（bibliographic management tools）：组织研究资源并以多种引文格式生成书目的工具（也称为引文或参考管理工具）。

目录学（bibliography）：有组织地列出书籍（列举式书目）或系统地将书籍描述为实物（描述式书目）；作为一门学科，将书籍作为实物、文化对象进行的学术研究。

博客（blog，单词"web log"的缩写）：在万维网上发布的讨论或信息站点，由离散的条目（"帖子"）组成，通常按时间倒序显示（最新的文章最先出现）。

博客写作（blogging）：一种社交网络形式，包括维护或添加博客条目。

网页收藏（bookmarking）：保存和注释网页位置的过程。

头脑风暴软件（brainstorming software）：用于开发创造性思维的软件，包括流程图、创意图、单词联想及生成性思维创作等。

C

C 语言（C）：一种通用程序设计语言，是应用最广泛的语言之一。

C++ 语言（C++）：一种通用的编程语言，具有静态类型、自由形式、多范例和编译的特点。

层叠样式表（cascading style sheets, CSS）：一种样式表语言，用于描述用标记语言编写的文档的外观和格式。

图表（charts）：用符号表示数据的图形呈现，例如柱形图中的柱形、折线图中的线条或饼图中的扇面。

聊天（chat），参见"在线聊天"（online chat）。

引文管理软件（citation management software），亦称**参考文献管理软件**（reference management software）或**个人书目管理软件**（personal bibliographic management software）：供学者和作者用于记录和使用书目引文（参考文献）的软件。

云存储（cloud storage）：大规模网络化计算机数据存储，数据存储在虚拟化的存储池中，通常由第三方托管。

聚类（clustering），或**聚类分析**（cluster analysis）：对一组对象进行分组，使同一组（簇）中的对象彼此之间（在某种意义上）比其他组（簇）中的对象更相似。它是探索性数据挖掘的主要任务，也是统计数据分析的常用技术。

编码（coding）：计算机程序设计过程中的一个阶段；在社会科学中指对定量和定性数据进行分类以便于分析的分析过程。

排序规则（collation）：将书面资料按字母或数字的标准顺序排列；在校勘学和目录学中，确定两个或多个文本之间的差异或者比较同本书的两个副本的组建过程。

逗号分隔值或字符分隔值（comma-separated values or character-separated values, CSV）：以纯文本形式存储表格数据（数字和文本）的文件格式，通常扩展名为 .csv 或 .txt。

概念图（concept map）：在组织和构建知识时显示概念之间关系的图形工具。

内容管理（content management）：支持以任何形式或媒介收集、管理和发布信息的一组过程和技术。

语料库注释（corpus annotation）：将一个方案应用于可能包括结构标记、语法标注、语法分析和许多其他表征的文本。

语料库语言学（corpus linguistics）：研究"真实世界"文本的几个样本（语料库）或一个样本（语料库）表达的语言。这种方法代表了一种尚处于"消化"阶段的方法，可以用来推导一组自然语言所依据的抽象规则，或者与另一种语言相关的规则。语料库最初是手工完成的，现在基本上由自动化过程派生而来。

课件（courseware）：一款基于网络的软件工具，用于课程管理，允许评分、反馈、讨论、回复帖子、文件和讲座。

众包（crowdsourcing）：通过从一大群人，特别是从在线社区而非从传统的员工、同侪或供应商那里，获得所需的服务、意见或内容的做法。

CSS，参见"层叠样式表"（cascading style sheets）。

csv，参见"逗号分隔值"（comma-separated values）。

数字监管（curation, digital）：收集、归档、维护和保存数字资产。

D

仪表板（dashboard）：一种管理信息系统，它以方便的格式呈现数据的图形化表示，从多个实体中捕获和报告特定的数据点。仪表板可以是独立的、基于网络的，又或是桌面应用程序。

数据（data）：属于一组项目的定性或定量变量的值。

数据分析（data analysis）：检查、清理、转换和建模数据的过程，目的是发现有用的信息，提出结论及支持决策。

数据库（database）：为了支持某些程序对信息的需要，对相关方面进行建模而组织起来的数据集合。

数据收集（data collection）：一个确保收集到的数据清晰准确的过程，并且确保以结果中包含的论点为基础所做的决策是有效的。

数据导出或导入（data export/import）：在不同的软件应用程序之间自动或半自动地输入和输出数据集。

数据管理（data management）：开发、执行和监督用以控制、保护、交付和提高数据和信息资产价值的计划、政策、程序和实践。

数据迁移（data migration）：在存储类型、格式或计算机系统之间传输数据的过程。

数据挖掘（data mining）：在大数据集中发现模式的过程，涉及人工智能、机器学习、统计学和数据库系统的交叉点。

数据模型（data model）：对计算机系统所代表的对象及其属性和关系的描述。

数据建模（data modeling）：通过应用形式化数据建模技术为信息系统创建数据模型的过程。

数据共享（data sharing）：向其他调查人员提供数据的做法。

数据树（data tree）：实现抽象数据类型（ADT）以模拟层次树结构的数据结构，其根值和子树表示为一组链接节点（见图 1）。

数据可视化（data visualization）：基于属性或特征的变化，以抽象的图解形式对数据和信息进行可视化表示（见图 11）。

决策树（decision tree）：一种决策支持工具，使用树状图或决策及其可能的后果的模型，通常包括偶然事件结果、资源成本和效用。

DH：数字人文。

DHCS：数字人文与计算机科学。

数字资产（digital asset）：任何被格式化为二进制源并有权被使用的项目（包括文本、音频、视频）。

数字资产管理（digital asset management，DAM）：围绕任何数字资产的摄取、注释、编目、存储、检索和分发的任务和决策。

数字图书馆（digital library），参见"数字资源库"（digital repository）。

数字对象标识符（digital object identifier，DOI）：用于唯一标识对象（如电子文档）的字符串（"数字标识符"）。

数字保存（digital preservation）：战略规划、资源分配和转换、重新格式化和保存活动，以确保数字资料的持续访问和可用性。

数字录制（digital recording）：通过音频的气压（声音）和视频的色度或亮度值随时间的变化，以离散数字流的形式直接记录到存储设备中的音频和视频。

数字资源库（digital repository）：一个电子图书馆（亦称数字图书馆），馆藏以电子媒体格式（与印刷品、缩微品或其他媒介不同）储存，并可由电脑存取。

DiRT：数字研究工具。

doc：文字处理文件的文件扩展名，特别是用在 Microsoft Word 中。

Docbook：一种用于技术文档的语义标记语言。

文档协作（document collaboration），或**文件协作**（file collaboration）：这种工具或系统可用来帮助多人一起处理单个文档或文件以获取一个最终版本。

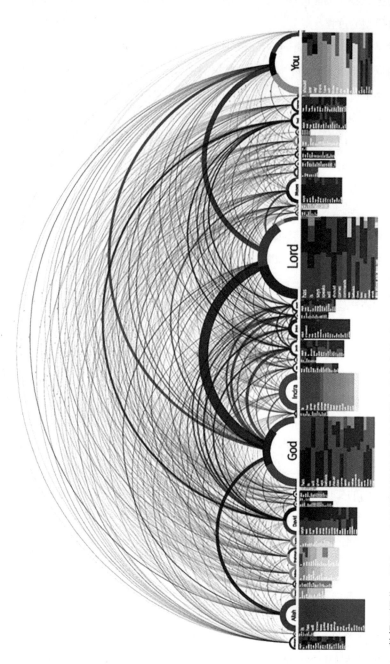

图 11　数据可视化。图中 41 个最常被引用的字符是按字母顺序排列的，并根据它们在佛教、印度教、伊斯兰教和犹太教以及圣经中被提及的次数进行缩放。该图来自菲利普·斯坦韦伯和安德烈亚斯·科勒，http://similardiversity.net。

文件管理系统（document management system）：用来追踪和储存电子文件的电脑系统或一套电脑程序。

文档共享（document sharing）：参见"文档协作"（document collaboration）。

docx：微软开发的一种压缩的、基于 XML 的文件格式的文件扩展名，用于表示电子表格、图表、演示文稿和字处理文档。

DOI：参见"数字对象标识符"（digital object identifier）。

域名（domain name）：一个标识字符串，用于定义互联网上的管理自治、权限或控制范围。

域名注册商（domain name registrar）：管理互联网域名保留的组织或商业实体。

下载（downloading）：将软件、数据、字符集等从远处传送至附近的计算机，从较大的计算机传送到较小的计算机，或者从计算机传送到外围设备。

都柏林核心集（Dublin Core）：一组用于描述网络资源（视频、图像、网页等）和实体资源（书籍和艺术品等对象）的元数据术语。1995 年 OCLC/NCSA（联机计算机图书馆中心/美国国家超级计算应用中心）元数据研讨会邀请赛期间，该模式被创立并以美国俄亥俄州的都柏林市命名。

E

电子书（ebook, electronic book, digital book）：用电脑或其他数码设备制作、出版并可在电脑上阅读，以文字、声音及影像为基础的出版物。

电子学习（e-learning）：在教育中使用电子媒体和信息通信技术的一种学习方式。

电子文档（electronic document）：旨在以电子形式或作为印刷输出使用的任何电子媒体内容（电脑程序或系统文件除外）。

EPUB：国际数字出版论坛（IDPF）推出的免费开放电子书标准。文件的扩展名为 .epub。

可扩展标记语言（eXtensible Markup Language，XML）：一种标记语言，它定义了一组文档码规则，用人类可读和机器可读的格式对文档进行编码。

可扩展样式表语言转换（Extensible Stylesheet Language Transformations，XSLT）：一种将 XML 文档转换为其他 XML 文档或其他对象（如网页

的 HTML、纯文本或 XSL 格式对象）的语言，可以将文档转换为 PDF、POSTSCRIPT 及 PNG。

F

文件协作（file collaboration），参见"文档协作"（document collaboration）。

Flash：一个多媒体和软件平台，用于创作矢量图形、动画、游戏和富互联网应用程序（RIA），可在 Adobe Flash Player 中查看、播放和执行。

自由／开源软件（FOSS）：分为自由软件和开源软件。

自由软件（free software）：与源代码一起分发的计算机软件，在保证用户自由学习、改编／修改和分发软件的条件下发布。

全文搜索（full-text search）：这项技术用于搜索存储在全文数据库中的文档或文档集合的完整文本。

G

数字游戏（games, digital）：在数字设备上进行结构化游戏，应用计算机逻辑和现实生活中的决策，通常允许多种结果和玩家。

地理编码（geocoding）：从其他地理数据（如街道地址或邮政编码）中查找相关地理坐标（通常用经纬度表示）的过程。

地理信息系统（Geographic Information System, GIS）：此类系统用来捕捉、存储、操作、分析、管理及呈现所有类型的地理数据。

地理信息学（geomatics），或**地理信息工程**（geomatics engineering）：参见"地理空间技术"（geospatial technology）。

地理空间分析（geospatial analysis）：参见"地理空间计算"（geospatial computing）。

地理空间计算（geospatial computing），又称**地理空间分析**（geospatial computing）：将统计分析和其他信息技术应用于具有地理或地理空间方面的数据。

地理空间技术（geospatial technology, geomatics, geomatics engineering）：收集、存储、处理和传递地理信息或空间参考信息的学科。

GIS，参见"地理信息系统"（geographic information system）。

语法标注（grammatical tagging，part-of-speech-POS-tagging，word-category disambiguation）：在文本（语料库）中标记一个词，使其与特定词性相对应，这一过程基于词组、句子或段落中相邻词和相关词的关系。

图（graph）：在数据结构中，表示关系或连接的抽象数据类型，由顶点或节点以及连接它们的线（边）组成。

图形（graphics）：在 x 和 y 轴组成的二维平面上呈现的任何一种视觉表现；是一种由计算机生成的图像。

图论（graph theory）：对图的研究。

H

HTML，参见"超文本标记语言"（HyperText Markup Language）。

HTP：学术界中的聘用、终身教职授予及晋升制度。

超文本标记语言（HyperText Markup Language，HTML）：一种主要标记语言，用于创建网页和可在其他网络浏览器或其他 HTML 查看器中显示的信息。

I

ICT：信息与计算机技术。

图像（image）：一种加工图像，描述或记录对某一特定对象的视觉感受的二维图像。

图像分析（image analysis）：用数字图像处理技术从数字图像中提取有意义的信息。

图像编辑（image editing）：改变图像的过程，可以是数码相片、传统光化学相片或插图。

图像增强（image enhancement）：一种图像编辑形式，它可以纠正色调和不平衡亮度，通常包括去除红眼、调整锐度、缩放和裁剪等功能。

图像库（image galleries）：由图像托管服务提供的在线功能，允许个人将图像上传到服务所在的互联网网站，将其放在用户安排好的特定文件夹和位置并与之进行链接。

索引（indexing）：在数据库内建立数据结构，以提高数据检索操作的速度。

信息共享（information sharing）：一对一、一对多、多对多、多对一的信息共享，使用各种计算机技术，包括博客、维基、简易信息聚合（RSS）、标签和在线聊天。

互联网（Internet）：使用标准因特网协议套件（TCP/IP）和连接全球数十亿台设备的计算机网络全球系统。

J

Java：一种专门设计的计算机编程语言，为尽可能减少实施依赖性而设计。

JavaScript：一种计算机编程语言，用作网络浏览器的一部分，允许客户端脚本与用户交互和通信，控制浏览器，并改变显示的文档内容。

K

KWiC：上下文中关键字（Key Word In Context）的首字母缩略词，是语汇索引中最常见的行格式。

L

语言互操作性（language interoperability）：两种不同的计算机语言在同一种数据结构上进行本机交互和操作的能力。

语言注释（linguistic annotation）：应用于原始语言数据的如文本、音频、视频、生理记录的任何描述性或分析性符号；也可能包括各种转录（从语音特征到语篇结构）、语法标注和意义标注、语法分析、"命名实体"标识、共指注释等。

链接数据（linked data）：从不同来源发布结构化数据的方法，使数据能够互相链接、关联和分享，并能通过电脑自动读取和查询。

Linux：一种建立在自由和开源软件模型上的计算机操作系统。

M

地图（map）：一个区域的视觉表现；突出显示空间中各元素如对象、区域和主题之间的关系的一种象征性描述。

映射（mapping）：通过在图形内再现数据中的某些关系，使用图形中的空间关系创建信息的图形表现。该术语也指在一组输入和一组允许的输出之间建立数据映射或者建立一对一的输入—输出关系。

地图分幅（map tile）：一种二维数组数据结构或矩阵，用于保存图形信息，并允许简单、直观的地图数据呈现。

标记（markup）：使用标记语言对文档内容进行注释，标记语言提供有关文本结构的信息或如何显示文本的说明。

标记语言（markup language）：用一种在句法上可与文本区分的方式对文档进行注释的系统。

糅合（mashup）：一个网页或网络应用程序，它使用来自多个源头的内容来创建一个展示在某个图形界面中的新服务。

元数据（metadata, metacontent）：提供关于数据的一个或多个方面信息的数据，即关于数据的数据。

微博（microblogging）：一种广播媒体，其内容在实际文件和聚合文件中通常小于博客写作。

MIDI（Musical Instrument Digital Interface，乐器数字接口）：描述协议、数字接口和连接器的技术标准，允许各种电子乐器、计算机和其他相关设备相互连接和通信。

思维导图（mind map）：一种用于直观地勾勒信息的图表（参见图12）。

形态分析（morphological analysis）：对一种语言的语素（语言中最小的语法单位）和其他语言单位（如词根、词缀、词性、语调/重音或隐含语境）结构的分析和描述。

多媒体（multimedia）：由不同的文本、音频、静态图像、动画、视频或交互内容格式组合而成的媒体和内容。

MusicXML：一种以XML为基础的的文件格式，用于表现西方音乐符号，它是一款专利产品，但有完整和开放的文件，并且可以在获得公共许可后自由使用。

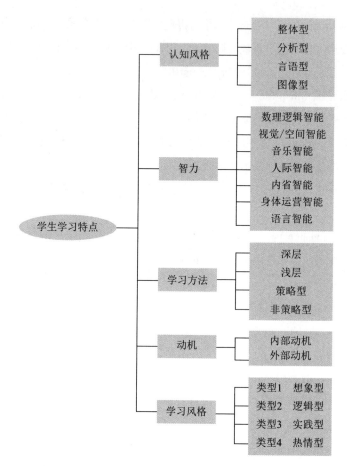

图 12　思维导图。学生的学习特点。奈维·迪尔曼制作，http://commons.wikimedia.org/wiki/File:Student_learning_charasterictics.sv。

N

自然语言处理（natural language processing, NLP）：计算机科学、人工智能及语言学的一个领域，研究计算机与人类（自然）语言之间的相互作用。

网络分析（network analysis）：用图来表示离散对象之间的对称关系或更普遍的非对称关系的研究。

Ngrams：从给定的文本或语音序列中连续出现的 n 个项目的序列。根据应用程序，项目可以是音素、音节、字母、单词或碱基对（参见图 13）。

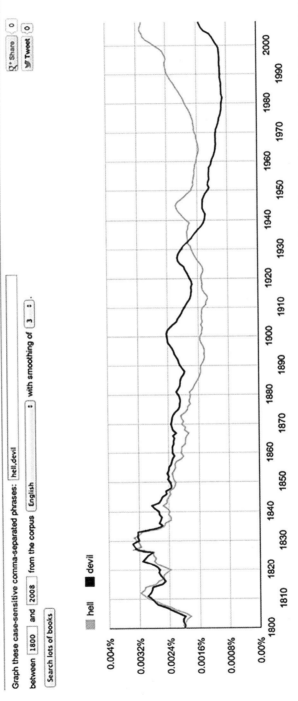

图 13 N-gram 查看器。合歌图书（Google Books）n 元语法查看器生成的 n 元语法，查询到从 1800 年到 2008 年有关 "hell"（地狱）和 "devil"（魔鬼）词条的搜索量。http://books.google.com/ngrams.

记笔记（notetaking）：用来记录从另一个来源捕获数字信息的做法。

O

OA：参见"开放获取"（open access）。

面向对象的程序语言（object-oriented language）：一种将概念表示为"对象"的编程语言，这些对象具有数据字段（描述对象的属性）和与之相关的方法。

OCR：参见"光学字符识别"（optical character recognition）。

ODT：开放文件（OpenDocument）的文字处理文件格式，是一个开放的电子文档标准。

在线聊天（online chat）：通过互联网在发送者和接收者之间使用实时信息的通信。

本体论（ontologies）：在信息和计算机科学中，它是指组织信息并把一个领域内的知识概念进行层次梳理且展现概念之间关系的结构框架。

开放获取（OA）：在线上向终端用户免费提供以数字形式呈现的文献，并且不受大多数版权和许可限制。

开源软件（open-source software, OSS）：一类由版权持有者提供并许可的带有源代码的计算机软件，版权持有者可以出于任何目的将研究、更改和分发软件的权利提供给任何人。

意见挖掘（opinion mining）：参见"情感分析"（sentiment analysis）。

光学字符识别（optical character recognition, OCR）：将手写、打字或印刷文本的扫描图像转换成机器编码的文本。

OSS：参见"开源软件"（open-source software）。

P

语法分析（parsing, syntactic analysis）：根据形式语法的规则，分析自然语言或计算机语言中一系列符号的过程。

词性标记（part-of-speech tagging / POS tagging）：参见"语法标注"（grammatical tagging）。

PDF（Portable Document Format, 可移植文件格式）：一种独立于应用软件、

硬件和操作系统的文件格式。

Perl：一系列高级、通用、解释性的动态编程语言。

个人书目管理软件（personal bibliographic management software）：参见"引文管理软件"（citation management software）。

PHP：一种为网络开发而设计的服务器端脚本语言，同时也是一种通用编程语言。

插件（plug-in）：向现有软件应用程序添加特定功能的软件组件。

PNG：参见"可移植网络图形"（portable network graphics）。

可移植网络图形（Portable Network Graphics, PNG）：支持无损数据压缩的光栅图形文件格式。

词性标记（POS tagging）：参见"语法标注"（grammatical tagging）。

PS（全称 PostScript）：一种用于创建矢量图形的计算机语言。

程序设计语言（programming language）：一种正式的语言，用来将指令传达给机器，特别是计算机。

Python：一种强调代码可读性的通用高级编程语言，允许编程者运用比 C 语言更少的代码来表达概念。

Q

查询语言（query language）：一种计算机语言，用来对数据库和信息系统进行查询。

R

R：用于统计计算（computing）和图形的免费软件环境（用于 Windows、Mac、LINUX 和基于网络的 iOS 系统）。

rdf（Resource Description Framework，资源描述框架）：万维网联盟（World Wide webconsortium，W3C）规范合集，最初为元数据数据模型而设计，作为概念描述或信息建模的通用方法，在网络资源中使用各种语法符号和数据序列化格式实现信息建模。

读取（reading）：对符号进行解码以从文本中获得意义的认知过程（如阅读书籍、阅读音乐或视觉对象）；计算机从存储介质中提取数据的行为。

参考文献管理软件（reference management software）：参见"引文管理软件"（citation management software）。

关系数据库（relational database）：一个包含数据项表集合的数据库，所有这些数据项都按照关系模型进行形式化的描述和组织。

重复分析（repetition analysis）：在大型数据集中发现重复模式的过程，涉及人工智能交叉点的方法、机器学习、统计学及数据库系统。

富互联网应用程序（rich Internet application, RIA）：一种具有桌面应用软件的许多特性的网络应用程序，通常通过特定站点浏览器、浏览器插件、独立沙盒、大量使用 JavaScript 或虚拟机来交付。

富文本格式（rich text format, rtf）：一种专有的文档文件格式，有公开发布的具体说明，由微软公司为微软产品和跨平台文档交换而开发的一种文档格式。

RSS（Rich Site Summary，RDF Site Summary，Really Simple Syndication）：一种允许频繁更新信息的发布方法，如博客条目、新闻标题、音频及视频等。

rtf：参见"富文本格式"（rich text format）。

Ruby：一种动态、反射式、面向对象的通用编程语言。

S

沙盒（sandbox）：一种测试环境。在软件开发（包括网络开发和修订控制）中，这种测试环境将未经测试的代码变化和直接实验从生产环境或存储库中隔离出来；也是分离运行程序的安全机制。

可伸缩矢量图形（scalable vector graphics, SVG）：一种基于 XML 的二维图形矢量图像格式，支持交互性和动画。

扫描（scanning）：把文字、图画及相片转换成数码形式，储存在电脑系统中，然后用不同的软件程序操作的一种影像技术。

屏幕录制（screencast）：电脑屏幕输出的数字记录，亦称为视频捕获，通常包含声音叙述。

语义网（semantic web）：一个由国际标准组织万维网联盟（W3C）领导的协作运动，旨在促进跨应用程序、企业和团体的计算机到计算机的数据共享和数据再利用。

情感分析（sentiment analysis），或**意见挖掘**（opinion mining）：利用自然语言处理、文本分析和计算语言学来识别及提取原材料中的主观信息。

序列比对（sequence alignment）：一种排列序列的方法，用以识别序列之间可能由功能或结构关系带来的相似区域。

社交媒体（social media）：人们在虚拟社区和网络中创造、分享或交换信息及想法的互动方式。

社交网络（social network）：由一组社交角色（如个人或组织）以及这些参与者之间的一组二元关系组成的社交结构。

社交网络服务（social networking service）：在分享兴趣、活动、个人背景或现实生活联系的人群之间建立社交网络或社会关系的平台。

光谱成像（spectral imaging）：光谱学和摄影学的一个分支，在图像表面的每个位置收集一个完整的光谱或一些光谱信息。

电子表格（spreadsheet）：以表格形式组织和分析资料的交互式电脑应用程式。

SVG：参见"可伸缩矢量图形"（scalable vector graphics）。

句法分析（syntactic analysis）：参见"语法解析"（parsing）。

T

标签云（tag cloud）：参见"词云"（word cloud）。

标签（tagging）：为一段信息（如网络书签、数字图像或计算机文件等）指定一个非层级的关键字或术语。

TEI：参见"文本编码倡议"（text encoding initiative）。

模板（template）：一种标准化的不可执行的文件格式，由计算机软件用预先格式化的范例作为其他文件特别是文档的基础。

文本分析（text analytics）：一套语言、统计及机器学习技术，用于对一个或多个文本源的信息内容进行建模及结构构建。

文本编码倡议（Text Encoding Initiative，TEI）：一个跨学术领域的以文本为中心的实践团体。自 20 世纪 80 年代以来一直在运行，其最主要成果是制定了一组集体定义的 XML 格式准则。

文本挖掘（text mining, text data mining）：从文本中获取高质量信息的过

程。另请参见"文本分析"（text analytics）。

时间线（timelines）：按时间顺序显示事件列表。

主题模型（topic model）：一种统计模型，用于发现出现在文档语料库中的抽象主题。

转录（transcription）：将材料从一种媒介复制到另一种媒介的行为或过程。

U

统一码（Unicode）：一种计算行业标准，用于对世界上大多数书写系统中表达的文本进行一致的编码、呈现及处理。

Unix：最初在贝尔实验室开发的一系列以多任务、多用户为基础的操作系统。

V

矢量图形（vector graphics）：使用几何图元，如点、线、曲线、形状或多边形等来表示计算机图形学中的图像。

视频录制（video recording）：参见"数字录制"（digital recording）。

虚拟机（virtual machine）：一种基于软件的虚拟计算机

虚拟现实（virtual reality, VR）：一种计算机环境，可以模拟现实世界或想象世界中的客观存在。

可视化（visualization）：信息、数据或知识的可视化呈现。

视觉搜索（visual search）：一种计算机辅助的感知任务，它对环境中多个对象或特征中的一个特定目标进行扫描。

W

翘曲（warping）：为达到创作目的而对图像或视频进行数字处理以纠正失真或变形的过程。

Web 2：使用早期网站静态页面之外技术的网站。

Web 3：尽管有各种不同的定义，但它通常被认为是万维网的一个版本，它使用自主代理为用户执行任务，包括电视质量的开放视频、3D 模拟、增强现实、人工构建的语义标准以及普遍的宽带、无线和传感器等。

网络存档（web archiving）：收集万维网各个部分的过程，以确保信息保存在档案中，供未来的研究人员、历史学家和公众使用。

网络浏览器（web browser）：一类软件应用程序，如 Safari、Firefox、Google chrome、Opera 和 Internet Explorer，用于检索、显示和浏览万维网上的信息资源。

网络爬虫（web crawler）：一种互联网机器人，或网络机器人，通常是为了编制网页索引而系统地浏览万维网。

网页设计（web design）：基于各种技能和学科的网站制作和网站维护，如图形设计、界面设计、创作（包括标准化代码和专有软件）、用户体验设计和搜索引擎优化。

网络开发（web development）：为互联网（万维网）或内联网（专用网）开发网站的过程。

网络托管（web hosting）：一种带有互联网服务器的服务，允许组织和个人向互联网提供内容。

网络出版（web publishing）：在万维网上提供资料的过程。

加权列表（weighted list）：参见"词云"（word cloud）。

维基（wiki）：一个允许人们与其他人协作添加、修改或删除内容的网络应用程序。

词类消歧（word-category disambiguation）：参见"语法标注"（grammatical tagging）。

词云（word cloud，tag cloud, weighted list）：文本数据的可视化呈现，通常在网站上使用，用于描述文本中的关键字元数据（标签），并可视化自由格式的文本。

词频（word frequency）：给定语料库中单词或词类出现的次数。

字处理（word processing）：任何书面材料的数字合成、编辑、格式化及印刷。

万维网（World Wide Web）：一个相互链接的超文本文件的信息系统，使用互联网进行获取。

WYSIWYG：编辑材料"所见即所得"的显示。

X

XML：参见"可扩展标记语言"（extensible markup language）。

XSL 格式化对象（XSL formatting objects）：一种用于 XML 文档格式化的标记语言，最常用于生成 PDF 格式的文档。

XSLT：参见"可扩展样式表语言转换"（extensible stylesheet language transformations）。

Z

变焦（zooming）：数字工具——一种焦距变化的电子模拟；页面——在计算机显示器上放大或缩小一部分页面的能力；用户界面——允许图像缩放的图形界面。

参考文献

期刊

CH Working Papers (Computing in the Humanities Working Papers), http://projects. chass.utoronto.ca/chwp/titles.html (latest issue 2009).

DHCommons Journal, http://dhcommons.org/journal (forthcoming).

DHQ: Digital Humanities Quarterly, http://www.digitalhumanities.org/dhq.

Digital Medievalist, http://www.digitalmedievalist.org/journal (latest issue 2013).

Digital Studies/Le champ numérique, http://www.digitalstudies.org/ojs/index.php/ digital_studies.

Electronic Book Review, http://www.electronicbookreview.com.

Journal of Digital Humanities, http://journalofdigitalhumanities.org.

Literary and Linguistic Computing, http://llc.oxfordjournals.org.

TEXT Technology: The Journal of Computer Text Processing,http://texttechnology. mcmaster.ca/home.html (latest issue 2007).

书、文章、论文等

American Council of Learned Societies. "Report of the Commission on the Humanities." 1964. https://www.acls.org/uploadedFiles/Publications/NEH/1964_Commission_on_the_Humanities.pdf.

American Council of Learned Societies. "Our Cultural Commonwealth: The Report of the ACLS Commission on Cyberinfrastructure for the Humanities and Social Sciences." 2006. http://www.acls.org/cyberinfrastructure/ourculturalcommonwealth.pdf.

Andersen, Deborah Lines. *Digital Scholarship in the Tenure, Promotion, and Review Process: History, Humanities, and New Technology*. Armonk, NY: M. E. Sharpe, 2004.

Apollon, Daniel Claire Bélisle, and Philippe Régnier, eds. *Digital Critical Editions*. Urbana: University of Illinois Press, 2014.

Archer, Dawn, ed. *What's in a Word-list? Investigating Word Frequency and Keyword Extraction*. Farnham, UK: Ashgate, 2009.

Bailey, Chris, and Hazel Gardiner, eds. *Revisualizing Visual Culture*. Farnham, UK: Ashgate, 2010.

Baron, Naomi. *Words Onscreen: The Fate of Reading in a Digital World*. New York: Oxford University Press, 2015.

Bartscherer, Thomas, and Roderick Coover. *Switching Codes: Thinking through Digital Technology in the Humanities and the Arts*. Chicago: University of Chicago Press, 2011.

Benjamin, Walter. "The Work of Art in the Age of Mechanical Reproduction." In *Illuminations*. Edited by Hannah Arendt. London: Fontana, 1968, 214–18. https://www.marxists.org/reference/subject/philosophy/works/ge/benjamin.htm.

Berry, David M., ed. *Understanding Digital Humanities*. Houndsmills, UK: Palgrave Macmillan, 2012.

Bodard, Gabriel, and Simon Mahony, eds. *Digital Research in the Study of Classical Antiquity*. Farnham, UK: Ashgate, 2010.

Bodenhamer, David J., John Corrigan, and Trevor M. Harris. *The Spatial Humanities:*

GIS and the Future of Humanities Scholarship. Bloomington: Indiana University Press, 2010.

Bonn, Maria, and Mike Furlough, eds. *Getting the Word Out: Academic Libraries as Scholarly Publishers*. Chicago: Association of College and Research Libraries, 2015.

Borgman, Christine L. *Scholarship in the Digital Age: Information, Infrastructure, and the Internet*. Cambridge, MA: MIT Press, 2007.
——. "The Digital Future Is Now: A Call to Action for the Humanities." *DHQ: Digital Humanities Quarterly* 3.4 (2009). http://digitalhumanities.org/dhq/vol/3/4/000077/000077.html.

Bourdieu, Pierre. *The Field of Cultural Production*. New York: Columbia University Press, 1993.

Bryson, Tim. *Digital Humanities*. Washington, DC: Association of Research Libraries, 2011.

Burdick, Anne, Johanna Drucker, et al. *Digital_Humanities*. Cambridge, MA: MIT Press, 2012.

Burnard, Lou, Katherine O'Brien O'Keeffe, and John Unsworth. *Electronic Textual Editing*. New York: Modern Language Association of America, 2006.

Busa, Roberto. "The Annals of Humanities Computing: The *Index Thomisticus*." *Computers and the Humanities* 14 (1980): 83–90.

Bush, Vannevar. "As We May Think." *The Atlantic*, July 1945. http://www.theatlantic.com/magazine/archive/1945/07/as-we-may-think/303881.

California, Liaison Committee of the State Board of Education, and The Regents of the University of California, and Arthur Gardiner Coons. "A Master Plan for Higher Education in California, 1960–1975." 1960. http://content.cdlib.org/ark:/13030/hb9c6008sn.

Carter, Bryan. *Digital Humanities: Current Perspective, Practice and Research*. Cutting-Edge Technologies in Higher Education series. Bingley, UK: Emerald Group Publishing Limited, 2013.

Celentano A., A. Cortesi, and P. Mastandrea. "Informatica Umanistica: Una disciplina di confine." *Mondo Digitale* 4 (2004): 44–55.

Chatzichristodoulou, Maria, Janis Jefferies, and Rachel Zerihan, eds. *Interfaces of*

Performance. Farnham, UK: Ashgate, 2009.

Classen, Christoph, Susanne Kinnebrock, and Maria Löblich, eds. "Towards Web History: Sources, Methods, and Challenges in the Digital Age." *Historical Social Research* 37.4 (2012): 97–188.

Cohen, Daniel J., and Tom Scheinfeldt. *Hacking the Academy: New Approaches to Scholarship and Teaching from Digital Humanities*. Ann Arbor: University of Michigan Press, 2013.

College Art Association. "Code for Best Practices in Fair Use for the Visual Arts." 2015. http://www.collegeart.org/pdf/fair-use/best-practices-fair-use-visualarts. pdf.

Committee on Intellectual Property Rights and the Emerging Information Infrastructure. *The Digital Dilemma: Intellectual Property in the Information Age*. Washington, DC: National Humanities Press, 2000. http://www.nap.edu/openbook. php?record_id=9601.

Condron Frances, Michael Fraser, and Stuart Sutherland, eds. *Oxford University Computing Services Guide to Digital Resources for the Humanities*. Morgantown: West Virginia University Press, 2001.

Council on Library and Information Resources. "Working Together or Apart: Promoting the Next Generation of Digital Scholarship." Report of a Workshop Sponsored by the Council on Library and Information Resources and the National Endowment for the Humanities. Washington, DC: Council on Library and Information Resources, 2009. http://www.clir.org/pubs/reports/pub145/pub145.pdf.

Crawford, Tim, and Lorna Gibson, eds. *Modern Methods for Musicology: Prospects, Proposals, and Realities*. Farnham, UK: Ashgate, 2009.

Davidson, Cathy N. "Humanities 2.0: Promise, Perils, Predictions." *PMLA* 123.3 (2008): 707–17.

Deegan, Marilyn, and Willard McCarty. *Collaborative Research in the Digital Humanities*. Farnham, UK: Ashgate, 2011.

Deegan, Marilyn, and Kathryn Sutherland, eds. *Text Editing, Print and the Digital World*. Farnham, UK: Ashgate, 2009.

Delve, Janet, and David Anderson. *Preserving Complex Digital Objects*. London: Facet, 2014.

Deyrup, Marta M. *Digital Scholarship*. New York: Routledge, 2009.

Earhart, A., and A. Jewell, eds. *The American Literary Scholar in the Digital Age*. Ann Arbor: University of Michigan Press, 2009.

Fitzpatrick, Kathleen. *Planned Obsolescence: Publishing, Technology, and the Future of the Academy*. New York: New York University Press, 2011.

Flanagan, Mary. *Critical Play: Radical Game Design*. Cambridge, MA: MIT Press, 2009.

Gardiner, Eileen, and Ronald G. Musto. "The 7 Digital Arts: Approaching Electronic Publishing." Talk presented at the Getty Research Institute and College Art Forum on *Art History and the Digital World*. Los Angeles, CA, June 8–9, 2006. https://www.getty.edu/research/exhibitions_events/events/digital_world/pdf/egardiner_rmusto.pdf.

Gardiner, Eileen, and Ronald G. Musto. "The Electronic Book." In *The Oxford Companion to the Book*. Edited by Michael F. Suarez, SJ and H. R. Woudhuysen. Oxford: Oxford University Press, 2010, 164–71.

Gladney, Henry M. *Preserving Digital Information*. Berlin: Springer, 2007.

Gold, Matthew K., ed. *Debates in the Digital Humanities*. Minneapolis: University of Minnesota Press, 2012.

Green, D., and M. Roy. "Things To Do While Waiting for the Future to Happen: Building Cyberinfrastructure for the Liberal Arts." *Educause Review* 43.4 (2008): 35–48.

Greengrass, Mark, and Lorna Hughes, eds. *The Virtual Representation of the Past*. Farnham, UK: Ashgate, 2008.

Hancock, B., and M. J. Giarlo. "Moving to XML: Latin Texts XML Conversion Project at the Center for Electronic Texts in the Humanities." *Library Hi Tech* 19.3 (2001): 257–64.

Hayles, N. Katherine. *My Mother Was a Computer: Digital Subjects and Literary Texts*. Chicago: University of Chicago Press, 2005.

Hayles, N. Katherine. *How We Think: Digital Media and Contemporary Technogenesis*. Chicago: University of Chicago Press, 2012.

Hirsch, Brett D. *Digital Humanities Pedagogy: Practices, Principles and Politics*.

Cambridge: OpenBook Publishers, 2012.

Hockey, Susan. *Electronic Texts in the Humanities: Principles and Practice*. Oxford: Oxford University Press, 2000.

Honing, Henkjan. "The Role of ICT in Music Research: A Bridge Too Far?" *International Journal of Humanities and Arts Computing* 1.1 (2008): 67–75. http://dare.uva.nl/document/129927.

Inman, James, Cheryl Reed, and Peter Sands, eds. *Electronic Collaboration in the Humanities: Issues and Options*. Mahwah, NJ: Lawrence Erlbaum, 2003.

Jaschik, Scott. "Tenure in a Digital Era." *Inside Higher Ed* (May 26, 2009). http://www.insidehighered.com/news/2009/05/26/digital.

Jockers, Matthew Lee. *Macroanalysis: Digital Methods and Literary History*. Urbana: University of Illinois Press, 2013.

Jones, Steven E. *The Emergence of the Digital Humanities*. New York: Routledge, 2013.

Katz, Stanley N. "Why Technology Matters: The Humanities in the Twenty-First Century." *Interdisciplinary Science Reviews* 30.2 (2005): 105–18.

Kirschenbaum, Matthew G. *Image-Based Humanities Computing*. Dordrecht, The Netherlands: Kluwer Academic Publishers, 2001.
———. *Mechanisms: New Media and the Forensic Imagination*. Cambridge, MA: MIT Press, 2008.

Klein, Julie T. *Humanities, Culture, and Interdisciplinarity: The Changing American Academy*. Albany: State University of New York Press, 2005.

Knowles, Anne Kelly, and Amy Hillier. *Placing History: How Maps, Spatial Data, and GIS Are Changing Historical Scholarship*. Redlands, CA: Esri Press, 2008.

Lancashire, Ian. *Teaching Literature and Language Online*. New York: Modern Language Association of America, 2009.

Liu, Alan. *The Laws of Cool: Knowledge Work and the Culture of Information*. Chicago: University of Chicago Press, 2004.
———. "The Future of Humanities in the Digital Age." Pauley Symposium, University of Nebraska, 2006. http://digitalhistory.wordpress.com/2006/10/01/allen-liu-the-future-of-humanities-in-the-digital-age-with-roundtable-discussion.

Manovich, Lev. *Software Takes Command*. New York: Bloomsbury, 2013.

Marcum, Deanna B., ed. *Development of Digital Libraries: An American Perspective*. Westport, CT: Greenwood Press, 2001.

McCarty, Willard. *Humanities Computing*. Basingstoke, UK: Palgrave Macmillan, 2005.

McGann, Jerome. "The Future Is Digital." *Journal of Victorian Culture* 13.1 (2008): 80–8.
———. ed. *Online Humanities Scholarship: The Shape of Things to Come*. Proceedings of the Mellon Foundation Online Humanities Conference at the University of Virginia, March 26–8, 2010. Houston: Rice University Press, 2010.
———. *A New Republic of Letters*. Cambridge, MA: Harvard University Press, 2014.

McSherry, Corynne. *Who Owns Academic Work? Battling for Control of Intellectual Property*. Cambridge, MA: Harvard University Press, 2003.

Modern Language Association. "Report of the MLA Task Force on Evaluating Scholarship for Tenure and Promotion." New York: Modern Language Association, 2006. http://www.mla.org/tenure_promotion.

Moretti, Franco. *Graphs, Maps, Trees: Abstract Models for Literary History*. New York: Verso, 2007.
———. *Distant Reading*. London: Verso, 2013.

Mosco, Vincent. *The Digital Sublime: Myth, Power, and Cyberspace*. Cambridge, MA: MIT Press, 2004.

Musto, Ronald G. "Google Books Mutilates the Printed Past." The Chronicle Review, *The Chronicle of Higher Education* (June 12, 2009): B4–5. http://chronicle.com/article/Google-Books-Mutilates-the-/44463.

O'Donnell, James J. *Avatars of the Word: From Papyrus to Cyberspace*. Cambridge, MA: Harvard University Press, 1998.

O'Gorman, Marcel. *E-Crit: Digital Media, Critical Theory, and the Humanities*. Toronto: University of Toronto Press, 2007.

Peer, Willie van, Sonia Zyngier, and Vander Viana. *Literary Education and Digital Learning Methods and Technologies for Humanities Studies*. Hershey, PA: Information Science Reference, 2010.

Presner, Todd, David Shepard, and Yoh Kawano. *Hypercities: Thick Mapping in the Digital Humanities*. Cambridge, MA: Harvard University Press, 2014.

Ramsay, Stephen. *Reading Machines: Toward an Algorithmic Criticism*. Urbana: University of Illinois Press, 2011.

Rieger, Oya Y. "Framing Digital Humanities: The Role of New Media in Humanities Scholarship." *First Monday* 15.10 (2010). http://journals.uic.edu/ojs/index.php/fm/article/view/3198/2628.

Rooney, Ellen, and Elizabeth Weed, eds. "In the Shadows of the Digital Humanities." Special issue, *Differences: A Journal of Feminist Cultural Studies* 25.1 (2014).

Rosenzweig, Roy. *Clio Wired: The Future of the Past in the Digital Age*. New York: Columbia University Press, 2011.

Rydberg-Cox, Jeffrey A. *Digital Libraries and the Challenges of Digital Humanities*. Oxford: Chandos, 2006.

Schreibman, Susan, Raymond George Siemens, and John Unsworth, eds. *A Companion to Digital Humanities*. Oxford: Blackwell, 2004. http://digitalhumanities.org/companion.

Shaw, Deborah, and Charles H. Davis. "The Modern Language Association: Electronic and Paper Surveys of Computer-Based Tool Use." *Journal of the American Society for Information Science* 47.12 (1996): 932–40. https://scholarworks.iu.edu/dspace/handle/2022/13384.

Siemens, Raymond George, and David Moorman. *Mind Technologies: Humanities Computing and the Canadian Academic Community*. Calgary: University of Calgary Press, 2006.

Siemens, Raymond George, and Susan Schreibman. *A Companion to Digital Literary Studies*. Oxford: Blackwell, 2008. http://www.digitalhumanities.org/companionDLS.

Suber, Peter. *Open Access*. Cambridge, MA: MIT Press, 2012. http://mitpress.mit.edu/books/open-access.

Sutherland, Kathryn, ed. *Electronic Text: Investigations in Method and Theory*. Oxford: Clarendon Press, 1997.

Terras, Melissa M., Julianne Nyhan, and Edward Vanhoutte. *Defining Digital Humanities: A Reader*. Farnham, UK: Ashgate, 2013.

Thaller, Manfred, ed. "Controversies around the Digital Humanities." Special issue, *Historical Social Research* 37.3 (2012): 7–229.

Thompson, John B. *Books in the Digital Age: The Transformation of Academic and Higher Education Publishing in Britain and the United States*. Cambridge: Polity Press, 2005.

Turkel, William J. "Interchange: The Promise of Digital History." *Journal of American History* 95.2 (2008). http://www.journalofamericanhistory.org/issues/952/interchange/index.html.

Unsworth, John. "Scholarly Primitives: What Methods Do Humanities Researchers Have in Common, and How Might Our Tools Reflect This?" Paper presented at Humanities Computing: Formal Methods, Experimental Practice. King's College, London, May 13, 2000. http://people.brandeis.edu/~unsworth/Kings.5-00/primitives.html.

Unsworth, John. "New Research Methods for the Humanities." Lecture presented at the National Humanities Center, Research Triangle Park, NC. November 11, 2005. http://people.brandeis.edu/~unsworth/lyman.htm.

Vaidhyanathan, Siva. *Copyrights and Copywrongs: The Rise of Intellectual Property and How It Threatens Creativity*. New York: New York University Press, 2001.

Vaidhyanathan, Siva *The Googlization of Everything: (And Why We Should Worry)*. Berkeley: University of California Press, 2011.

Vandendorpe, Christian. *From Papyrus to Hypertext: Toward the Universal Digital Library*. Trans. by Phyllis Aronoff and Howard Scott. Urbana: University of Illinois Press, 2009.

Warwick, Claire, Melissa M. Terras, and Julianne Nyhan. *Digital Humanities in Practice*. London: Facet Publishing in association with UCL Centre for Digital Humanities, 2012.

Williford, Christa, and Charles Henry. *One Culture: Computationally Intensive Research in the Humanities and Social Sciences*. Washington, DC: Council on Library and Information Resources, 2012.

网络资源

Alliance of Digital Humanities Organizations, http://adho.org.

Creative Commons, http://creativecommons.org.

CUNY Digital Humanities Resource Guide, http://commons.gc.cuny.edu/wiki/index.php/The_CUNY_Digital_Humanities_Resource_Guide.

Digital Humanities and the Library, http://miriamposner.com/blog/digitalhumanities-and-the-library.

Digital Humanities Bibliography, http://www.craigcarey.net/dhbibliography.

Digital Humanities Manifesto 2.0, http://manifesto.humanities.ucla.edu/2009/05/29/the-digital-humanitiesmanifesto-20.

Digital Research Tools (DiRT), http://dirtdirectory.org.

HASTAC: Humanities, Arts, Science, and Technology Alliance and Collaboratory, http://www.hastac.org.

Library of Congress, Office of Digital Preservation News Archive, http://www.digitalpreservation.gov/news/index.html.

Ninch Guide to Good Practice in the Digital Representation and Management of Cultural Heritage Materials, http://www.nyu.edu/its/humanities//ninchguide.

Office for Humanities Communication Publications, Kings College London, http://www.ohc.kcl.ac.uk/books.html.

Scholarly Kitchen, http://scholarlykitchen.sspnet.org.

Stanford Copyright Overview, http://fairuse.stanford.edu/Copyright_and_Fair_Use_Overview.

University of Nebraska, Lincoln, Center for Digital Research in the Humanities, http://cdrh.unl.edu/articles-resources.

图书在版编目(CIP)数据

数字人文导论 / (美)艾琳·加德纳, (美)罗纳德·
G.马斯托著；闫怡恂, 马雪静, 王欢译. — 北京 :
商务印书馆, 2022
ISBN 978-7-100-21690-6

Ⅰ. ①数… Ⅱ. ①艾… ②罗… ③闫… ④马… ⑤王…
Ⅲ. ①数字技术－应用－人文科学－研究 Ⅳ. ①C39

中国版本图书馆CIP数据核字(2022)第196090号

数字人文导论

〔美〕艾琳·加德纳
〔美〕罗纳德·G.马斯托 著

闫怡恂 马雪静 王 欢 译

商 务 印 书 馆 出 版
(北京王府井大街 36 号 邮政编码 100710)
商 务 印 书 馆 发 行
艺堂印刷(天津)有限公司印刷
ISBN 978-7-100-21690-6

2022 年 11 月第 1 版   开本 710×1000 1/16
2022 年 11 月第 1 次印刷   印张 18
定价: 95.00 元